芥子须弥

大科学家的小故事

Anecdotes of the Great Scientists

超模君 著

清华大学出版社
北京

版权所有，侵权必究。侵权举报电话：010-62782989　13701121933

图书在版编目（CIP）数据

芥子须弥：大科学家的小故事 / 超模君著 . —北京：清华大学出版社，2019（2019.10重印）
　　ISBN 978-7-302-51864-8

　　Ⅰ.①芥…　Ⅱ.①超…　Ⅲ.①科学家－生平事迹－世界　Ⅳ.① K816.1

中国版本图书馆 CIP 数据核字（2018）第 285225 号

责任编辑：	胡洪涛
封面设计：	意匠文化・丁奔亮
版式设计：	侯所求
责任校对：	刘玉霞
责任印制：	沈　露

出版发行：清华大学出版社
　　　　网　　址：http://www.tup.com.cn，http://www.wqbook.com
　　　　地　　址：北京清华大学学研大厦A座　邮　　编：100084
　　　　社 总 机：010-62770175　　邮　　购：010-62786544
　　　　投稿与读者服务：010-62776969，c-service@tup.tsinghua.edu.cn
　　　　质量反馈：010-62772015，zhiliang@tup.tsinghua.edu.cn
印 装 者：三河市国英印务有限公司
经　　销：全国新华书店
开　　本：165mm×235mm　　印　张：20.25　　字　数：288千字
版　　次：2019年2月第1版　　　　　　　　　印　次：2019年10月第4次印刷
定　　价：59.00元

产品编号：081187-01

本书特别献给超级数学建模的模友们
你们的支持，让超级数学建模一直走到现在
此书是一个新的起点
超级数学建模将在数学科普领域继续前行
只要你们在，我们就不会停下来

科学家的小故事，科学的大故事（自序）

"这就是数学：她使你感悟到灵魂是无形的；她把生命赋予数学发现；她唤醒心灵，启迪智慧；她照亮我们心中的想法；她消除我们与生俱来的愚昧与无知……"

这句话来自于古希腊数学家普罗克洛斯（Proclus），数学就是如此充满智慧，又那么有趣。这可能也是我一直坚持数学文化科普、坚持运营公众号"超级数学建模"的源动力。

超级数学建模公众号于2014年发出第一篇文章，到现在每日一更新，从最开始发布数学建模竞赛消息，到现在定位输出数学文化科普，时间已过去四年多，原创文章500多篇。此过程中，也在粉丝的支持下，我成立了工作室（广州数锐智能科技有限公司），成为大时代下的文字创业者。

本书中的文章，主要摘录于微信公众号"超级数学建模"所撰写的科学家故事系列文章，全书共包含60位科学家的小故事。正所谓，数理不分家，本书中除了数学家故事的记录，也介绍有多位物理学家的精彩人生故事。本书中不仅有"冠名"高数课本的欧拉、拉格朗日、柯西祖师徒三人组；还有享有数学界最高荣誉，却是物理学家的文科生爱德华·威滕……

作为时代的见证者，科学发展的推动者，每一位科学家的故事，都是学科发展的历史。阅读这些大科学家的"小故事"，能让我们从新的视角去了解那个我们熟悉又陌生的时代，能让我们看清楚科学发展的驱动力，能让我们进一步读懂科学的"大故事"。

可以想见，在学习数学、物理的同时，如果还有公式背后的故事及其创作者的故事，你会发现数学、物理并没有那么枯燥，甚至变得好玩多了。所有数理概念的萌芽都是有原因的，所有公式的定义都是有逻辑的，知其然同时也知其所以然，这才是学习的趣味所在，让我们的好奇心伴随学习始终。

说到本书的出版，非常感谢清华大学出版社刘杨编辑的帮助，"超级数学建模"的作品得以系统梳理，并顺利付梓，以一种全新的方式呈现给读者。

数学不仅是一种工具，还是一种文化，更是一种信仰。

超模君

2018 年 12 月于广州

目 录

Ⅰ ▶ 自序

数 学 篇

文艺复兴时期的思想萌发（ —1800）

003 ▶ **杰罗姆·卡尔达诺：** 为了赌博顺手创建了概率论，用占星预测过自己的死期，最后只能……

008 ▶ **约翰·劳：** "百万富翁"一词的原型，一个天才数学家，用神奇的数学法则，把法国搞得倾家荡产

013 ▶ **莱昂哈德·欧拉：** 数学史上最多产的全才数学家，双目失明还能心算高等数学，顺手便捧红了拉格朗日

018 ▶ **约瑟夫·拉格朗日：** 19岁创立新流派让整个数学界为之震惊，为了数学，宁愿破产

022 ▶ **皮埃尔·拉普拉斯：** 天体力学之父，敢于挑战牛顿的权威，还敢把上帝赶出宇宙，像热爱科学研究一样热衷于升官发财

027 ▶ **奥古斯丁·柯西：** 在学术研究上鞠躬尽瘁，在教育上却一直保持高冷，被评为最不可爱的科学家

芥子须弥：大科学家的小故事

一个创造精神和严格精神高度发扬的时代（1800—1900）

033 ▶ **尼尔斯·阿贝尔：**一位 21 岁就破解困扰人们 300 年难题的天才，却一生坎坷，怀才不遇，至死都得不到认可

039 ▶ **埃瓦里斯特·伽罗瓦：**19 岁破解几百年数学难题，智商比肩高斯，却在 21 岁为了爱情决斗身亡，天才死于愚蠢

044 ▶ **波恩哈德·黎曼：**过劳死的天才数学家，钻研了 15 年数学只发表了 10 篇论文，却名震天下

049 ▶ **詹姆斯·麦克斯韦：**比肩爱因斯坦的天才，儿时长期受虐，后来沉迷研究而过劳死，弥留之际只求上帝放过心爱的妻子

056 ▶ **格奥尔格·康托尔：**一位与老师龃龉十年，还做了 34 年疯子的数学天才，死前终于得到了认同

061 ▶ **亨利·庞加莱：**智商属于笨人，人生却有如神助

064 ▶ **查尔斯·埃尔米特：**从小擅长解决数学难题，却视考试为终生噩梦

067 ▶ **戴维·希尔伯特：**世界上最后一位数学全才，带领哥廷根大学成为世界数学中心，用巨人的眼光指明新世纪数学的方向

072 ▶ **伯特兰·罗素：**诺贝尔文学奖冷门之王，掀起第三次数学危机，成为让别人"妒忌"的数学家

077 ▶ **斯里尼瓦瑟·拉马努金：**一生只有 32 年，仅用 5 年便到达人生巅峰，却死于折磨

战争弥漫下的计算证明（1900—1918）

083 ▶ **安德雷·柯尔莫哥洛夫：**最爱玩的数学家，沉迷一切户外运动，喜欢用暴力解决问题，最后差点把自己作死……

088 ▶ **库尔特·哥德尔：**成就与爱因斯坦比肩，生活与爱因斯坦同行，数学界的超级大拿，却低调得像世外高人

094 ▶ **许宝騄：**比肩陈省身、华罗庚，却常常被人遗忘

100 ▶ **华罗庚：**中国的爱因斯坦，却也被批判为"政治上的骗子，学术上的商人"

104 ▶ **陈省身：** 中国数学第一人，杨振宁恩师，一己之力令中国数学进步十年，与爱因斯坦谈笑风生

109 ▶ **苏步青：** 在学生眼中，只要当了他的学生，就能当学霸

114 ▶ **艾伦·图灵：** 不需要谁的赦免，因为没有谁有资格赦免他

119 ▶ **保罗·厄多斯：** 被誉为 20 世纪欧拉的数学家，流浪了 58 年，发表了 1521 篇论文，离去时还顺带证明了人生中最后一个猜想

125 ▶ **马丁·加德纳：** 不是传统意义上的数学家，却因为数学家喻户晓

133 ▶ **小平邦彦：** 亚洲首位菲尔兹奖得主，梦想却是当一个树懒，人生最高境界就是要懒得出色

138 ▶ **钟开莱：** 概率学界教父级人物但没人知道，较真起来敢怼老师，三番五次得罪人，直言最讨厌统计学家

143 ▶ **吴文俊：** 当数学领域没有英雄，才是最好的时代

治愈创伤时代的百家争鸣（1918— ）

148 ▶ **谷超豪：** 与陈省身同具天赋，却因俗事缠身，留下无尽唏嘘

153 ▶ **约翰·纳什：** 做了 30 年疯子的数学天才，诺贝尔奖帅哥排行榜第二，帅到被上帝针对

157 ▶ **格里戈里·佩雷尔曼：** 数学界的高冷之王，N 次拒绝巨额奖金"我穷，但是我不缺钱"

161 ▶ **亚历山大·格罗滕迪克：** 代数几何领域的"上帝"，他提出的理论养活了当今过半数的数学家，却拒领菲尔兹奖，在事业巅峰期退出数学界

168 ▶ **约翰·康威：** 10 岁就被人称"教授"，是数学疯子，也是游戏疯子，没有谁比我更爱玩游戏了

173 ▶ **张筑生：** 为了国家荣誉，他不惜用生命换来了五次世界第一

178 ▶ **张益唐：** 寂寂无闻数十年，58 岁时靠一篇文章震惊世界，一生都在追求"桃花源"

184 ▶ **丘成桐：** 数学界大满贯得主，一生都在做学问，敢于互怼且耿直，被誉为"数学界的国王"

189 ▶ **徐瑞云**：现在用的高数课本都有她的影子！她是中国首位数学女博士，专注教育几十年却没人知道

193 ▶ **陶哲轩**：拥有当今世界最高智商，从出生就一路"开挂"，获得数学最高奖，却说自己只是个热爱数学的普通人

198 ▶ **玛丽亚姆·米尔扎哈尼**：唯一一位获得菲尔兹奖的女性，却认为自己没有做出很大贡献，40岁因癌症撒手人寰

物 理 篇

与生活常识的斗争，摒弃了臆想（—1900）

205 ▶ **托马斯·杨**：反驳牛顿却被骂"疯子"，破译埃及文成果被剽窃，这位百科全书式科学家到底经历了什么

211 ▶ **马克斯·普朗克**：最帅的物理学家，十项全能还颜值爆表，上帝都看不下去了，只能"赐予"他悲惨的结局

215 ▶ **保罗·狄拉克**：理工闷骚男鼻祖，一生贯彻沉默是金，然而，爱情来临之后一秒变话痨

219 ▶ **埃尔温·薛定谔**：情场老手，一边科研一边谈情说爱，俘获一众女生芳心还获得诺贝尔奖，与妻子白头到老

225 ▶ **劳伦斯·布拉格**：曾是最年轻的诺贝尔科学奖得主，25岁得奖，却被指全靠"拼爹"，在各种偏见中逐渐前行，成为传奇

230 ▶ **路易·德布罗意**：传说中的宇宙最水诺贝尔奖得主，本科历史学，却凭借"一纸"博士论文摘取诺贝尔物理学奖，出道即巅峰

在宏观低速的水平上研究这个世界（1900—1918）

236 ▶ **沃尔夫冈·泡利**：物理界的喷子王，看中哪个怼哪个，爱因斯坦、海森堡、费曼都被他喷过

目 录

240 ▶ **沃纳·海森堡**：爱因斯坦死对头，一生钟情于数学，阴差阳错学了物理，却一举改变了整个物理世界

244 ▶ **尼尔斯·玻尔**：哥本哈根学派创始人，不会踢足球的物理学家不是一个卓越的教育家，与爱因斯坦相爱相杀

250 ▶ **玛丽亚·格佩特-梅耶**：最后一位问鼎诺贝尔物理学奖的女科学家，一直被质疑是花瓶，担任教授30年，却从没领过一份薪水

255 ▶ **列夫·朗道**：作为一名科学家，帅过当代"鲜肉"，却生不逢时，然而一生中还是没有什么事是不成功的

259 ▶ **约翰·巴丁**：史上唯一两获诺贝尔物理学奖的传奇人物，却称自己只是懂点物理的平常人

263 ▶ **苏布拉马尼扬·钱德拉塞卡**：20岁就取得诺贝尔奖级别的成果，却惨遭导师手撕论文、学界猛烈抨击，含冤50年后终获诺贝尔奖被认可

268 ▶ **钱伟长**：史上最强偏科生，身高149厘米却称霸跨栏界与足坛，高考物理5分，却成了世界力学大师，与爱因斯坦合出文集

274 ▶ **理查德·费曼**：科学界的一股"泥石流"，20世纪最聪明的物理学家，搞笑时让你捧腹，深情时让你落泪

279 ▶ **小柴昌俊**：为差生代言，从成绩倒数第一的"搅屎棍"到拿诺贝尔奖，他估计是全世界最有文化的"流氓"了

283 ▶ **默里·盖尔曼**：物理是他最讨厌的学科，却被父亲逼迫弃文从理，后来一人拿下年度诺贝尔物理学奖

288 ▶ **罗纳德·德雷弗**：创建LIGO却被无理"踢"出团队，得知测到引力波时已老年痴呆！没等到诺贝尔奖，就已去世

踏入微观高速的新时代（1918— ）

295 ▶ **罗伊·格劳伯**：搞笑诺贝尔奖扫地神僧，曼哈顿计划最年轻成员，却专注扫地二十年，年过八旬终获早该属于自己的真正的诺贝尔奖

299 ▶ **爱德华·威滕**：史上最厉害的文科生，学历史成为物理学家，却获得了数学界的最高荣誉，出了350部书，外号"火星人"

303 ▶ **安德烈·海姆：**从"磁悬浮青蛙"到"手撕石墨烯"，可能是最欢乐和最幸运的诺贝尔奖得主了

307 ▶ **参考文献**
309 ▶ **图片版权声明**

数学篇

文艺复兴时期的思想萌发（—1800）

> 一种奇特的美统治着数学王国，这种美不像艺术之美与自然之美那么相似，但她深深地感染着人们的心灵，激起人们对她的欣赏，这与艺术之美是十分相像的。
>
> ——库默

杰罗姆·卡尔达诺：为了赌博顺手创建了概率论，用占星预测过自己的死期，最后只能……

有一位数学家，他嗜赌成性，行为怪异，满身的缺点，却被誉为与达·芬奇齐名的百科全书式学者。他活跃在各个不同的领域，在古典文学、数学、物理、化学、生物学、医学、哲学、占星学都取得了不错的成就。他是谁呢？谜题用莱布尼茨曾经评价他的一句话揭晓："卡尔达诺是一个有许多缺点的伟人，没有这些缺点，他将举世无双。"

1501年，杰罗姆·卡尔达诺（Girolamo Cardano）出生于意大利帕维亚，是一位大法官的私生子（"私生子"这三个字在当时就等于"下等人"）。他从小体弱多病，受尽歧视和虐待，慢慢便养成了孤僻古怪的性格。

杰罗姆·卡尔达诺

卡尔达诺4岁才来到父亲身边生活，在各种不受待见的情况下，怀着对父亲的崇拜之心，他开始学习古典文学、数学和占星学。

结果，学着学着，卡尔达诺发现，古典文学有点无聊，数学太简单了，都没有占星学来得刺激，从此便沉迷占星不能自拔。为此，他还给自己算了一卦……

卡尔达诺曾在他的自传里提到："我出生于1501年9月24日，那时由于各天体位置相冲，火星的邪恶威力笼罩着整个宇宙……如果不是水星掌管的处女座与前述星位成29度角，我很可能会是个妖怪了，这可真是只差一点儿啊！"

18岁的时候，卡尔达诺开始面临人生中的第一件大事——选大学专业。想当年，这可是笔者苦恼了很久的事情呢，不过，同样的事情摆在卡尔达诺面前，就显得非常简单，只见他翻开占星书，就那么一算，便算出自己竟然是学医的料！再加上自己会占星，以后出来肯定不得了！

在那个时候，人们普遍认为医生需要掌握占星技能，因此医疗占星大行其道。当时还出现了一种专供医生使用的星盘，星盘周围刻有黄道十二宫、昼夜二十四时等；一套同轴圆盘用来指示日、月、五大行星位置等。

然而，正当卡尔达诺准备投奔医学的怀抱时，他亲爱的爸爸终于看不下去了，极力反对儿子的决定：学什么医，好好学法律才是你应该做的！两人就此大吵了一架，还是没有结果，最后，爸爸彻底生气了，放下狠话：去学医的话，我一分钱都不会给你！

很快，从来没愁过吃穿的卡尔达诺熬不下去了。在濒临绝望之际，他又拿起了他的占星书，很快便算出了自己的幸运场所是赌场！

赌场

于是，卡尔达诺便开始天天去赌场溜达，观察了几天之后，他终于迫不及待要下手了。只见卡尔达诺宛若赌神上身，赌场上的所有赌具，无论是纸牌、西洋双陆棋，还是骰子、距骨，他都信手拈来。再加上他是一个数学天才，算牌技术一流，没几天他就赢得盆满钵满。

凭着这高超的赌技，卡尔达诺的大学生活过得尤其滋润，同时，他也成了一个疯狂的赌徒，一生都没戒掉赌博。他还曾在自传里表示过"忏悔"："也许我根本就不值得拥有赞美……我并不是每年都赌，我自己都挺羞愧，而是每天都赌。"

最后，卡尔达诺表示实在是太爱赌博了，决定将它写成一本书，名字就叫《论赌博游戏》，专门教别人赌博。谁知，这本书一不小心成了历史上第一部概率论著作，卡尔达诺也成为首个对概率论进行科学研究的学者。他用数字来描述随机事件发生的似然度，这一划时代的思想对随后产生的统计学、市场营销学、保险业以及天气预报等都有深远影响。

1526年，卡尔达诺获得帕多瓦大学医学博士学位，眼看着自己即将在医学领域可以大展宏图，然而，在他申请加入米兰医学协会时，被拒绝了，只因他是私生子。卡尔达诺早就厌恶这种只看出身不看实力的社会风气，一怒之下，便又写了一本书，专门揭露当时医院的那些"糗事"，诸如各种愚昧的医生，恐怖的治疗手段等，美其名曰《时钟与镜子：文艺复兴时的医学》，实际即《论医生的不当治疗》。

在这本书里面，卡尔达诺把米兰所有医院得罪了个遍，结果导致了整个米兰的医院都不敢接收他。堂堂博士毕业，竟然找不到工作？！吓得卡尔达诺赶紧翻开尘封已久的占星学给自己又算了一卦。

这次显示他的幸运场所是米兰东边的一个荒芜小镇，尽管卡尔达诺对此有点疑惑，但最终还是决定搬过去，先开一家小诊所好好实践一下自己的医术。与此同时，在一位好友的介绍下，卡尔达诺也在一所专科学校谋得了数学老师一职，好在之前赌博赢了一大笔钱，即便是在这个鸟不拉屎的地方，他的生活依旧过得挺好。更神奇的是，这个小镇竟然开始繁荣起来。

先是一位著名修道院院长得了急病，被卡尔达诺治愈了，接着又是苏格兰大主教路过小镇突然旧病加重，被卡尔达诺妙手回春……从此，卡尔达诺便经常接到一些达官贵人的呼唤，凭着高超医术，在上流社会混得风生水起。米兰医学协会看到这场景，立马撤回了之前的决定，盛情邀请卡尔达诺成为正式会员。后来，卡尔达诺甚至还当了这个协会的负责人，又

芥子须弥： 大科学家的小故事

顺便回了趟母校当了医学教授。作为医生，卡尔达诺既精于诊断开方，也专于外科手术，同时也对生理学和心理学的问题提出了自己的见解，他还是历史上第一个对斑疹伤寒做出临床描述的人。

塔尔塔利亚

成为名震欧洲的医生之后，卡尔达诺时不时也捣鼓一下数学，准备写一本记录当时数学界新发现的书。而当时欧洲数学界最大的难题便是求解一元高次方程，卡尔达诺得知数学家塔尔塔利亚已经求解多种三次方程之后，便多次登门拜访，想要塔尔塔利亚将解法告诉他。

软磨硬泡 N 次，再拿了自己的人脉交换，并且发誓自己绝对不会泄密之后，卡尔达诺终于得到了一首 25 行的隐晦地藏着一元三次方程解法的小诗。

卡尔达诺告诉塔尔塔利亚自己跟瓦斯托侯爵（当时西班牙帝国驻意大利的总督兼帝国驻意大利军队司令）是好朋友，只要塔尔塔利亚可以告知三次方程的解法，就可以让塔尔塔利亚成为西班牙炮兵顾问，同时，卡尔达诺发誓自己不会泄密，以此才交换了解法。

经过多年的研究，卡尔达诺与学生费里拉终于破解了一元三次方程的解法，同时还得出了一元四次方程的一般解！1545 年，卡尔达诺将一元三次方程的解法、相关证明以及一元四次方程的解法写在了一本名为《大衍术》的书上，并违背他当初的誓言，将此书出版了。卡尔达诺还明确指出一元三次方程有三个根（塔尔塔利亚的只是一个根）。从此，一元三次方程的求根公式称作"卡尔达诺公式"。尽管卡尔达诺已经书上标明了塔尔塔利亚的贡献，后来，塔尔塔利亚作为首个三次方程解法发现者也得到了数学界的公认，然而，人们记住的仍然是"卡尔达诺公式"。

会赌博，精通医术，又研究数学，出各种书，卡尔达诺的荷包一直鼓鼓的，为了防止别人来偷他的钱，他发明了最早的密码锁。他后来又对各种机械装置产生了兴趣，设计了许多机械装置，其中著名的有"卡尔达诺悬置""卡尔达诺接合""卡尔达诺轴"等。他还完成了另外两部著作《事物之精妙》与《世间万物》,里面包含大量力学、机械学、天文学、化学和生物学等自然科学与技术的知识,还有密码术、炼金术,以及占星术等内容,被誉为当时最好的百科全书,曾一版再版广泛流传于欧洲大陆。

不过,晚年的卡尔达诺,就基本是沉迷占星无法自拔了,他专门出去给人家算命,还得到了教皇皮乌斯五世的赏识留在皇宫供职。然而后来,卡尔达诺算着算着,忍不住算到了耶稣头上,还宣称救世主一生的遭遇都是由天上星象所支配的!结果,他被宗教法庭监禁了9个月,直到宣誓"放弃异端邪说"才被释出狱。

星象图

就这样,卡尔达诺"顺利地"走向了人生低谷,因为这事儿,他还失去了教学职位和学术出版权,已经70岁的卡尔达诺觉得人生已经没什么希望了,况且他觉得自己活得也够久的了,真的该说再见了。于是便给自己算了一卦,果然,便算出了自己死亡的精确日期,1576年9月21日。之后,卡尔达诺除了在等死,就是在完成记录自己辉煌一生的《我的生平》。

1576年9月21日终于到来,悲催的是,卡尔达诺发现自己完全没有要死的迹象,依然可以吃好喝好,甚至可以说是活蹦乱跳。

最后,为了保全自己大星象家的名誉,卡尔达诺自杀了!

一代大师就这样陨落了。

约翰·劳："百万富翁"一词的原型，一个天才数学家，用神奇的数学法则，把法国搞得倾家荡产

1729 年，威尼斯，一位叫约翰·劳（John Law）的 58 岁苏格兰人去世。

约翰·劳

法国人得知此消息后，立马为他写了一篇墓志铭：一位苏格兰名宿安息于此，这位天才的数学家，用神奇的数学法则让法兰西倾家荡产。这位约翰·劳先生到底是对法国人做了什么，以至于在他死后仍然要遭受这般戏弄？

1671 年，约翰出生于苏格兰的一个极其富有的金匠及银行主家庭，从小就对数字表现出极高的天赋。14 岁时，约翰就跟着父亲接触家族生意，学习了银行的各项业务知识。17 岁时，父亲就去世了，继承了大笔遗产的约翰便动身去了伦敦，开始了他的浪荡生活。整天不务正业，挥霍着父亲的遗产，酗酒、赌博、拈花惹草样样都没少。

而伦敦各个大大小小的赌场，便成为约翰的"练手"之地。别的赌徒，都是靠运气，而约翰凭借着自己过人的数学天赋，完全靠心算概率来赌博。然而，初入赌场的时候，不知是不是仗着父亲遗产足够巨额，约翰算概率就比较随意，经常出错，为此还输了不少钱。越输约翰就越想赌，想要扳回一局，于是他继续很开心地去赌场输钱。

这样的日子一直持续了 7 年，约翰的赌技虽然也越来越好，但终究抵挡不住爱情的诱惑，他爱上了一个叫伊丽莎白·维丽尔的女人。

不过，就像每一棵好白菜旁边都守着一头猪一样，约翰爱着的这个女人也有另一位追求者。约翰知道后，表示无法忍受自己的女人被其他人窥探，一言不合就约情敌出来决斗——他一剑就把情敌给刺死了。

约翰以为终于可以抱得美人归，沉浸在喜悦之中，不巧的是他当天就被抓了，成功入狱……幸亏，之前约翰沉迷吃喝玩乐的时候，交到了一批"狐朋狗友"。这些朋友得知约翰落难后，敬他是条汉子，用钱贿赂了狱警，约翰才得以逃出监狱。

此后，约翰便逃出了英国，来到了法国巴黎，并勾搭上了一个已婚的富婆凯瑟琳·赛格纳。很快，两人开始环游欧洲（的赌场），约翰凭借这么多年赌博的经验和数学才能，以高傲的姿态横扫了欧洲大大小小的赌场，赚得盆满钵满，成为名副其实的富豪。

虽然约翰的名字让所有的赌场闻风丧胆，但他也不乏粉丝的支持，甚至还有人为他写了一本书，还首次造出了这样一个词——"millionaire"（百万富翁），用来形容约翰的财富。没错，约翰就是历史上第一个"百万富翁"。成为百万富翁之后，约翰表示看着这么多钱也累了，想要追求更高的境界。在荷兰见识了当地发达的银行与信贷之后，约翰决定重操旧业。

经过一段时间的研究，结合自己之前的实践，约翰竟然写出了颇具前卫色彩的文章——《论货币和贸易——兼向国家供应货币的建议》，提出建立国家银行来创造并促进信用工具的发展，以土地、黄金或白银为抵押发行银行券等财政建议，主张建立货币与贸易局，发行纸币。

于是，约翰便带着他的这套超前的理论，回到老家苏格兰大施拳脚，却惨遭拒绝，之后，约翰辗转欧洲各个小国，均被拒绝。最后，"袖珍王国"卢森堡大公国大公告诉约翰："很遗憾，我的国家太小，盛不下先生的宏大计划，我也是欧洲最穷的国王，经不起失败破产的打击。不过我觉得法国人会对阁下的计划感兴趣，不如去法国碰碰运气吧！"

果然，当约翰来到法国，他与正准备整顿法国经济的奥尔良公爵腓力二世一见如故。在约翰陈述了自己的伟大想法之后，奥尔良公爵当即任命他为法国的财政部部长，执行法国经济的改革大计。就这样，约翰这个英国人成立了法国第一家私人银行——劳氏银行，开始发行纸币，并承诺纸币可以随意购买、兑换，银行任何网点发出的纸币都可以立刻兑换相当于面值的金币，而且保证价值不变，可以用来交税。

"保值"这个承诺可谓是惊人之举，此前，法国并没有人成功推行过纸币，而金属货币在法国多变的政策下，价值极其不稳定，法国国民时常担忧货币贬值。而如今约翰发行的纸币，竟然稳稳地保持着它的价值，国民渐渐对约翰深信不疑，纷纷尝试纸币。人们的信任使得纸币顺利推行，商业渐渐繁荣了起来，约翰的银行也慢慢开遍了全国。

约翰成功挽救了法国，奥尔良公爵以及众亲王都对他言听计从，劳氏银行取得了金银铸币权，逐渐垄断了法国的烟草销售市场，并改名为皇家银行。随后，约翰再接再厉成立了密西西比公司。这家公司垄断了法国殖民地的所有业务，包括对多个国家的贸易特权。

除此之外，法国政府还同意密西西比公司发行债券，不过，约翰并没有选择发行债券，而是发行股票。约翰先是发行了20万股的新股票，每股面值500利弗尔，可以用公债抵付，而当时面值500利弗尔的公债，市场价格仅相当于160利弗尔。

本来就够便宜的了，约翰还继续"加码"。他承诺，每份500利弗尔的股票，每年都会派发高达200利弗尔的红利。这还没完，倘若股民想要出手股票，只要持有期超过半年，公司便可按照票面价值（即500利弗尔）予以赎回。简单地说，就是你用160利弗尔购买了一份面值500利弗尔的股票，持股半年卖出的话（以面值回收），可赚340利弗尔；持股一年以上，每年就有200利弗尔的红利。再简单一点：谁不买谁就是傻子。

一时间，法国陷入癫狂的全民炒股状态，很快，约翰发行的20万新股就被抢购一空，只好继续追加30万新股，每股5000利弗尔，到年底，还涨到了18000利弗尔……这一年近3倍的涨幅，让法国民众更加疯狂，约翰的家每天都被围得水泄不通，都是一群"嗷嗷待哺"的股民，等着约翰继续发行股票呢。而每次增发股票的同时，皇家银行都会跟着增发纸币，这时，约翰看着法国日渐繁荣，就更加坚定地认为存在这种可能性：增发纸币——刺激经济——刺激货币需求；增发纸币——换成股票——抵消国债。就这样，股票一路暴涨，纸币继续增发，然后，历史上最重大、最特别的一次金融崩溃——"密西西比泡沫"事件终于爆发。

货币超发导致了严重的通货膨胀，从1719年中到半年后的1720年，法国的通胀率就从4%暴增到23%！法国民众也渐渐察觉到了，手里的钱越来越多，能买得起的东西却在变少，钱（纸币）根本不值钱了！这时，人们就像刚开始疯狂买股票那样，纷纷抛售股票，约翰公司的股价很快便跌破发行价，纸币像雪崩一样急速贬值，法国民众重新回到水深火热之中。

约翰之前的光环也瞬间消失，变成过街老鼠，倾家荡产的人们把怒火全都发到了约翰身上，袭击约翰乘坐的马车，漫画上画的、歌词上写的都是谩骂、讽刺约翰的内容。而奥尔良公爵也将这次"大赌局"的失败都算到了约翰头上，没收约翰所有财产，让约翰离开法国，但他还是大发慈悲地给了约翰一笔丰厚的路费。

不过，约翰拒绝了这笔钱，只带走了一颗见证了他所有成功的钻石，他坚信，纸币终究会让金属货币退出历史舞台。从此，约翰便消失在法国人的视野里，继续他的逃亡之旅。直到1729年，约翰在威尼斯去世后，法国人忍不住写了这样一篇墓志铭：一位苏格兰名宿安息于此，这位天才的数学家，用神奇的数学法则，让法兰西倾家荡产。

对于约翰的一生，后世的很多著作记载的都是他晚景凄凉。然而，人们在清点约翰当时留下来的遗产时，发现竟然有多达488幅绘画作品，其中包括提香、拉斐尔、米开

约翰·劳的画像

朗基罗以及达·芬奇这些名家的作品。

事实上，约翰在离开法国之后，凭借着自己高超的数学天赋，继续游荡在各大赌场，靠着赢来的钱过着相当体面的生活。只不过，与他几年之前在法国曾经拥有的财富和地位相比，这点遗产根本不值一提。从这一点上来说，他确实算是"晚景凄凉"了。

莱昂哈德·欧拉：数学史上最多产的全才数学家，双目失明还能心算高等数学，顺手便捧红了拉格朗日

欧拉在数论、几何学、天文数学、微积分等好几个数学的分支领域中都取得了非常出色的成就。直到今天，几乎每一个数学领域都可以看到欧拉的名字，比如，从多面体的欧拉定理，立体解析几何的欧拉变换公式，四次方程的欧拉解法到数论中的欧拉函数，微分方程的欧拉方程，级数论的欧拉常数，变分学的欧拉方程，复变函数的欧拉公式等。

1707年4月15日，莱昂哈德·欧拉（Leonhard Euler）出生在瑞士巴塞尔的一个乡村家庭，父亲保罗·欧拉（Pual Euler）是个牧师。父亲除了牧师的身份，还是个数学家，会给小欧拉讲讲数学。小时候的欧拉就特别喜欢数学，10岁不到就开始自学《代数学》。但父亲却执意让他攻读神学，希望欧拉长大后子承父业。

1720年，在约翰·伯努利（Johann Bernoulli，当时著名数学家，微积分领域权威）推荐下，年仅13岁（别的小朋友还在放羊）的欧拉成了巴塞尔大学的学生，也是整个瑞士年龄最小的大学生，主修哲学和法律。

欧拉　　阿基米德　　牛顿　　高斯

芥子须弥： 大科学家的小故事

  大学课堂上的知识远不能满足欧拉的求知欲，约翰·伯努利非常欣赏欧拉的数学天赋，决定每周给他额外的一对一辅导、答疑。欧拉天赋过人又特别努力，15 岁大学毕业，16 岁便获得硕士学位，成为巴塞尔大学有史以来最年轻的硕士。

  18 岁时，欧拉彻底放弃了当牧师的想法，一门心思专攻数学，并开始发表文章。在约翰·伯努利的指导下，欧拉从一开始就选择通过解决实际问题来进行数学研究。19 岁的欧拉写了一篇关于船桅的论文，获得了巴黎科学院的奖金。看到儿子的成绩和决心，加上约翰·伯努利的劝说，父亲决定不再反对欧拉研究数学。毕业之后，在丹尼尔·伯努利（Bernoulli Danie，约翰·伯努利的儿子）的推荐下，欧拉去俄国的圣彼得堡科学院从事研究工作，并在 1731 年接替丹尼尔·伯努利成为物理学教授。

  1733 年丹尼尔·伯努利返回了巴塞尔，年仅 26 岁的欧拉接替丹尼尔·伯努利的职位担任圣彼得堡科学院数学教授。1734 年 1 月 7 日，欧拉迎娶了科学院附属中学的美术老师柯戴琳娜·葛塞尔（Katharina Gsell），生了 13 个孩子，可是只有 5 个存活下来。

  1735 年，欧拉花三天时间就计算出了彗星的轨道，这是当时一个天文学的难题，几个著名数学家花了几个月的努力才解决。此外，欧拉还在科学院地理所担任职务，应俄国政府的要求，解决了不少地图学、造船业的实际问题（比如协助编制俄国第一张全境地图）。

  大概是长期以来的高负荷工作，欧拉染上眼疾导致右眼失明。唉，28 岁的欧拉正值人生大好年华，事业才刚刚起步。医生和朋友都劝他减少工作时间，少用眼睛，保护好左眼。但欧拉婉言拒绝了，数学上还有那么多难关等着自己攻克，他哪能放弃自己的事业和追求。

  欧拉在俄国待了 14 年，他努力不懈地投入研究工作，在分析学、数论及力学方面均有出色的表现。考虑到当时俄国持续的动乱，1741 年 6 月，欧拉离开了圣彼得堡。之后他受到普鲁士腓特烈大帝的邀请到德国科学院担任物理数学所所长一职，这一当就是 25 年，在这期间他写了超过 380 篇文章。

他在柏林期间的研究内容更加广泛,涉及行星运动、刚体运动、热力学、弹道学和人口学等,这些工作与他的数学研究相得益彰。与此同时,他在微分方程、曲面微分几何及其他数学领域都有开创性的发现,出版了他最有名的两部作品:1748 年,欧拉在瑞士洛桑出版了第一部融合微积分与初等数学的分析学著作——《无穷小分析引论》,欧拉也因此被称为"分析学的化身"。1755 年他发表了《微分学原理》。同一年欧拉还提出了欧拉恒等式,建立了数论和分析之间的联系,使得可以用微积分研究数论——欧拉成为解析数论的奠基人。理查德·费曼称这个恒等式为"数学最奇妙的公式",因为它把 5 个最基本的数学常数简洁地联系了起来。

1752 年欧拉发现,对任何凸多面体,其顶点 e、棱 k、面 f 之间总有 $e-k+f=2$ 这个关系式,"$e-k+f=2$"被称为欧拉示性数,成为组合拓扑学的基础概念之一。

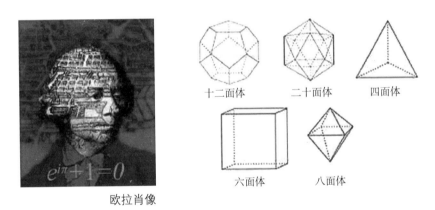

欧拉肖像

1766 年,俄国沙皇喀德林二世觉得欧拉是个不可多得的人才,十分诚恳地邀请他返回圣彼得堡,也许是在柏林待久了反倒有点想念圣彼得堡,欧拉答应了。同年,他出版了《关于曲面上曲线的研究》,这是欧拉对微分几何最重要的贡献,更是微分几何发展史上的一个里程碑。欧拉引入了空间曲线的参数方程,他将曲面表为 $z=f(x,y)$,并引入一系列标准符号以表示 z 对 x,y 的偏导数,这些符号至今仍在通用。

忙碌了大半辈子,大概是上天想让他歇会儿了。1771 年,因为白内障,他的左眼也逐渐失明了。祸不单行,不久后圣彼得堡的大火烧到欧拉的住宅,带病而且失明的64岁的欧拉被围困在大火中,所幸最后被人救了出来,但他的书房和大量的研究成果全部化为了灰烬。沉痛过后,双目失明的欧拉凭借顽强的毅力和孜孜不倦的治学精神重新投入到学术研究中,用他那惊人的记忆力和心算技巧继续创作。

欧拉的心算可不像我们平时心算100以内的加减法,高等数学他也可以用心算去完成:欧拉的两个学生把一个复杂的收敛级数的17项加起来,算到第50位数字,两人相差一个单位,欧拉为了确定究竟谁对,用心算进行全部运算,最后把错误找了出来。

在失明后的17年间,他通过与学生们的讨论、口述等方式完成了多部著作和400多篇论文,还解决了令牛顿头痛的"月离问题"和很多复杂的分析问题。欧拉的惊人多产着实让人佩服不已,但这并不是偶然的。他是一个异常专注的人,可以在任何恶劣的环境中工作,不仅可以无视孩子们在身边玩闹,还能抱着孩子在膝上完成论文。

欧拉对自己的要求很严格,对别人却很和蔼宽容,尽管他的学术地位高高在上,但他还是很乐意与人交流分享,一点架子都没有。他曾与欧洲的300多位学者通信,经常毫不保留地把自己的发现和推导告诉别人,用自己的闪光思想,为别人的成功创造条件。

著名数学家拉格朗日从19岁起和欧拉通信,讨论等周问题的一般解

欧拉工作时

法(等周问题是欧拉多年来苦心考虑的问题)。欧拉在回信中称赞拉格朗日的解法非常完美,并谦虚地压下自己在这方面的作品暂不发表,从而使得年轻的拉格朗日的工作得以发表和流传,并为其赢得了巨大的声誉。

1783年9月18日下午,欧拉为了庆祝他计算气球上升定律的成功,在圣彼得堡的家中请朋友们吃饭。据说那天天王星刚被发现不久,欧拉写出了计算天王星轨道的要领,还和

他的孙子逗笑。喝完茶后,他突然疾病发作,烟斗从手中落下,嘴里喃喃地说,"我死了"——欧拉停止了生命和计算,终年76岁。

欧拉是数学史上最多产的一位全才数学家。据统计,从他19岁开始发表论文直到去世,半个多世纪写下了886本(篇)书和论文,涵盖分析、代数、数论、几何、物理学、天文学、弹道学、航海学和建筑学等多个领域。

欧拉去世后,圣彼得堡科学院花了足足47年才整理完他的著作。19世纪伟大数学家高斯说:"研究欧拉的著作永远是了解数学的最好方法。"

约瑟夫·拉格朗日：19 岁创立新流派让整个数学界为之震惊，为了数学，宁愿破产

约瑟夫·拉格朗日

很久很久以前，有一位富二代，因为太有钱而茶饭不思，每天都在期盼着家里尽早破产。他就是约瑟夫·拉格朗日（Joseph Lagrange，1736—1813）。

1736 年 1 月 25 日，拉格朗日出生在意大利西北部的都灵。父亲是法国陆军骑兵里的一名军官，同时也是一名商人，家大业大，所以拉格朗日是一名妥妥的富二代。事实上，拉格朗日刚开始学的是法律，原因是拉格朗日作为长子，必须继承家业，他父亲一直想将他培养成一名律师。然而，拉格朗日对法律毫无兴趣。因为这时的拉格朗日，在数学家雷维里的教导下，慢慢对几何学产生了兴趣。而到 17 岁时，他偶然间看了英国天文学家哈雷写的《论分析方法的优点》，这是一篇介绍牛顿微积分成就的短文，拉格朗日发现：分析才是自己最热爱的学科！从此便开始沉迷于数学分析。

找到"真爱"后的拉格朗日，每每想到还要继承家业，都十分烦躁，甚至还祈祷：干脆破产好了。没想到，不久之后，由于经营不善，家里真的破产了！而后来拉格朗日在回忆中却表示：我家里破产了，那是我一生中最幸运的事之一。没有了继承家业的烦恼，拉格朗日将所有精力都投入到学习数学当中，不到一年的时间，他就把那个时代所有的数学知识全都掌握了。

18 岁时，拉格朗日写了第一篇论文，是用牛顿二项式定理处理两函数乘积的高阶微商，然后，他把论文寄给了欧拉。不幸的是，这一成果早在

文艺复兴时期的思想萌发（—1800）

半个世纪前就被莱布尼茨发现了，不过，这并没有让拉格朗日灰心，反而还坚定了他继续研究数学分析的决心。于是，19岁时，拉格朗日又寄给欧拉一篇很长的论文，以纯分析的方法求变分极值，发展了欧拉所开创的变分法，奠定了变分法的理论基础。

事实上，当时欧拉也在研究这个课题，并且做出来的成果比拉格朗日的要全面很多。不过，欧拉很喜欢这个年轻人，于是刻意把自己的论文压了下来，拿着拉格朗日的论文去发表了。无比豁达的欧拉还对拉格朗日说：这是为了不剥夺你应得的荣耀。

此时，19岁的拉格朗日因为这篇论文，瞬间声名大震，一跃成为当时欧洲公认的一流数学家，并且当上了都灵皇家炮兵学校的教授。1756年，受欧拉的举荐，拉格朗日被任命为普鲁士科学院通讯院士。1763年11月，都灵王朝代表去伦敦赴任时，带拉格朗日到了巴黎。在巴黎，他与日后的好朋友达朗贝尔（d'Alembert）初次见面，在回国途中还拜访了当时著名数学家丹尼尔·伯努利（Daniel Bernoulli）和文学家伏尔泰（Voltaire）。

达朗贝尔

回到都灵后，人们对仿佛"镀了层金"的拉格朗日更加崇拜，都认为他在都灵不能发挥才能，需要去更广阔的地方了。在1765年秋，达朗贝尔向普鲁士国王腓特烈二世强烈举荐拉格朗日，希望在柏林给拉格朗日一个职位。对于这样的人才，国王也表示：在"欧洲最大的王"的宫廷中应有"欧洲最大的数学家"。然而，拉格朗日却拒绝了！原因是他不愿与欧拉争职位。

不过，在第二年欧拉离开柏林之后，拉格朗日也于8月21日动身远赴柏林。在途经达朗贝尔所在的巴黎时，拉格朗日抓住了难得的机会，表示无论如何都要跟好朋友合作，因此，拉格朗日在10月27日才到达目的地柏林。11月6日，拉格朗日正式被任命为普鲁士科学院数学部主任。在

芥子领弥：大科学家的小故事

伯努利

那里，他很快就与院内主要骨干如伯努利等人友好相处。拉格朗日在柏林居住达20年之久，这段时间是他一生科学研究的鼎盛时期。

1788年，拉格朗日在19岁时在就设想出版的《分析力学》，在他52岁时终于完成并得以出版。这部杰作归纳了他一生的全部力学论文以及同时代人的力学贡献，是分析力学的奠基著作。拉格朗日在虚功原理和达朗贝尔原理的基础上，得出了动力学的普遍方程，几乎所有的分析力学的动力学方程都可以从这个方程直接或间接得到。而对于这篇享誉世界的著作，拉格朗日只是淡淡地说："我只是在其中阐明方法，只是一些按照一致而正规的程序的代数运算。喜欢分析的人将高兴地看到，力学变成了它的一个新分支，并将感激我扩大了它的领域。"

1767年9月，拉格朗日同他的一个表妹结婚了。事实上，家里破产之后，拉格朗日寄住在了亲戚家里，拉格朗日天生就节俭，当他看到表妹喜欢"挥霍"时，十分生气，于是便买了一条缎带，告诉表妹："我计算了一下你的幸福，答案就是：为了让你幸福，我要和你结婚。"婚后的生活十分美满，拉格朗日也说妻子是一位很好的家庭妇女。在妻子生病之后，拉格朗日还一直守在床边照顾她。1783年，妻子去世，拉格朗日悲痛欲绝。

不过，好朋友达朗贝尔在得知拉格朗日已经结婚之后，"吃醋"了：我明白你已经采取了我们哲学家所说的决定命运的断然行动……一个大数学家首先应该知道怎样计算他的幸福，所以我不怀疑在完成这个计算后，你的解答是结婚，但我还是对你没有通知我结婚而感到吃惊。

而拉格朗日深情地回答："我不知道我是计算错了还是对了，或者说得更准确些，我根本不认为我曾经计算过，因为我本来可以像莱布尼茨那样做，他虽然不得不仔细考虑，可从来没有下过决心。我向你承认我从来不喜欢结婚，但是环境决定我得找一个年轻女孩照顾我和我的全部事务。如果我忘记了通知你，那是因为在我看来这件事情本身没有什么意思，不值得费事通知你。"

1792年，56岁的拉格朗日还是魅力不减当年，一个几乎比他小40岁的年轻姑娘（天文学家勒莫尼埃的女儿阿德莱德）被丧偶之后忧郁的拉格朗日迷倒了，坚持要和他结婚，不过，拉格朗日拒绝了。然后，她继续坚持，拉格朗日表示：年轻的妻子证明她不仅是忠诚的，而且是称职的。拉格朗日说出了心里话，对生活有了新希望，陪他的妻子去参加舞会，这在以前是完全不可能的。不久之后，拉格朗日爱上了这位妻子，只要妻子不在他视野内的时间长一点，他就受不了，在妻子外出买东西那一段很短的时间里，他的内心几乎是崩溃的。

拉格朗日去世前还表示："我希望死，是的，我希望死，我在死亡中发现一种愉悦。但是我的妻子不希望我死，在这样的时刻，我竟宁愿有一个不是这样好的、不是这样热切地想恢复我的活力的妻子，那样的妻子会让我平静地死去。我过完了我的一生，我在数学方面得到了一些名声。我从不恨任何人，我没做过什么坏事，这样死去会是很好的；但是我的妻子不希望我死。"

不过，至于拉格朗日有没有做过"坏事"，你们自己翻开高数课本一读便知。

皮埃尔·拉普拉斯：天体力学之父，敢于挑战牛顿的权威，还敢把上帝赶出宇宙，像热爱科学研究一样热衷于升官发财

19世纪初，约瑟夫·拉格朗日（Joseph Lagrange）、皮埃尔·拉普拉斯（Pierre Laplace）和阿德利昂-玛利·勒让德（Adrien-Marie Legendre）并称为法国的"3L"，都是数学界的泰斗级人物。

拉普拉斯是法国著名的数学家、天文学家和物理学家。1749年3月23日，拉普拉斯出生在法国诺曼底博蒙。16岁时，拉普拉斯在家乡念完小学和中学，接着考入了卡昂大学艺术系。父亲希望他到教堂工作，于是他从艺术系转到神学系，打算按照父亲的意思毕业后当个传教士。

大学期间，他写了一篇关于有限差分数的论文，结果被老师们发现了他极具天赋的数学才能。他看到了一条似乎比当教士更有前途的路。于是拉普拉斯带着老师写给巴黎科学院负责人达朗贝尔（d'Alembert）的推荐信到了巴黎，并放弃了卡昂大学的硕士学位。他心想如果可以去巴黎科学院的话，卡昂大学又算什么？

大名鼎鼎的达朗贝尔连看都没有看一眼推荐信，直接给了拉普拉斯一个题目，让他一周后再来。结果拉普拉斯花了一个晚上完成了，第二天就去找到达朗贝尔。看完题解，惊呆了的达朗贝尔又出了个关于打结的难题，结果拉普拉斯当场就解了出来。

拉普拉斯还写了一篇关于力学一般原理的论文寄给达朗贝尔。这篇论文实在是写得太好了，达朗贝尔非常欣赏他的数学才能，当即给他回了信："拉普拉斯先生，你根本不需要什么推

拉普拉斯

荐，你已经很好地介绍了自己。这对我来说已经够了，你应该得到支持。"

于是他把拉普拉斯推荐到巴黎科学院，可惜当时科学院内的保守势力太强，最终没有接受这个没有学位的19岁青年。达朗贝尔只好先把他介绍到巴黎陆军学校当数学老师，讲授中等数学、基础数学分析和静力学等课程。1770年，拉普拉斯完成了第一篇数学论文《曲线的极大和极小研究》，此后三年内陆续完成了13篇论文。

在当时有个著名的难题："为什么木星轨道在不断收缩，而同时土星轨道又在不断膨胀？"牛顿曾经认为，要使这一复杂的系统免于陷入混乱，偶尔需要有上帝的干预。拉普拉斯可不这么想，他打算从别的方向证明。1773年，拉普拉斯发挥自己的数学才能，用数学方法证明（虽然只是近似）行星的轨道大小只有周期性变化，这就是著名的拉普拉斯定理。他把牛顿的万有引力定律应用到整个太阳系，瞬间名噪一时。

尽管拉普拉斯成绩突出，然而巴黎科学院连续几年都以他"太年轻"为由拒绝让他加入。直到1773年，在时任执行秘书孔多塞（Condorcet）的坚决支持下，拉普拉斯终于进入科学院。由于当时拉普拉斯已经有一定的成绩，一进科学院就成了副院士。

孔多塞说："还没有任何一位像拉普拉斯这样的年轻的科学家能在如此众多如此困难的课题上，写出如此大量的论文。"经过了五年，拉普拉斯终于实现了进入巴黎科学院的愿望，自此开始了他的科学生涯。他同时研究数学、力学和天文学，不仅得到科学院内学者们的鼓励和支持，还经常跟在柏林的拉格朗日通信，讨论学术问题。

1784—1785年间，他又求得天体对其外任一质点的引力分量可以用一个势函数来表示，这个势函数满足一个偏微分方程，即著名的拉普拉斯方程。这时候拉普拉斯的学术地位已经得到公认，并受到国内外学术界和政府部门的重视。当时恰好碰上有个叫勒·鲁瓦（Le Roy）的院士去世而空缺了一个位置，拉普拉斯理所当然地被选为科学院院士。

1788年，拉普拉斯跟比他小20岁的玛丽-夏洛特（Marie-Charlotte）结婚，婚后育有一子一女。不久后法国资产阶级革命开始，法国政局动

芥子须弥： 大科学家的小故事

荡，巴黎科学院被迫改革。到了 1793 年，当时的国民议会在雅各宾派的控制下，发出解散巴黎科学院的公告，还要"清洗"多位院士。幸好拉普拉斯早得到消息，赶在清洗前就带着妻子儿女逃离巴黎，直到雅各宾派下台之后才回到巴黎。

1796 年，他的著作《宇宙体系论》问世，他独立于康德，提出了第一个科学的太阳系起源理论——星云说。康德的星云说是从哲学角度提出的，而拉普拉斯则从数学、力学角度充实了星云说，因此，人们常常把他们两人的星云说称为"康德-拉普拉斯星云说"。

从 1799 年开始出版《天体力学》（从 1799—1825 年分五卷出版），拉普拉斯第一次提出了"天体力学"的学科名称。这部书对太阳系引起的力学问题提供了一个完全的解答，用严格的数学描述天体运动，是经典天体力学的代表著作。而拉普拉斯也因此被称为"法国的牛顿"和天体力学之父。

有一次拿破仑对拉普拉斯说："我听说，你写了这部讨论宇宙体系的著作，却从没提到它的创造者（上帝）？"拉普拉斯挺直了身子，理直气壮地回答："陛下，我不需要那样的假设……"他决心把"上帝"赶出宇宙……

拉普拉斯一生主要的兴趣有三个：天体力学、概率论和升官发财。这三个虽然毫不相干，但拉普拉斯三个都没耽误。伴随着拉普拉斯的著作问世，他也一路升官发财。雾月政变（1799 年 11 月 9 日）后，拿破仑成为最高执政官，他非常器重拉普拉斯，很快就提名他担任内政部长——因为他们早在 1785 年 9 月就认识。当时拉普拉斯是军校考官，而青年拿

拿破仑·波拿巴（Napoléon Bonaparte，1769—1821）

文艺复兴时期的思想萌发（—1800）

破仑是该校炮兵学员，参加由拉普拉斯主持的数学考试。

然而做了6个星期的内政部长后，拿破仑觉得他不合适，就提名他为上议院议员、加封伯爵，并于1803年当选为议长（给予拉普拉斯最高薪金，年收入超过10万法郎）。拿破仑称帝后，又提名拉普拉斯为勋级会荣誉军团成员（拿破仑为表彰重大功勋者的荣誉团体）。1806年，拿破仑授予拉普拉斯伯爵衔。

虽然拿破仑很重视拉普拉斯，但他们私交甚少，因为拉普拉斯主要精力仍在学术工作上。在动荡的革命变革时期内，尽管他参加了大量社会活动和组织工作，仍然坚持研究和整理成果。1810年以后，拉普拉斯又重新研究概率论，与其他学者不同，他既重视理论研究，也十分强调应用。不仅在自然现象中应用，也努力应用于社会现象（例如把概率论应用于人口统计）。他甚至想把日常生活中买彩票这类随机的问题化成可以计算的东西。经过整理，他发表了《概率的分析理论》，开辟了概率论发展的新时期，奠定了近代统计学的基础。

1814年，他在上议院投票时支持波旁王朝推翻拿破仑帝国。不少人指责拉普拉斯在政治上毫无原则，是棵"墙头草"——过去讨好拿破仑，现在又支持新王朝。而实际上，拉普拉斯虽然很尊重拿破仑，但对他称帝后的战争政策并不支持。后来，路易十八把法兰西研究院中的科学院改名为法兰西科学院，得宠的拉普拉斯被选为院士，次年就当上了院长。1817年还被晋封为侯爵。由于他的学术声望，晚年还担任伦敦和哥廷根皇家学会会员，俄国、丹麦、瑞士、意大利等国的科学院院士。1827年3月5日，拉普拉斯在巴黎去世。

拉普拉斯是史上最负有盛名的科学家之一。拉普拉斯的研究领域非常广泛，一生发表了大量的数学、天文学和物理

路易十八

学著作，共计有论文和报告276篇。拉普拉斯一生最主要的精力是花费在研究天体力学上面，他把数学当作解决问题的重要工具，在运用数学的同时又创造和发展了许多新的数学方法，包括有限差分方法、彗星轨道、微分方程的解法、拉普拉斯变换、最小二乘法、代数学中关于行列式的展开定理和实积分转化为复积分计算等。

或许他在官场上的"随波逐流"，是为了让自己的科研路走得顺畅点，研究成果能被更多的人知道……

奥古斯丁·柯西：在学术研究上鞠躬尽瘁，在教育上却一直保持高冷，被评为最不可爱的科学家

都说没被柯西虐过的大学是不完整的，在搜索引擎里输入"柯西"，搜出来的几乎全是各种公式、定理，这可都是这位数学大师留给我们的珍贵礼物啊！

奥古斯丁·柯西（Augustin Cauchy，1789—1857）出生于巴黎。父亲是法国波旁王朝的官员，精通古典文学，对语法、诗歌、历史、拉丁文和古希腊文都很有研究，并且将他的研究方法教给了柯西，据说，柯西很小就已经会写法语诗，是一个十足的文艺青年！

在13岁以前，柯西的教育都被他父亲"老柯西"承包了。到了13岁的时候，柯西就直接上了中学，还多次在拉丁文和希腊

柯西

文的竞赛上获奖，当然，数学成绩也十分优异。柯西在文学上有如此高的造诣不仅仅是因为"老柯西"的教导，还有一个重要原因是数学家拉格朗日和拉普拉斯的"劝告"。据说，小柯西经常跟着老柯西出入法国参议院，而小柯西就是这样被拉格朗日"相中"了，拉格朗日是这样评价小柯西的："这小孩以后必成大器，并且会超过我们之间的任何一个人。"

然而，拉格朗日还叮嘱老柯西："不过，他现在身体太单薄，在他16岁之前最好不要让他碰数学（当然这里是指高等数学）！要赶快给他一种坚实的文学教育。"简单地说，拉格朗日的脑回路是这样的：这是一位天才→我想要收入囊中→研究数学会累死小柯西的→阻止小柯西接触数学。

所以说，如果没有拉格朗日的"阻止"，我们广大学子估计会更不好过。

1805年，柯西考入了综合工科学校，在那里，他主要学习了数学和力学。1807年，柯西进入了桥梁公路学校，并于1810年以优异成绩毕业，前往瑟堡参加海港建设工程。据说，柯西从家里出发去瑟堡时，共带了4本书：拉格朗日的《解析函数论》和拉普拉斯的《天体力学》，外加2本文学作品。不过，这4本书当然是不够看的，柯西便在当地借了一些数学书，还有从巴黎寄过来一些书，在工作之余潜心研究，并分别于1811年、1812年向科学院提交了两篇论文，在当时的数学界引起了巨大反响。

这两篇论文主要成果：

1. 证明了凸正多面体只有五种（面数分别是4，6，8，12，20），星形正多面体只有四种（面数是12的三种，面数是20的一种）。

2. 得到了欧拉关于多面体的顶点、面和棱的个数关系式的另一证明并加以推广。

3. 证明了各面固定的多面体必然是固定的，从此可导出从未被证明过的欧几里得的一个定理。

不过，在瑟堡同时忙于工程建设和数学研究，经不起折腾的柯西病倒了，并于1812年回到巴黎家中休养。这时，拉格朗日得知了柯西去参与工程建设竟然病倒的消息，赶紧劝柯西放弃工程师的职位，专心搞数学。而柯西听从了拉格朗日的建议，打算以后致力于纯数学的研究。

从此，柯西便开启了"开挂"模式，一路赶超众多前辈大师，直逼高斯，可谓是一人之下，万人之上。1821年，柯西提出了极限定义的方法，进而给出了无穷级数收敛的判定准则，极大地推动了数学的进程。柯西等人关于极限、连续、导数、收敛等概念的定义一直沿用至今。有趣的是，当柯西在一次学术会议上提出级数收敛性理论之后，拉普拉斯急忙赶回家中，根据柯西的严谨判别法，逐一检查其巨著《天体力学》中所用到的级数是否都收敛。

柯西是仅次于欧拉的多产数学家，发表论文800篇以上，其中纯数学约占65%，几乎涉及当时所有数学分支，数学物理（力学、光学、天

纪念柯西的邮票

文学)约占35%。从1882年起,法国巴黎科学院开始出版《柯西全集》,把他的论文按所登载的期刊分类,同一种期刊上的则按发表时间顺序排列,直到1974年才出齐最后一卷。

关于柯西的高产,还有一个有趣的故事,就是"巴黎纸贵"。柯西写的文章不仅数量多,还特别长,导致数学杂志都没有办法刊登他的文章。然后柯西一怒之下就自己办了个定期刊物《数学演习》,专门登自己的文章。

后来,柯西去了法国科学院,就在学院的院刊上发表自己的论文。由于柯西写论文速度惊人,自从柯西来了之后,学院的院刊就从月刊变成了周刊。接着,法国科学院要印刷的杂志越来越多,印刷厂为了印制柯西的论文而抢购了巴黎市所有纸店的存货,使得市面上纸张短缺,纸价大增,进而印刷厂成本上升。科学院表示已经"不堪重负",于是决定以后发表的论文每篇篇幅不得超过4页。柯西的长篇论文不能在本国发表,只能改投别国刊物。

不过,在学术成就上让人佩服的柯西,在性格上却是十分"不可爱"的。在学校读书期间,柯西简直是聪明到没朋友。因为他平常总是静静的不说话,如果说了什么,也很简短,令人摸不着头绪,于是就有了一个"苦瓜"的外号。后来,柯西拿着拉格朗日的数学书与灵修书籍《效法基督》来读,同学们看见了,又给他起了个外号"脑筋噼里啪啦叫的人",即神经病。天才的道路总是孤独的,就连后来到科学院的柯西,也是继续保持"高冷",与科学院中同事的关系十分冷淡。

在柯西留下的学术成果里,包括了很多伟大的数学教本《分析教程第一编·代数分析》《微积分概要》《微积分在几何学中的应用教程》《微分学教程》等,他的分析教程都是以严谨著称,阿贝尔也曾说:柯西的书应当为"每一个在数学研究中热爱严谨性的分析学家研读"。

说到这里,你也许会认为柯西是一位伟大的教育家,事实却恰恰相反,柯西似乎与"出色的教师"不太沾边,甚至还被认为是19世纪数学界的最大反派。原来,柯西在综合工科学校讲授数学分析时,就曾因讲课内容过于抽象,多次遭到校方和学生们的批评;还有在都灵大学讲课时,刚开始大家都十分踊跃地报名去参与这位数学大师的课程,然而,柯西实际的讲课情形引起了学生们的不满。

梅纳勃劳(Menabrea)是这样评价的:"非常混乱,突然从一个想法跳到另一个公式,也弄不清是怎么转过去的。他的讲授是一片乌云,但有时被天才的光辉照亮;对于青年学子,他令人厌倦。"而贝特朗(Bertrand)对柯西的课程也是有同样不好的回忆:"应当承认,他的第一堂课使听众的期望落空,他们不是陶醉而是惊讶于他涉及的有点混乱的各式各样的主题。"不过,或许是那些拥有极其聪明头脑的人才能听得懂柯西所讲的内容吧,那些后来成为优秀数学家的埃尔米特、皮瑟、布里奥、布凯和梅雷等人都曾受益于柯西的课程。

事实上,柯西当初踏入数学研究这一行,离不开拉格朗日、拉普拉斯和泊松的帮助。然而,柯西对后起之秀却不甚热心,有时甚至冷漠无情,庞斯列、阿贝尔和伽罗瓦都表示曾在柯西这里栽了大跟头。

1820年,庞斯列将一篇论文《试论圆锥截面的射影性质》送到法国科学院,却招来了柯西的严厉批评,说论文中的基本部分是大胆引入,缺乏严格性。不过,庞斯列坚持自己的理论,终于在1822年得以发表,该理论对19世纪射影几何的研究和发展起了决定性作用。

许多年后,庞斯列在回忆柯西于1820年6月的一天打发他走时,仍然充满怨气和辛酸说从柯西那里"没有得到任何指点、任何科学评价,也不可能获得理解"。

而阿贝尔回忆说："没法同他打交道,尽管他是当今最懂得应当如何搞数学的数学家。""我已完成了一篇关于一类超越函数的大文章,……我把它给了柯西,但他几乎没有瞟一眼。"——这就是那篇在椭圆函数论中具有划时代意义的论文。

阿贝尔

当时,阿贝尔通过傅里叶于1826年10月30日把此文送交勒让德和柯西,并让后者写审定结论。柯西把稿子扔在一边,直到当雅可比注意到此文并通过勒让德征询其下落时,柯西才把该文连同他写的一篇颇有保留的评论提交科学院,而这时阿贝尔已去世。此文直到1841年才发表。伽罗瓦也经历了同样的事情,并且还更糟。伽罗瓦两篇关于代数方程解的论文手稿在提交给柯西审查的时候,不仅没有得到任何评论,两份手稿还遗失了,至今都未能找到!

后来,有人写文章这样评论柯西:他的呆板苛刻以及对刚踏上科学道路的年轻人的冷漠,使他成为最不可爱的科学家之一。其实,青年时期尤其高产的柯西,在40岁之后,下课之后就不再做研究工作了。他说:"对数学的兴奋,是身体无法长期的负荷,累!"——所以,他不再虐自己,而是开始虐别人了。

一个创造精神和严格精神高度发扬的时代(1800—1900)

> 当我听别人讲解某些数学问题时,常觉得很难理解,甚至不可能理解。我这时便想,是否可以将问题化简些呢?往往,在终于弄清楚之后,实际上,它只是一个更简单的问题。
>
> ——希尔伯特

尼尔斯·阿贝尔：一位 21 岁就破解困扰人们 300 年难题的天才，却一生坎坷，怀才不遇，至死都得不到认可

1802 年 8 月 5 日，尼尔斯·阿贝尔（Niels Abel）出生在挪威的一个小村庄，当时整个挪威都处于一种吃不饱穿不暖的贫困状态，阿贝尔家也不例外，父母更是同时要抚养 7 个孩子，生活尤其艰辛。

直到 1815 年，阿贝尔才进入到一所天主教学校读书，也就是在这里，他遇到了他人生的伯乐——B.M.霍尔姆伯（B. M. Holmboe）。霍尔姆伯是阿贝尔的数学老师，是他最先发现了阿贝尔的数学天赋，并且给阿贝尔制定了特殊的指导方法：跳过那些（对阿贝尔来说）不必要的课程，直接从牛顿、欧拉、拉格朗日和高斯的著作开始学习。

尼尔斯·阿贝尔

到 16 岁的时候，阿贝尔已经读完了高斯的经典著作《算术研究》，还养成了给大师纠错（细微的漏洞）的习惯。就这样，阿贝尔迅速了解到大师们不同凡响的极具创造性的方法，并且进入到当时最前沿的数学研究领域。后来，阿贝尔感慨道：要想在数学上取得进展，就应该阅读大师的而不是他们的门徒的著作。

1820 年，阿贝尔的父亲去世，家庭的重担一下子就落到了年仅 18 岁的阿贝尔身上，他需要不停地去授课赚钱养家，同时还要兼顾自己的数学研究事业。而霍尔姆伯早就预感阿贝尔必定会成为享誉欧洲的数学家，他觉得阿贝尔应该去到更广阔的地方学习，他无法眼睁睁地看着这位天才被

贫困耽误。于是，他决定资助阿贝尔继续学业。

1821 年，阿贝尔靠着奖学金以及霍尔姆伯的资助，来到了奥斯陆大学学习，一年后，就获得了大学预颁学位。1823 年，阿贝尔发表了第一篇论文——《用积分方程解古典的等时线问题》，这篇论文表明他是第一个直接应用并解出积分方程的人。阿贝尔的教授以及同学们都强烈意识到，阿贝尔的数学思想已经远远超越了挪威国界，他需要去跟国外的数学大师们进行思想交流才能够充分发挥他的才华。于是，他们"联名上书"，说服学校当局向政府申请一笔公费用于阿贝尔在欧洲大陆进行一次数学旅行。

在等待政府回复的时候，阿贝尔开始研究一般五次方程问题。方程求解作为代数领域里最早的研究方向，甚至可以追溯到公元前 2000 年的古巴比伦时代。一元四次方程的解决方法也在 15 世纪由意大利数学家费拉里给出。而此后差不多三百年的时间里，几乎每一个对代数有点见地的人都曾经尝试过这个看起来并不算很困难的问题，但是没有人真正成功过，意大利数学家鲁菲尼是最接近成功的一个人，但是他的证明有明显的漏洞。

1824 年，阿贝尔发表了论文《一元五次方程没有代数一般解》，证明了求根公式的不存在，并且给出了一个一般一元五次方程可以通过加减乘除和开平方运算得到解的充分条件，解决了困扰人们差不多三百年的难题。不过，在挪威这个小地方，阿贝尔的研究成果并没有得到重视，因此，阿贝尔为了不让自己的研究成果（自己的才华）就这样被埋没，决定自费印刷出论文寄给欧洲的大数学家们，尤其是想要得到高斯的认可，并且希望借此机会可以见到高斯。

由于经费有限，阿贝尔将他的论文高度浓缩，最终只有 6 页纸。然而，就是因为只有 6 页纸，高斯看到之后，直接说："太疯狂了，居然这么几页纸就解决了数学界的世界难题？"便将阿贝尔寄给他的论文扔到一边。后来，高斯去世后，人们在高斯的遗物中发现阿贝尔寄给他的小册子还没有被拆开。

一个创造精神和严格精神高度发扬的时代（1800—1900）

1825年8月，阿贝尔获得公费支持，开始其历时两年的欧洲大陆之行。游学的第一站，阿贝尔没有选择当时数学最强的法国，而是选择了他所崇拜的高斯的所在地——德国哥廷根，准备等待高斯的接见。不过，当得知高斯并没有承认他的那篇五次方论文后，阿贝尔长叹一声气之后选择留在柏林。

在柏林，阿贝尔遇到了他人生中的第二个伯乐——克雷勒（Crelle）。克雷勒是一个土木工程师，同时也是一个数学业余爱好者，发表过一些数学论文，而阿贝尔就曾研读过克雷勒的所有数学论文。因此，与克雷勒一见面，阿贝尔就说："我看过你的所有数学论文。不过，这些论文中存在一些错误。"并献上他自己写的五次方程论文，"还有，这是我写的论文"。初次见面就说出如此让人尴尬的话。好在，克雷勒是个十分谦虚的人，也意识到眼前这位年轻人具有非凡的数学天赋，很快便与阿贝尔细细交谈起来，并且翻看了阿贝尔的论文小册子，坦率地说："我看不懂。"

两人很快成为好朋友，当时克雷勒正在筹备创办一个专门刊登创造性数学研究论文的期刊《纯粹和应用数学杂志》，只是一直还没来得及真正实施计划，与阿贝尔认识之后，克雷勒当即决定将阿贝尔的五次方论文载入第一期，并且持续刊登阿贝尔的一些后续研究成果。（关于方程理论、泛函方程及理论力学等的论文。）

也就是在这一时期，阿贝尔开始了他一生中最重要的工作——关于椭圆函数理论的研究。椭圆积分方面的权威、法国数学家A. M. 勒让德（A. M. Legendre，1752—1833）研究了40年之久，尽管根据前辈工作引出了很多新的推断，但是并没有得出任何关于椭圆函数的基本思想，甚至将这一研究引进了"山重水复疑无路"的境地。

勒让德

既然都到了"山重水复疑无路"的地步，阿贝尔决定换一种方式来研究，瞬间令勒让德的研究逊色。阿贝尔得出了椭圆函数的基本性质，找到

了与三角函数中的 π 有相似作用的常数 K，证明了椭圆函数的周期性；建立了椭圆函数的加法定理，借助于这一定理，又将椭圆函数拓广到整个复域，并进而发现这些函数是双周期的——这是别开生面的新发现。他进一步提出一种更普遍更困难类型的积分——阿贝尔积分，并获得了这方面的一个关键性定理，即著名的阿贝尔基本定理，它是椭圆积分加法定理的一个很宽的推广形式。而阿贝尔积分的反演——阿贝尔函数，则在不久后由黎曼首先提出并加以深入研究。

柯西

1826 年夏天，阿贝尔离开柏林，来到会聚了柯西、拉格朗日、勒让德、拉普拉斯、傅里叶和泊松等大数学家的巴黎，而且他也见到了所有出名的数学家。于是，阿贝尔将这几年关于椭圆函数的所有研究成果整理成一篇长论文《论一类极广泛的超越函数的一般性质》，提交给法国科学院，当时任科学院秘书的傅里叶看了一下论文的引言，就委托勒让德和柯西审查了，而柯西就是主要审查者。

很不幸，柯西将这篇论文的稿件带回家中，后来竟记不起来放在哪里了。直到阿贝尔去世后，德国数学家、同样在椭圆函数上作出巨大贡献的雅可比注意到此文并通过勒让德征询其下落时，柯西才把该文连同他写的一篇颇有保留的评论提交给科学院。

而当雅可比读完阿贝尔这篇失落两年又奇迹般出现的论文，十分气愤，便写信责问科学院："阿贝尔先生作出了一个多么了不起的发现啊！有谁看到过别的堪与其媲美的发现吗？然而，这项也许称得上我们世纪最伟大的数学发现，两年以前就提交给你们科学院了，却居然没有引起你们的注意，这究竟是怎么一回事？"勒让德回复说："我们感到论文简直无法阅读，因为它是用几乎白色的墨水写的，字母拼写得很糟糕，我们都认为应该要求作者提供一个比较清楚的文本。"（真是让人啼笑皆非的理由。）直到 1841 年，这篇划时代的论文才得以发表。而且，后来这篇论文的手稿

一个创造精神和严格精神高度发扬的时代（1800—1900）

又一次丢失，到了1952年才在佛罗伦萨被重新发现。

这篇论文提交后，阿贝尔留在巴黎怀着渺茫的希望等着法国科学院的回应，同时克雷勒正在为他申请柏林大学的教授职位。一年后，一直在巴黎过着穷困潦倒的生活的阿

阿贝尔手稿

贝尔被诊断出患了肺结核（在当时是不治之症），身心俱疲的他决定先回柏林。此时，阿贝尔已经身无分文，而柏林大学的教授职位却遥遥无期，对这个世界失望透顶的阿贝尔决定向霍尔姆伯借了一些钱，回到自己的故乡——挪威。然而即使是在挪威，阿贝尔也无法找到数学教授的职位，原因是挪威教育太落后，根本没有一所像样的大学，而仅有的几个职位都没有空缺。

挪威的冬天很冷，尽管阿贝尔穿上了他所有的衣服，还是觉得冷。他的病已经非常严重，不停地咳嗽、发抖，胸口严重不适。到1829年1月，阿贝尔的病情恶化，开始大量吐血，并且经常进入昏迷状态。幸运的是，阿贝尔在人生中的最后几个月，一直由深爱他的未婚妻凯姆普（Kemp）照顾着，她拒绝一切帮助，她想要"独占他最后的时刻"。阿贝尔已经知道自己熬不下去了，他唯一的牵挂就是未婚妻凯姆普，他担心她没人照顾，便拜托好友基尔豪（Kiel-hau）照顾凯姆普，并请求在他死后娶凯姆普为妻。基尔豪为了让阿贝尔安心，就答应了。1829年4月6日，阿贝尔离开了这个世界，年仅26岁8个月。

然而就在阿贝尔去世后的第二天，柏林大学终于通过了阿贝尔教授职位的申请，并且写信给阿贝尔："……我国教育部决定招聘您为柏林大学教授……，一个月之内就能发出招聘书……"信中还提到了阿贝尔的病情，并且提出全部承担阿贝尔的医疗费用，希望阿贝尔能尽量用最好的药物治疗。可是，一切都已经晚了。

1830年6月，法国科学院补偿性地将著名的Grand Prix奖颁给了阿贝尔。到了2001年，为了纪念阿贝尔二百周年诞辰，扩大数学的影响，

吸引年轻人从事数学研究，挪威政府宣布自2003年起设立阿贝尔奖。设立此奖的一个原因是因为诺贝尔奖没有数学奖项，所以阿贝尔奖金的数额大致同诺贝尔奖相近。

法国数学家埃尔米特（Hermite）曾这样评价阿贝尔短暂的一生所做出的数学贡献："Abel has left mathematicians enough to keep them busy for 500 years."（阿贝尔留下的工作，可以足够使以后的数学家忙碌500年。）

无法想象，如果阿贝尔足够长寿，世界会变成怎样！

埃瓦里斯特·伽罗瓦：19岁破解几百年数学难题，智商比肩高斯，却在21岁为了爱情决斗身亡，天才死于愚蠢

数学史家埃里克·贝尔曾在《数学大师》中说过一句很出名的话：天才是死于愚蠢的，因为就是有这样的数学家伽罗瓦。

1811年，埃瓦里斯特·伽罗瓦（Évariste Galois）出生在法国巴黎的一个知识分子家庭。伽罗瓦的第一位老师是他的母亲，在12岁之前，伽罗瓦的教育全部由他的母亲负责。12岁时，伽罗瓦进入法国著名的路易皇家中学就读，成绩非常好，年年领奖学金，完全靠公费生活。在希腊语作文总比赛中也获得好评，并且在1826年10月转到修辞班学习。伽罗瓦的老师们也发现了他具有"杰出的才干""举止不凡"。

埃瓦里斯特·伽罗瓦

然而，由于教师们认为他的体格不够强壮，而且性格孤僻、古怪、过分多嘴，校长便认为他的判断力还有待"成熟"，于是决定，让伽罗瓦留级！值得庆幸的是，在留级的这一年，伽罗瓦毫无阻碍地被批准去上初级数学的补充课程，从此，伽罗瓦便一发不可收拾地爱上数学，并把大部分时间和精力放在了研究数学课本以外的高等数学上。此时，年仅16岁的伽罗瓦就已经拿着一些数学大师的专著来研究了，比如勒让德的《几何原理》，拉格朗日的《代数方程的解法》《解析函数论》《微积分学教程》。事实上，伽罗瓦在专注研究数学的同时，并没有忽视其他科目的学习，是个全面发展的好孩子。因此，在1827年，伽罗瓦刚回到修辞班时成为班

上的风云人物更多的是因为他的全面发展。

有趣的是，经过"重修"的伽罗瓦已经没那么好"对付"了，对于其他科目的教科书的内容（有瑕疵），伽罗瓦表示完全受不了，老师所采用的教学方法（潦草马虎）更是让他愤怒至极，于是便开始"罢课"。当时所有的老师认为他是被数学的鬼魅迷住了心窍，对于他的行为，老师还指出是"平静会使他激怒"。"罢课"之后的伽罗瓦表示绝对不能继续在这样的学校学习，于是便开始自己准备参加巴黎理工学院的资格考试。结果由于准备不足，考试失败了。不过，在1828年10月，他仍然从中学初级数学班跳到了里夏尔的数学专业班。

里夏尔是一位很有才华的老师，不仅讲课风趣优雅，而且善于发掘天才。他遗留下的笔记中记载着："伽罗瓦只宜在数学的尖端领域中工作，他大大地超过了全体同学"。在里夏尔老师的帮助下，伽罗瓦在法国第一个专业数学杂志上发表了他的第一篇论文——《周期连分数一个定理的证明》。

1829年，伽罗瓦中学毕业，报考巴黎理工学院却再次落榜。原因是，伽罗瓦在口试中，拒绝回答有关对数这样的过于简单的问题，而且，主考人由于完全听不懂伽罗瓦所说的理论，认为伽罗瓦所讲的都是废话，于是不停地打断伽罗瓦的讲述，甚至还发出轻蔑的狂笑。竟然如此嘲笑人家，伽罗瓦表示受不了了！于是将黑板擦一把砸到主考官头上！

不久之后，伽罗瓦听从里夏尔的劝告，来到高级师范大学继续深造。其实，在1828年，伽罗瓦的科学研究已经获得了初步成果。并且，里夏尔建议他整理好自己的研究成果，并提交到法国科学院。而伽罗瓦一生中最大的成就无疑是解决困扰数学界200多年的问题——求解高次方程。

历史上人们很早就知道了一元一次方程和一元二次方程，而在16世纪初，也有了关于一元三次方程解的公式——卡尔达诺公式。不久之后，意大利数学家费拉里也解出了一般形式的四次方程。遗憾的是，经过三个多世纪，五次方程都没有得到解决，数学大师拉格朗日更是称这一问题是在"向人类的智慧挑战"。

一个创造精神和严格精神高度发扬的时代（1800—1900）

1770年，拉格朗日精心分析了二次、三次、四次方程根式解的结构之后，提出了方程的预解式概念，并且还看出了预解式和方程的各个根在排列置换下的形式不变性有关，由此，他认识到求解一般五次方程的代数方法可能并不存在。然而，19岁的伽罗瓦，通过研究、改进前辈大师的思想，首次提出"群"的概念，把全部问题转化或归结为置换群及其子群结构的分析。伽罗瓦用群论彻底解决了根式求解代数方程的问题，而且由此发展了一整套关于群和域的理论，后来，人们称之为伽罗瓦理论。

每个方程对应于一个域，即含有方程全部根的域，称为此方程的伽罗瓦域；这个域对应一个群，即这个方程根的置换群，称为此方程的伽罗瓦群。伽罗瓦域的子域和伽罗瓦群的子群有一一对应关系：当且仅当一个方程的伽罗瓦群是可解群时，这方程是根式可解的。正是这套理论创立了抽象代数学，把代数学的研究推向了一个新的里程，它对数学分析、几何学有很大影响，并标志着数学发展现代阶段的开始。

不过，关于群论研究结果得到公认的过程却尤为曲折。1829年，伽罗瓦在他中学最后一年快要结束时，把关于群论初步研究结果的论文提交给了法国科学院，而当时法国最出名的数学家柯西被任命为这些论文的鉴定人。

柯西计划在1830年1月18日，就伽罗瓦的研究成果在科学院举行一次全面的意见听取会。然而，在会议当天，柯西并未出席，只在一封信中饱含"歉意"地写道："今天我应当向科学院提交一份关于年轻的伽罗瓦的工作报告……但因病在家，我很遗憾未能出席今天的会议，希望你安排我参加下次会议，讨论已指明的议题。"结果，在第二周的会议，柯西向科学院宣读了他自己的一篇论文，对伽罗瓦的论文只字未提。据说是因为柯西看不懂伽罗瓦的理论，而且还不方便当面表态，于是才有了这么一个非常微妙的"事故"。

在1830年2月，伽罗瓦将他的研究成果比较详细地写成论文，并寄给了当时科学院秘书傅里叶，以应征科学院的数学特等奖。悲惨的是，收到伽罗瓦论文手稿不久之后，傅里叶就去世了，而在他的遗物中未能发现伽罗瓦的手稿。就这样，伽罗瓦递交的两次数学论文都遗失了。这些著作的某些抄本落到一家名为《费律萨克男爵通报》的数学杂志社手里，并在1830年的4月号和6月号上把它刊载了出来。

泊松

幸运的是，经过两次打击，伽罗瓦并没有灰心，继续呕心沥血地写出了新的论文，并得出了关于寻求确定方程的可解性的新结论。1831年1月，他将论文交到了科学院院士泊松手里。这次，泊松认认真真地研究了伽罗瓦的理论，四个月之后，他表示：什么鬼东西，完全不能理解！

直到1846年（伽罗瓦死后14年），法国数学家刘维尔领悟到伽罗瓦的论文手稿里这些演算中迸发出的天才思想，花了几个月的时间试图解释它的意义，最后将这些论文编辑发表在他的极有影响的《纯粹与应用数学杂志》上，并向数学界推荐。1870年，法国数学家约当根据伽罗瓦的思想，写了《论置换与代数方程》一书，至此，伽罗瓦的理论才完全被学界接受。

伽罗瓦父亲参与政界活动属自由党人，是拿破仑的积极支持者，担任过校长、市长，并深受市民的拥戴。伽罗瓦曾说过，父亲是他的一切。1829年7月2日，他的父亲由于受不了天主教牧师的攻击与诽谤而自杀了。这给伽罗瓦很大的触动，他的思想开始倾向于共和主义。伽罗瓦加入当时最先进的革命政治集团——共和派的秘密组织"人民之友"，他发誓："如果为了唤起人民需要我死，我愿意牺牲自己的生命"。伽罗瓦敢于对政治上的动摇分子和两面派进行顽强的斗争，积极参加各种政治活动，并因此被师范大学开除，两次入狱。

1832年，出狱之后，年轻气盛的伽罗瓦爱上了医师之女，然而，人家可是有未婚夫的人，被爱情冲昏头脑的伽罗瓦决定来一场关于"爱情与荣誉"的决斗，尽管已经清楚对方是一个神枪手。

伽罗瓦也清楚自己难以摆脱死亡的命运，于是，在决斗前夕，仓促地给好友舍瓦利叶写信，他花了一整夜的时间在纸上写下他的研究成果。伽罗瓦在信中说：我在分析方面做出了一些新发现。有些是关于方程论的；有些是关于整函数的……公开请求雅可比或高斯，不是对这些定理的正确性，而是对这些定理的重要性发表意见。我希望将来有人发现，这些对于消除所有有关的混乱是有益的。

伽罗瓦非常紧张，害怕自己不够时间将这些成果留下来，他不停地在纸边空白处写着"我没有时间，我没有时间"，然后又接着写下一个极其潦草的大纲。然而，就是他在天亮之前那最后几个小时写出的东西，为解决一个折磨了数学家们几个世纪的问题找到了真正的答案，并且开创了数学的一片新的天地。

1832年5月31日，伽罗瓦在决斗中死去，年仅21岁。此时，距伽罗瓦开始研究数学才仅仅5年。这位绝世天才的英年早逝使得数学的发展推迟了几十年，这无疑是数学界的一大遗憾。为了纪念他，法国政府将他的头像印在邮票上。

伽罗瓦就像划破黑夜长空的一颗瞬间即逝的流星，在"近代数学"与"现代数学"之间画了一道分割线。从此，现代数学开始了。

伽罗瓦遗笔

纪念伽罗瓦的邮票

波恩哈德·黎曼：过劳死的天才数学家，钻研了 15 年数学只发表了 10 篇论文，却名震天下

黎曼

1826 年，波恩哈德·黎曼（Bernhard Riemann）作为家中的老二在德国汉诺威的布雷斯伦茨村出生了。他的父亲是村里的牧师，母亲是法官的女儿，按理来说他们家会有点小钱的，但他的家庭生活十分困难。

尽管家里穷，但黎曼的父亲并没有放弃孩子们的教育。黎曼从小就表现出很强的学习欲望，深受父母的喜爱。黎曼 5 岁时就对历史产生兴趣，经常要求他父亲重复讲述波兰的故事。一年后，黎曼开始学算术，很快就显露出他天生的数学才能：他不仅解决了所有留给他的问题，还会出一些更难的题来捉弄他的兄弟姐妹们。

10 岁时，他曾跟着一位职业教师学习更高级的算术和几何，结果很快就超越了老师。14 岁时，黎曼到汉诺威与祖母住在一起，进入当地文科中学学习。两年后，他的祖母去世，黎曼又转到吕耐博格的预科中学一直学习到 19 岁。虽然黎曼一直按照父亲的意思学习神学和哲学方面的知识，但是他在中学时就迷上了数学，并且还能轻松理解对于当时的他来说比较高深的数学知识。

1846 年，黎曼成为哥廷根大学的学生，为了能尽快得到一个有报酬的工作，以便在经济上支援家庭，他选择了研读哲学和神学。然而，他的心思仍然扑在数学上，为了兼顾两边而废寝忘食。他父亲不忍心看他学得那么辛苦，最终让他转到了数学专业。得到家人首肯的黎曼甚是高兴，但

一个创造精神和严格精神高度发扬的时代（1800—1900）

很快就发现他高兴得太早了。因为当时德国的大多数大学教授只在课堂上讲授一些基础科目，很少给学生辅导，而且学生则完全没有机会向老师请教问题，甚至不知道他们是如何思考问题的。哪怕高斯是哥廷根大学的讲座教授也是如此。

面对如此尴尬情况，生性胆怯的黎曼却为了数学研究决定大胆行动。1847年，他到柏林大学求学，并遇到了两位对他人生有极大影响的数学家：雅可比和狄利克雷，在他们的指引下，他不仅收获了很多数学知识，还学到了一个人如何坚持"自信"。两年后，学有所成的黎曼回到了哥廷根，并开始准备他的博士论文。

1851年11月，在高斯的指导下，他终于完成了论文《复变函数论一般理论的基础》，在文中证明了复变函数可导的必要充分条件，即现在的柯西-黎曼方程，这奠定了函数几何理论的基础。实际上，高斯对这篇论文的评价很高，他说："黎曼先生交来的论文提供了令人信服的证据，证明作者具有创造性的、活跃的、真正的数学头脑，以及具有灿烂丰富的想象力。"并且表示他这么多年以来都想写一篇像这样的文章。

黎曼成功毕业了，但还是个"困难户"。为了谋生，他希望能成为讲师，而想要成为讲师，不但要提交论文，还得给学院的教授做一个资格演讲。于是在1853年，黎曼提交了一份求职论文。黎曼在求职论文中推广了保证傅里叶展开式成立的狄利克雷条件，即关于三角级数收敛的黎曼条件，研究出了三角级数收敛的准则，并定义了黎曼积分，对完善分析理论产生了深远的影响。当时的资格演讲是有一套固定模式和传统的，申请者须向系主任提交三个演讲题目，但通常只准备前两个题目。作为选题目的系主任为了不为难申请者，一般只选前两个题目中的一个。如此看来，黎曼其实能够轻易就通过演讲的，只是他遗忘了一点，那就是当时的系主任是高斯，而高斯压根不知道这个规矩——黎曼"悲剧"了。

黎曼准备了他很熟悉的两个主题，但照例他提交了三个题目，而作为陪衬的最后一个题目正是："论作为几何基础的假设"。结果高斯一看到第三个题目如此充满挑战性，就毫不犹豫地选了这道题。

芥子须弥： 大科学家的小故事

高斯出乎意料的选择让黎曼有点惊慌失措，但他还是乖乖地做准备，并进行演讲。演讲当天，因为不习惯在公共场合演讲的黎曼一开始结结巴巴的，但进入状态后，他讲起了经常思考的课题——另类几何。

整个过程中，他特别指出了日常生活中不适用欧几里得规则的例子，比如球面。在球面上所有经线都与赤道相交成 90°，因此这些经线会彼此平行，却在极点相交。就这样，一个小时的《论作为几何基础的假设》演讲成为了数学史上发表的内容最丰富的长篇论文，而且在表述方面也堪称典范，黎曼勾勒出了一个截然不同的几何世界（超越了欧几里得的几何世界）。

这次演讲不但发扬了高斯关于曲面的微分几何研究，建立了黎曼空间的概念，还开创了黎曼几何，为爱因斯坦的广义相对论提供了数学基础。因此高斯兴奋不已，顺利让黎曼获得了讲师职位。虽然黎曼成为讲师，但还是很穷，毕竟当时讲师的薪资是靠听课学生的数量决定的。日子过得很苦，但是黎曼坚持一边授课一边研究数学煎熬着，直到1859年接替去世的狄利克雷成为教授，生活才得到改善。

1857 年，黎曼发表了关于阿贝尔函数的论文，文中引出黎曼曲面的概念，并从拓扑、分析等角度深入研究，阐明了黎曼 - 罗赫定理，这使得阿贝尔积分与阿贝尔函数的理论进入了新的转折点，并创造了对代数拓扑发展影响深远的多个概念。1859 年 8 月，他被选为柏林科学院通讯院士，为了表达自己的感激之情，他决定将研究素数分布而写的论文《论小于已知数的素数的个数》献给柏林科学院。

在这篇论文中，黎曼给出了黎曼函数的积分表示与它满足的函数方程，并提出多个断言：黎曼 ζ 函数的所有非平凡根的实部很可能都是 1/2（即黎曼猜想）；黎曼函数拥有虚部在 0 与 T 之间的根的个数估计式（1905 年 H.von 曼格尔德特成功证明）等。不过，尴尬的是这篇论文仅仅只有 8 页，里面的内容极为精练，该有的性质证明都没有，搞得很多数学家直接被气炸了，只好一点一点证明他论文中提出的断言，直至今天，还差黎曼猜想没有得到解决。

一个创造精神和严格精神高度发扬的时代（1800—1900）

其实，黎曼虽然发表的论文不多，也就11篇（还包括博士论文），但是他除了黎曼几何、复变函数论、解析理论、微积分理论等方面有着极为重要的贡献外，还对物理有所研究，如热学、电磁非超距作用和激波理论等。

对冲击波作数学处理，黎曼是第一人。他试图将引力与光统一起来，并研究人耳的数学结构，还将从物理问题抽象出的常微分方程、偏微分方程进行定论研究。1857年，在他发表的论文《对可用高斯级数表示的函数的理论的补充》中，他处理了超几何微分方程和讨论带代数系数的阶线性微分方程——这是关于微分方程奇点理论的重要文献。而他在1858—1859年发表的论文，创造性地提出解波动方程初值问题的新方法，简化了许多物理问题的难度，还推广了格林定理，并对关于微分方程解的存在性的狄利克雷原理做了杰出的工作。

虽然硕果累累，但是实际上黎曼的创造在当时并未能得到数学界的一致公认。一方面由于他的思想过于深邃，当时很多数学家都无法理解，如无自由移动概念的非常曲率的黎曼空间——直到广义相对论出现，那些数学家才认可他的结果；另一方面他的部分工作不严谨，如在论证黎曼映射定理和黎曼-罗赫定理时，滥用了狄利克雷原理。

在生活方面，黎曼不但事业有成，爱情也开花结果。1862年，36岁的黎曼终于与仰慕已久的妹妹的朋友爱丽丝·科赫结婚了。可惜婚后不到一个月，因为之前长期清贫的生活、过度的操劳，黎曼得了肋膜炎，还没痊愈又患上了肺结核。他只好到气候温和的意大利休养，以度过当年的冬天。第二年春天，他的病情好多了，于是便充满希望地踏上回德国的旅途。5月份，黎曼回到了比萨，也就在这里，他的女儿伊达出生了，但是他自己的病却没有得到控制，越发严重了。

疾病缠身，对家的思念却日益增加。在还没完全恢复健康的情况下，黎曼选择回到哥廷根，那个属于自己的"窝"，在那里度过了一个寒冷的冬季。即便痛病在身，黎曼对数学的热爱并没有褪去，只要觉得身体扛得住，他就继续进行研究工作（每一次科学研究，都是心神的消耗）。

芥子须弥： 大科学家的小故事

  1865 年，寒冷的哥廷根没能留住黎曼。在意识到自己的健康问题越来越严重后，黎曼选择回到意大利，住在湖畔的谢拉斯卡别墅中调养身体。但这一次并没有让黎曼健康复出，1866 年 7 月 20 日，黎曼因病无法治愈告别了人间，那一年黎曼只有 39 岁（数学界的新星就这样陨落了）。

詹姆斯·麦克斯韦：比肩爱因斯坦的天才，儿时长期受虐，后来沉迷研究而过劳死，弥留之际只求上帝放过心爱的妻子

1831年，詹姆斯·麦克斯韦（James Maxwell）出生在苏格兰的爱丁堡的一个小庄园里，父亲是一名律师，同时也热衷于机械工业技术和建筑设计，还是爱丁堡皇家学会的活跃分子。母亲是一位温柔贤惠的人。

在麦克斯韦眼里，父亲就是一位无所不能的超人：房屋漏水了，找爸爸修；想要玩具了，找爸爸做；衣服破了，找爸爸补，甚至款式不喜欢了，还可以让爸爸再设计。麦克斯韦就是在父母的疼爱下慢慢长大，天真烂漫的他对这个世界的一切都充满好奇，是个十足的"问题少年"。

麦克斯韦

看到路边停着一辆马车，会拉着爸爸问："你看那辆马车为什么不走呢？"

看到树木，"树木为什么向天上长？"

看到蚂蚁，"蚂蚁会不会说话呀？"

看到苹果，"苹果为什么是红的？"

吹肥皂泡时，"为什么它会有这么多种颜色？"

父亲想着既然麦克斯韦对自然这么感兴趣，便带着他去听爱丁堡皇家学会的科学讲座，慢慢地，个头还没讲台高的麦克斯韦就已经成为皇家学会的"常客"。（从小就接受高级的科学熏陶。）

芥子须弥： 大科学家的小故事

　　麦克斯韦记忆力超凡，8岁时就已经能背诵整整一本119首的赞美诗。不过，麦克斯韦无忧无虑的童年生活并不长久。1839年12月，他母亲因肺病而去世，从此，麦克斯韦的噩梦开始了。失去母爱的麦克斯韦，慢慢变得不爱说话，十分忧郁。这时，父亲觉得麦克斯韦已经到了要接受系统教育的时候，于是便请了个家庭教师。很不幸，这位家庭教师不仅长相冷酷，还举止粗暴，总是责备麦克斯韦反应迟钝、任性，动不动就体罚麦克斯韦。

　　据说这位家庭教师认为男孩子就应该循规蹈矩，汲取知识，稍有令他不满意的地方，就会拿尺子打麦克斯韦的头，甚至还把他的耳朵拧出血，以此来灌输知识。可怕的是，这样的折磨持续了两年，他父亲才发现。长达两年的折磨给敏感的麦克斯韦留下了长久的创伤，这直接导致了麦克斯韦长期的语言困难，也是从这个时候开始，麦克斯韦性格变得孤僻、古怪。直到过了16岁，麦克斯韦在听音乐方面仍有障碍，这完全可能是耳疾的结果。父亲经过慎重考虑，决定将麦克斯韦送到爱丁堡中学。

　　由于麦克斯韦是插班进来的，再加上打扮老土，满口乡音，性格腼腆，在同学们眼里，麦克斯韦就是一"乡巴佬"，于是总欺负他。当时英国男人讲究戴高筒礼帽，脖子上还要围一条紧绷绷的硬领。麦克斯韦的父亲认为这不但系起来不方便，而且也不卫生。于是便替麦克斯韦亲手做了一套简便的紧身服。麦克斯韦的皮鞋也是父亲做的，大约是为了缝合的方便，皮鞋头是方的，鞋帮上还有金属纽扣。这样的打扮在同学们眼里完全是异类，成了班上名副其实的"丑小鸭"。同学们每天看到麦克斯韦穿着"奇装异服"来到学校时，就去撕扯麦克斯韦的领子，弄乱他仔细梳理的头发，扒下他的衬衫，嘲弄他的鞋子。他们嘲笑麦克斯韦的口音，就连老师听到麦克斯韦回答问题，也会忍不住笑，这让麦克斯韦更加不敢说话，甚至到了结巴的地步。

　　麦克斯韦喜欢自己看书，经常会一个人躲在教室角落里研究数学题，还喜欢收集一堆"破铜烂铁"做实验，不爱说话，同学们认为这样的麦克斯韦蠢爆了，便给他起了个绰号——"呆瓜"。也许，看到这里，你会有这个疑问：麦克斯韦为什么不反抗？事实上，麦克斯韦有一颗绅士的心灵，在他眼里，这些人就是小无赖，根本无法沟通。不过，在忍无可忍的

一个创造精神和严格精神高度发扬的时代（1800—1900）

时候，麦克斯韦还是会"还口"甚至"还手"的。

在成年后，麦克斯韦在回忆中学时代时，带着有点忧伤的微笑淡淡地说："他们一点也不理解我，可是我理解他们。"这样的折磨又持续了3年，在这期间，麦克斯韦沉迷于数学、诗歌，并经常通过作诗来抒发自己的情感。

谁都没想到，这样一个在老师和同学眼里非常古怪的"呆瓜"会有"飞升上仙"的时候！在一次学校举行的数学和诗歌的比赛中，麦克斯韦一举拿下了数学和诗歌"双料冠军"，老师和同学们都表示惊呆了。从此，同学们都不敢嘲笑麦克斯韦的穿着和说话的口音了，慢慢开始尊敬他，还向他请教难题。

由于麦克斯韦在数学方面极强的天赋，课本的知识已经无法满足他。于是，他便开始研究十分感兴趣的几何学。13岁的麦克斯韦就曾写信给父亲说："我做了一个四面体，一个十二面体，和另外两个我不知道名字的立体。"

1846年，还没中学毕业的麦克斯韦就发现了次多面体，还写了篇论文，论文中提出的二次曲线几何作图的方法比笛卡儿的方法还简便，这使得《爱丁堡皇家学会学报》（最权威的学术报刊）的教授们非常吃惊，决定刊登这篇论文以及在皇家协会上宣读！于是，还不到15岁的麦克斯韦就已经成功跻身爱丁堡学术界，结识到更多的学术大拿，增长见识。

1847年，麦克斯韦以优异的成绩考入苏格兰最高学府爱丁堡大学，专攻数学和物理。麦克斯韦是班上年纪最小的学生，但也是最聪明的学生，老师所讲的知识对他来说简直是小儿戏。所以，在课堂上，麦克斯韦更多的时候是这样的："老师，你这里讲错了。""老师，这个问题应该这样讲。"

有一次，麦克斯韦指出一位讲师讲的公式有错误。这位讲师完全不相信，还非常激动地当场反驳麦克斯韦。但是晚上回家的时候，还是去验算查证了一下，结果，悲惨地发现确实是自己讲错了。

在爱丁堡大学的3年时间里，麦克斯韦除了学完4年的课程，还开始自己搞研究，他在光学、电化学和分子物理学三个领域均有涉猎，还持续

芥子须弥： 大科学家的小故事

在《爱丁堡皇家学会学报》上发表论文。显然，爱丁堡大学又无法满足麦克斯韦了，于是，麦克斯韦决定去剑桥大学继续深造。在人才济济的剑桥大学，麦克斯韦仍然是"食物链"顶端的那一小部分人，第二年就获得了奖学金，而学校规定获得奖学金的学生要一起吃饭，于是，麦克斯韦很快就结识了一群有为的年轻人，还加入了"精选论文俱乐部"，他渐渐克服了少年时期的孤僻，变得活跃起来。尽管在很多时候，同学们还是听不太懂麦克斯韦所说的，但是，他们还是被麦克斯韦天马行空的想象力、出色的才华所征服，在他们眼里，麦克斯韦一直是独一无二的！

独一无二的麦克斯韦还有很多怪癖，喜欢熬夜搞研究就算了，还喜欢"凌晨跑"。每天从2点到2点半，麦克斯韦沿着前廊下楼梯，又沿着后廊上楼梯，翻来覆去地跑步锻炼，直到他沿途各个房间里的住户起床了才停下来。

不过，麦克斯韦的学习方法非常随意，经常是突然间想到什么就去研究什么，对学习并没有一个系统的方法。幸运的是，麦克斯韦与剑桥大学的教授、著名数学家霍普金斯相遇了。一天，霍普金斯到图书馆借书，他要的一本数学专著恰被人先借去了。一般学生是不可能读懂那本书的，他非常诧异，于是便向管理员询问借书人的名字，管理员回答说："麦克斯韦。"

霍普金斯找到麦克斯韦，看见年轻人正埋头做摘抄，笔记上涂得乱七八糟，毫无秩序。霍普金斯不由得对这个青年发生了兴趣，诙谐地说："小伙子，如果没有秩序，你永远成不了优秀的数学物理学家！"就这样，霍普金斯决定招收麦克斯韦成为他研究生。在霍普金斯的指导下，不到3年，麦克斯韦就掌握了当时所有先进的数学方法。霍普金斯对他的评价是："在我教过的全部学生中，毫无疑问，这是最杰出的一个！"

1854年，麦克斯韦毕业后选择留校任职。他最开始研究的是光学上的色彩论，顺便发表了一篇论混合色的论文，奠定了现代比色法的基

法拉第

一个创造精神和严格精神高度发扬的时代(1800—1900)

础。后来有一天,麦克斯韦偶然间读到了法拉第的《电学实验研究》,立马被法拉第讲述的电磁现象迷住了,开始研究电磁学。并于一年之后,发表了第一篇电磁学论文——《法拉第的力线》,并获得了法拉第本人的强烈称赞:"这是一篇出色的文章。"

1862年,麦克斯韦发表了第二篇电磁论文《论物理的力线》,从理论上引出了位移电流的概念,是电磁学上继法拉第电磁感应提出后的一项重大突破。3年后,麦克斯韦发表了划时代的论文《电磁场的动力学理论》,凭借着自己出色的数学才能,他推导出了能完美描述电磁学理论的麦克斯韦方程,并大胆预言:世界上存在一种尚未被人发现的电磁波,它看不见,摸不着,但是它充满在整个空间。麦克斯韦的预言,让整个物理界都震惊了,而麦克斯韦《电磁学通论》的出版,成了当时物理学界的一件大事,还一度脱销。如今,麦克斯韦方程组被评为"世界上最伟大的公式"第一名:宇宙间任何的电磁现象,都可以由此方程组解释。

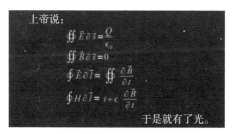

麦克斯韦公式

麦克斯韦个人生活中最重大的事件就是与妻子凯瑟琳的相遇了。1856年,麦克斯韦去阿伯丁的马里沙尔学院担任自然哲学讲座教授。年轻有为的麦克斯韦与马沙尔学院院长的女儿、美丽的凯瑟琳互相看对了眼。

两年后,他们决定结婚。麦克斯韦把订婚的事情告诉姨妈的时候,是这样说的:

麦克斯韦与妻子

亲爱的姨妈：

这封信要告诉你，我就要有妻子了。我没有完全写出她的整个质量，我觉得不合适；但我要告诉你的是，我们彼此需要，而且比我见到过的任何一对伴侣更知心。

不用担心，她不是学数学的；但是数学以外还有很多别的事情，而她并不想以数学取胜……

所以，你现在知道她是谁了，她就是凯瑟琳·玛丽·迪尤尔。我听罗伯特舅舅谈到她的那位院长父亲。她的母亲是一位上流社会夫人，安静而严谨，却总是以充满忍让的方式对待任何事物……

情况就是这样。我和她的事情已经定下来了，事事如意。这些都有保证，你会知道的。

作诗了得的麦克斯韦，也是通过诗歌来抒发自己对凯瑟琳的感情。

似乎他尤其喜欢侧面拍照

你和我将长相厮守，
在生机盎然的春潮里，
我的神灵已经，
穿越如此广阔的寰宇？
我这就将我的整个生命，
导入这生机盎然的春潮，
将真正使三个自我，
穿越这世界的广袤。

麦克斯韦每次外出工作，都会提前报备，并且在外期间，会定期写信给妻子，与她分享他的所见所闻。凯瑟琳也是一个标准的贤内助，麦克斯韦只需要专心他的研究就行，不过，凯瑟琳无法改变麦克斯韦喜欢熬夜的习惯。

不幸的是，在1875年，妻子生了重病，麦克斯韦十分担忧，本来就严重睡眠不足的他，为了照顾病弱的妻子，加上忙碌的工作，还试过一连三周不睡觉，夜里困了就在凯瑟琳床边的椅子上打个盹。更惨的是，两年后，麦克斯韦的身体也出现了种种问题，在被疾病折磨的同时，还在为妻子淋了雨而得了支气管炎而担忧。到了1879年，麦克斯韦的身体已经严重垮掉，在得知自己活不过一个月的时候，麦克斯韦还担心妻子会难过而试图对妻子隐瞒他真实的病情。

1879年11月5日，年仅48岁的麦克斯韦因病去世，弥留之际，他仍是清醒且平静的，他似乎对死亡没有感到害怕，而最放不下的是病弱的妻子，于是，他不断地在祈求上帝：上帝帮助我！上帝帮助我的妻子！

最后，麦克斯韦凝视了妻子一眼，溘然长眠了。

格奥尔格·康托尔：一位与老师龃龉十年，还做了34年疯子的数学天才，死前终于得到了认同

年轻时的康托尔

集合论的创始人——格奥尔格·康托尔（Georg Cantor，1845—1918），一位被上帝赋予重任的人。

1845年，康托尔作为家中的老大，出生在俄罗斯最西方化的城市圣彼得堡。父亲是有着犹太血统的富商，母亲则出身于音乐世家，主要负责在小学前辅导康托尔的阅读与写作。1856年，康托尔一家搬到了德国法兰克福。在那里，康托尔成为学校里最优秀的学生，他拥有对数学的特殊敏感，能不时得出令人惊奇的结论，同时还对哲学、技术、文学、音乐有着浓厚的兴趣，而这些兴趣伴随了他的一生。

高中毕业后，虽然康托尔本人浑身上下都呐喊着要成为数学家，但是他的父亲要求他必须读工程专业，于是他进入一间技术学院就读。不过，康托尔不是一个轻易言弃的人，经过两年反复地劝说，他的父母终于同意让他到苏黎世工科大学学习数学了。就在康托尔进入苏黎世没多久，他父亲因为肺结核去世了，康托尔好像突然得到了"解放"一样，不久就跑到柏林大学，并有幸跟在数学大师维尔斯特拉斯、库默尔和克罗内克身边学习数学。

不得不说，康托尔的数学天赋当了不得。在库默尔的指导下，他22岁便能凭着优异的成绩获得了博士学位；同时在维尔斯特拉斯的影响下，他从数论转移到分析理论的研究，并很快就开始崭露头角。

一个创造精神和严格精神高度发扬的时代（1800—1900）

从左到右依次是：维尔斯特拉斯、库默尔和克罗内克

1869年，康托尔得到了哈雷大学的讲师职位。任职期间，他除了教书，其余时间都耗在了数学研究上，在短短几年间他就写出了10篇论文，这为他塑造了才华横溢的数学家形象。此时的他已经从事无穷集合的研究了，27岁的康托尔给当时的数学界扔下了一枚深水炸弹——发表了论文《三角级数理论汇总一个定理的推广》，在文中通过有理数基本序列，也就是现在的柯西数列来构造实数，还把唯一性的结果推广到允许例外值是某种无穷集合的情形。就这样，他成为第一个给出实数含义的具体表达形式的数学家，同时开拓了点集合的研究。因此，他顺利成为哈雷大学的副教授。其实，当时还有另一位数学家戴德金也发表了一篇定义实数的论文，后世的数学家将他俩的定义糅合在一起，形成了现在的康托尔-戴德金公理。

1874年，康托尔与妹妹的朋友古德曼结婚，并跑到了瑞士度蜜月。至于为什么要到瑞士度蜜月呢，估计跟戴德金在那里度假有关。因为之前的实数定义，不但让康托尔与戴德金结缘，还让他们成为好朋友。

所以，康托尔度蜜月期间，还经常跟戴德金讨论数学。而古德曼当时的心里估计是这样的：康托尔不仅仅在度蜜月期间与戴德金讨论数学，其实在1873—1979年间，他都一直与戴德金有书信来往。1873年11月，他俩通信没多久，康托尔就把导致集合论产生的问题明确地提了出来：正整数的集合（n）与实数的集合（x）之间能否把它们一一对应起来。同年 12 月，他证明了实数的"集体"是不可数的，也就是不能同正整数的"集体"一一对应起来。就这样，康托尔把集合论给捣弄出来了。

第二年，康托尔把自己的研究整理了一遍，正式确定并拓展了自己关于无穷集合的思想，便发表了一篇他给出的无穷集合的两个重要结果的论文，这篇论文处理了有关代数数的概念，还证明了实数集合是不可数的无穷集合。因此，后世的数学家一般认为这篇论文的出现，标志着集合论的正式诞生。这篇论文引起数学界动荡的同时，反对抨击的声音也随之而起，其中绝大多数都是当时赫赫有名的数学家，而他的老师克罗内克更是一马当先，甚至他的很多朋友也因为集合论而跟他反目成仇。

至于为什么克罗内克会成为主攻呢？原因貌似是这样的：克罗内克是天生的怀疑者，他的数学基本观点是"上帝创造了整数，所有其余的数都是人造的"，而他的数学成就是在对维尔斯特拉斯的攻击中取得的。不过当时也有人暗示克罗内克对别人的攻击其实是因为身高，"要是克罗内克再高上六七英寸，或许他就不会觉得非要大吵大闹地过分强调反对分析学不可了。"

1878 年，康托尔证明了二维曲面和一维直线具有同样多个点，并在《纯粹与应用数学杂志》上发表了论文，作为杂志编辑的克罗内克试图阻止，最后还是戴德金帮忙搞定了这事。但是，这件事情成了康托尔与老师克罗内克"大战"的开始。虽然需要承受住老师和其他数学家的猛烈抨击，但是康托尔知道对质疑者最好的回击就是学术上的更多创造，因此康托尔在余生一直为自己的革命性思想和非标准方法辩护，并且始终坚持钻研集合论。

1879—1883 年，已经成为哈雷大学教授的康托尔对集合论的研究达到了高峰，他一共发表了六篇系列论文，讨论了集合论的一些数学成果，特别是涉及集合论在分析上的一些有趣的应用，甚至还提出了现在叫做良序定理的概念。虽然硕果累累，但是康托尔的生活并没有特别好，因此他希望能够换一份更好的工作，于是 1884 年，他申请了柏林大学数学教师

一个创造精神和严格精神高度发扬的时代（1800—1900）

职位。然而，他把克罗内克想得太简单了。

克罗内克作为当时欧洲的数学大师，在柏林大学有着非凡的地位。他很早就对康托尔的研究产生了不满，甚至不惜动用他的影响力去打压康托尔。因此，他阻止了康托尔得到这个渴望已久的教授职位，还不让他在《克雷尔》杂志上发表论文。其实康托尔得不到这个职位并不是重点，重点是克罗内克竟然不厚道到打压了康托尔整整十年。至于为什么是十年，原因是因为十年后克罗内克死了，不然估计康托尔会被打压一辈子。

无计可施的康托尔只好跑到哥廷根大学尝试谋取教授职位，结果因为有曾是朋友但后来反目的数学家施瓦茨的反对也未能成功。工作换不成，学术研究遭到排挤，恰逢连续统假设得不到证明，再加上康托尔天生神经过敏，易激动，对其他数学家的反对意见难以从学术的角度去应对，所以在1884年，他被逼疯了（患上了双相情感性精神病和抗躁狂抑郁症）。

康托尔前前后后一共病发了6次，病发时他会卷入神学、哲学及文学的争论，但一旦恢复，他的思想就会变得超乎寻常的清晰，继续他集合论的工作。他还成功创立了德国数学家协会，并担任首任主席直到1893年。

1891年，克罗内克去世了，没有了他的打压，康托尔的精神顺势恢复了大半，在集合论的研究上顺利拿下了不少战绩。同年，他用对角线法证明实数集合不可数和子集定理，即现在的康托尔定理。随后他发表了人生中最后一篇数学论文，不但引入了有关超穷数的新概念，还总结了20年来他在集合论方面的工作成果。在1897年，康托尔积极参与了第一届国际数学家大会的筹办。

在大会上，胡尔维茨明确地阐述康托尔创立的集合论对函数论的进展的推动作用，让集合论自诞生以来第一次得到公开的承认和热情的称赞。希尔伯特甚至将集合论称为"数学天才最优秀的作品""人类纯粹智力活动的最高成就之一""这个时代所能夸耀的最巨大的工作"。

虽然康托尔的工作终于得到应有的称赞，但可惜的是，他在两年后再度病发，同时碰上了母亲和弟弟去世、小儿子夭折这一连串不幸的事，他的精神彻底崩溃了。此后的十多年里一直都处于严重的抑郁状态，直至1918年1月，他走完了自己的一生。

亨利·庞加莱：智商属于笨人，人生却有如神助

曾经有位数学巨人被测试为智商低下，你知道是谁吗？

1905年，法国著名的心理学家比奈和教育家西蒙设计出一种测量智商的量表，因准确率高而风靡全球。谁知突然间被砸了招牌，因为经这个表测验，被判定为"笨人"的群体中，居然有庞加莱，而庞加莱就是那位被公认为世界最后的数学百科全书式的数学大师。

庞加莱

1854年4月，亨利·庞加莱（Henri Poincaré）出生在法国南锡城，从小就表现出极高的智力，有点小害羞，是个招人喜爱的孩子。然而上天却没有眷顾他，自幼患有的运动神经系统疾病，加上5岁时患上的白喉病，他迅速成为一个体弱多病、口齿不清的人。

1862年，庞加莱开始了他很期待的校园生涯，可是年幼的他很快就发现不对劲了。当年的白喉病让视力受到损伤的庞加莱在上课时压根就看不清黑板的内容，实在没办法的他唯有靠听和记忆来进行学习。也许正因为这样，他的大脑变得出奇发达，还能过目不忘，甚至能够无须纸笔直接在大脑中进行复杂的运算，写作也能一次成型。

庞加莱年轻时

庞加莱到底是不是数学神童就不知道了，最起码不是笨人。因为直到15岁他才第一次表现出对数学的兴趣，并很快展现出非凡的数学天赋，以至于被称为"数学魔怪"。1873年，庞加莱参加了法国综合工科大学的入学考试。据说，

芥子须弥： 大科学家的小故事

当时为了测试他的才能特意延长了考试时间，让他解答考官们精心设计的"漂亮问题"，结果庞加莱嗖嗖地就答完了，差点把主考官们吓出心脏病来。因此在他的绘画考试和几何作图都得了零分的情况下，他还是以第一名的成绩成功入学。进入大学后，庞加莱开启了他勤勤恳恳的数学研究事业。

庞加莱在高斯椭圆函数研究的基础上进一步推广椭圆函数理论，这让他开始赢得国际声誉。紧接着，他在复变函数理论领域开创了单复变自守函数理论，还引入了一种叫自守函数的特殊函数。所谓自守函数就是在某些变换群的作用下不变的函数，是椭圆函数、双曲函数和三角函数的推广。庞加莱将复变函数推广到多变量函数，建立了研究多变量复变函数理论的基本方法。就这样，庞加莱一点一点地完善单复变自守函数理论，后人基本没有可插足的余地。

庞加莱可能觉得单复变自守函数理论已经没有可成长的空间了，便噼里啪啦地研究起组合拓扑，还弄得有模有样。某天他突然灵光一闪，想出了一个重要的猜想，而这个猜想突然冒出了个三维反例，按照常理来讲，庞加莱应该会更加勤奋地研究这个问题，谁知道他竟然丢下这个猜想转身继续研究天体力学了。而被丢下的庞加莱猜想在长达一个世纪里差点没把后世研究它的拓扑学家烦死，直到佩雷尔曼的出现。

佩雷尔曼

庞加莱提出若任意二维曲面具有与球面相等的同调群、上同调群和同伦群，那么这个曲面必然拓扑等价于球面，这就是著名的庞加莱猜想。但是当他进一步猜想这个结论对任意维空间都能成立时，出现了三维反例，而关于三维空间的证明直到 2003 年才被佩雷尔曼解决。

作为一位全才，庞加莱还在物理学领域大展拳脚。一开始，因为深入研究微分方程的需求，庞加莱注意到了三体问题，然后他发现这个三体问题还挺有趣的，就跑去参加当时举办的关于寻求 n 体问题的竞赛，结果他花两年写了篇论文就轻轻松松地获奖了。幸福来得太突然就很容易被戳

一个创造精神和严格精神高度发扬的时代（1800—1900）

破——《数学学报》的编辑在评审时发现论文中的结论是错的。在和这位编辑书信交流了一年后，庞加莱得出即使其中某一天体的初始位置发生微小改变，也会使长时间演化后的结果大不相同这么一个重要结论，还顺便创造出混沌理论，至此开创了混沌学。

三体问题是天体力学中的经典问题，主要指三个质量、初始位置和初始速度都是任意的可视为质点的天体，在万有引力的作用下的位置和运动规律问题，比如太阳、地球和月亮。现在的混沌理论已经发展成为一种质性思考与量化分析兼备的方法，一般用于探讨动态系统中（如化学反应、气象变化和股票市场等）必须用整体、连续的而非单一的数据关系才能解释和预测的行为。

然而庞加莱绝非是一个容易满足于现状的人，在接下来短短几年间他竟然奔跑在爱因斯坦的前方，抢先研究出关于相对论的理论。庞加莱在1898年提出了光速不变性假设；1902年，阐明了相对性原理；1905年，声明物体移动不可能超过光速，简直像开了挂一样，哗啦哗啦地就成为相对论的先驱。当然，庞加莱的一生不只是拥有物理和数学，他还对采矿有着一辈子的爱恋。从综合工科大学毕业后他曾经跑到矿业学校学习专门的采矿知识，在研究数学的同时依旧兼顾矿业的工作，一切妥妥的。

所以说啊，智商低真的不代表什么，是牛人就能发光，任一个方面有才能，分分钟能致富。生命如此美好，依然假装充满着无限的可能性，说不定只是测试的机器刚好坏了呢。

查尔斯·埃尔米特：从小擅长解决数学难题，却视考试为终生噩梦

查尔斯·埃尔米特

数学考试不好是因为数学能力不好？一位浪漫的法国人的故事会消除你的疑惑。他一生挚爱着数学，擅长解决数学难题，却视考试为终生噩梦，他就是查尔斯·埃尔米特（Charles Hermite），一个挂过五次数学考试的数学家。

埃尔米特从小就是个问题学生，上课时就爱找老师辩论，尤其是一些基本的问题，他自己觉得：学问像大海，考试像鱼钩，老师把鱼挂在鱼钩上，鱼怎么能在大海中学会游泳？虽然从小对数学有所造诣，但是他却总是考试不及格，每次老师看他考不好，就用木条打他的脚，他又说："数学课本是一摊臭水，是一堆垃圾。数学成绩好的人，都是一些二流头脑的人，因为他们只懂搬垃圾。"你说你不及格还老是喜欢评价老师，能不招老师的毒打吗？他喜欢花时间看数学大师如牛顿、高斯的原著，在那里，他找到"数学的美，饮到数学兴奋的源头活水"。

他从18岁开始参加巴黎综合工科技术学院入学考试，考到第5次才以最后一名的成绩勉强通过，而且每次还都是因为数学考试不及格。好不容易进去了吧，可是一年后事情又出现了变动，这次并不是因为他的数学成绩了，而是他生下来右脚就残障，需扶拐杖行走。教育当局下了命令："肢障者不得进入工科学系"，埃尔米特就只好被迫转到文学系，文学系的数学并不难学，但他依旧挂科了。

有趣的是，这段时间里，他在法国数学研究期刊《纯数学与应用数学

杂志》，发表了《五次方方程式解的思索》。历史上，希腊数学家发现了一次方程与二次方程的解法，之后，数学家们埋首苦思四次方程以上到 n 次方程的解法终究不得其解，而如今却是一个文学系的学生提出解法，笔者很难想象当时其他数学家们的震惊程度。

24岁时，在朋友勃特伦的恶补下，埃尔米特终于以及格边缘的成绩顺利毕业，但是，由于他不会应付考试，找工作就没办法顺利进行了，只能找所学校做个批改学生作业的助教。助教这份工作，他一做就是25年。期间发表了《代数连分数理论》《函数论》《方程论》……尽管已经名满天下，名气远超很多大学教授，但因为不会考试，埃尔米特只能继续批改学生作业，笔者不禁感慨当时的社会现实太残忍、愚昧了。

埃尔米特的成就当然不止上面所提，准备好，笔者要放大招啦，理工科的同学大学应该接触过《矩阵论》，再不济《线性代数》应该都学过吧，那你应该对厄米矩阵、厄米行列式很熟悉。没错，厄米就是埃尔米特。厄米矩阵也称"埃尔米特矩阵"，当然，以埃尔米特名字命名的概念不止于此，还有埃尔米特多项式、埃尔米特规范形式、埃尔米特算子和立方埃尔米特样条等。

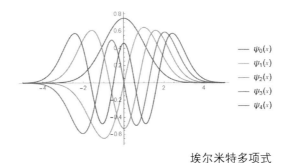

埃尔米特多项式

不仅概率论里埃奇沃斯级数表达式用到埃尔米特多项式，组合数学中，埃尔米特多项式还是阿佩尔方程的解，埃尔米特多项式更是给出了量子谐振子的本征态，是不是听起来很厉害的样子。

还有呢，大招哪里只能放一次呢，大家高中应该都学过解析几何椭圆问题，还有最简单的一元二次方程求解，顶天了还会求一下什么三次函数的单调性，可是埃尔米特作为一个不仅高中数学挂科、大学数学依旧挂科的"男孩"却利用椭圆模函数得出求解五次方程的一般方法，1873年更是第一个证明自然对数的底 e 是一个超越数，在顽固的 e 上取得了出人意料的胜利。

不得不说，他真的是学霸界的一股清流，后来著名的关于 π 是超越数的定理的证明者费尔迪南·冯·林德曼，用的就是他的方法解决了"化圆为方"的问题，这简直就是相当厉害了。

这么厉害的一位数学家，却担任了 20 多年的助教，做着批改作业的工作，直到 49 岁时巴黎大学才因为他的名气请他去担任教授。此后 25 年，几乎整个法国的大数学家都出自他的门下，例如大名鼎鼎的庞加莱和阿达玛。庞加莱回忆老师说：他从不唤起具体的形象，然而你很快就发觉最抽象的本质对于他也像活着的生物一样，而且他的课有个奇异的现象：只有分析，没有考试。笔者细想又觉得不考试很正常啊，毕竟埃尔米特的数学成绩简直没眼看，但是他的数学成就可是首屈一指的呀。

因为不会考试，他工作不顺利、多次重考，受到他人的轻视、自卑。尽管僵化的数学教育带来无边的苦难，他一次又一次地落榜，却仍继续坚持应试，只因不想放弃数学，正因为这样，他才没有被淹没在历史的长河之中。

埃尔米特早年被数学老师李察称为"年轻的拉格朗日"，而后美国加州理工学院数学系的教授贝尔在数学伟人的回顾中这样描述埃尔米特："历史上的数学家，越是天才，越是好讥诮，讲话越多嘲讽。只有一个人例外，就是埃尔米特，他有真正完美的人格。"笔者觉得不管是"年轻的拉格朗日"还是完美的人格，都是对一个人或者一个数学家极高的赞美。

埃尔米特晚年写道：数学的特性是本身便存在的。他认为自己只不过是无意中发现这些特性的人，不仅如此，埃尔米特对数学更有与他人不同的见地，"数学存在的价值，不只是为了生活上的应用，它不应沦为供工程、商业应用的工具，数学的突破仍需要不断地去突破现有的格局。"

戴维·希尔伯特：世界上最后一位数学全才，带领哥廷根大学成为世界数学中心，用巨人的眼光指明新世纪数学的方向

1862年，戴维·希尔伯特（David Hilbert）出生于东普鲁士的柯尼斯堡，祖父和父亲都是法官，母亲是一位富商的女儿，在哲学、数学、天文学方面都多有涉猎。

母亲负责了希尔伯特的启蒙教育。母亲有段时间对质数着了迷，她会拉着小希尔伯特，指着天上的星星，像讲故事一样为儿子一一介绍质数。慢慢地，希尔伯特也迷上了数学。

戴维·希尔伯特（1862—1943）

希尔伯特8岁时，就到皇家腓特烈预科学校上学，这是一所有名的私立学校，也是著名哲学家康德（Kant）的母校。不过，这所学校注重文科教育，而希尔伯特表示早就已经沉迷数学，对文科完全提不起兴趣。后来，终于转到了比较适合他的威廉预科学校。在这里，希尔伯特才真正找到了属于自己的舞台。他变得勤奋好学，成绩突飞猛进，包括德语、拉丁语、希腊语、神学和物理学在内的几乎所有课程都是优秀，数学更是获得了"超"的评价。

希尔伯特后来说过：数学最合我胃口，因为它容易、不费力，数学用不着死记硬背，总是能自己重新推导出结果。在毕业考试中，希尔伯特由于笔试成绩极佳而免去了口试。在完美完成学业的同时，希尔伯特还与闵可夫斯基建立了深厚的友谊。当闵可夫斯基提早毕业，进入哥尼斯堡大学

著名数学家闵可夫斯基（Hermann Minkowski，1864—1909）

之后，希尔伯特不顾父亲的劝阻（父亲想要儿子学习法律），毅然决然跟随闵可夫斯基到哥尼斯堡大学攻读数学！

对于他们之间的友谊，希尔伯特是这样说的：

"在日复一日无数的散步时刻，我们漫游了数学科学的每个角落。

"我们的科学，我们爱它超过一切，它把我们联系在一起。在我们看来，它好像鲜花盛开的花园。在花园中，有许多踏平的路径可以使我们从容地左右环顾，毫不费力地尽情享受，特别是有气味相投的游伴在身旁。但是我们也喜欢寻求隐秘的小径，发现许多美丽的新景。当我们向对方指出来，我们就更加快乐。"

在哥尼斯堡大学的第一学期，希尔伯特主要学习了积分学、矩阵论和曲面的曲率论三门课程。到了第二学期，按照学校规定，学生可以选择交换到另一所大学学习一段时间，希尔伯特就选择了海德堡大学。

在海德堡大学的那段时间，希尔伯特印象最深的就是微分方程名师L.富克斯（L.Fuchs）的课。这位教授不知是懒还是故意的，从来没有备课的习惯，讲课的内容经常是现推现用，因此，他经常会把自己陷入尴尬的境地。学生们经常会看到这样一幅画面：富克斯教授在黑板上不停地演算、推导，突然间发现最初的方法行不通，于是，擦掉黑板，换另一种方法，继续沉迷演算……直到推导出结果为止。不过，这位"懒惰"的教授却深受学生们的尊敬，学生们是这样评价的：这样的课，使我们得到一个机会，瞧一瞧最高超数学思维的实际过程。希尔伯特也是这样通过这位教授的课，领悟到了数学家的思考过程。

后来，希尔伯特回到哥尼斯堡大学，主要跟从韦伯（Weber）教授学习数论、函数论和不变量理论。他的博士论文导师就是赫赫有名的林德

一个创造精神和严格精神高度发扬的时代（1800—1900）

曼（Lindemann）教授。希尔伯特出色地完成了关于代数形式不变性质的论文，于1885年获得博士学位。毕业后，希尔伯特进行了一次短期游学。他去了莱比锡、巴黎等地，参与了德国数学家克莱因（Klein）的讨论班，后来又结识了庞加莱（Poincaré）、若尔当（Jordan）、皮卡（Picard）和埃尔米特（Hermite）等著名数学家。

1886年，希尔伯特回到哥尼斯堡大学当讲师，在课余时间，他继续探索不变量理论，并在两年后解决了"不变量之王"哥尔丹提出的有限基问题。

1892年，希尔伯特被任命为哥尼斯堡大学副教授，一年后，升为正教授。

1895年3月，由于克莱因的举荐，希尔伯特转任哥廷根大学教授，一直任教到1930年退休。

希尔伯特的到来，预示着哥廷根数学黄金时代的到来。当时，哥廷根大学的教授有"半个上帝"之称。然而，希尔伯特完全没有盛气凌人的优越感，在哥廷根众多教授当中，希尔伯特就是一个异类。他平易近人，经常会和学生们一起喝茶、吃饭、散步，讨论数学。

希尔伯特演讲时

他反对填鸭式的教学方法，认为讲课应该教会学生怎样提出问题和解决问题，讲课的目的是要把学生引进科学发展的进程，教师应该详细地阐明困难所在，为学生解决具体问题"搭一座桥"。

因此，为了让学生领略到一流数学家的思维方式，希尔伯特上课选择临场发挥。这一点，还真是深受"懒人"教授富克斯的影响。而很多数学家和物理学家估计是想要看希尔伯特在课堂上"出糗"，经常会围在教室外听希尔伯特的课。

就这样，希尔伯特真诚的个人素质、民主的学术作风，吸引了来自世界各地热爱数学的年轻人，当时很流行的一句话就是：希尔伯特眼光非常好，而且爱护学生也是出了名的。

有一天，希尔伯特收到学生格罗美的博士论文，论文十分优秀，但是，由于格罗美没有预科学校的毕业文凭，按照规定，是不可以被授予博士学位的。希尔伯特实在是无法眼睁睁看着格罗美的才华被埋没，于是，多方奔波，跟学校协商，据理力争，最终得以让这位青年获得博士学位。

还有，埃米·诺特（Emmy Noether）来到了哥廷根大学，希尔伯特十分欣赏诺特，完全没有对女性的偏见，当即决定让诺特留下当讲师。他的这一决定引起了轩然大波，尤其是遭到了语言学、历史学等教授们的极力反对，这时，希尔伯特怒了，拍案而起："先生们，这里是学校，不是澡堂！"在哥廷根大学任教期间，希尔伯特从来没停止过学术研究，连续发表了一系列惊人的数学研究成果。

1896年，他向德国数学会递交了关于"代数数域理论"报告，这成为代数数论的经典报告。

1899年，他发表《几何基础》，创立了现代公理化方法；接着，又挽救了狄利克雷原理从而使变分法研究出现转机。

1900年，希尔伯特在巴黎国际数学家大会上，发表了题为《数学问题》的著名讲演。他根据过去特别是19世纪数学研究的成果和发展趋势，提出了23个最重要的数学问题。这23个问题包括四种类型：数学基础问题、数论问题、代数和几何问题和数学分析问题——几乎涵盖了整个现代数学的领域。希尔伯特认为，科学在每个时代都有它自己的问题，而这些问题的解决对科学发展具有深远意义。

在这次大会上，希尔伯特极力强调每个数学问题都是可以解决的信念："在我们中间，常常听到这样的呼声：这里有一个数学问题，去找出它的答案！你能通过纯思维找到它，因为在数学中没有不可知。"这给了全世界的数学工作者强大的鼓舞，全世界掀起一股解决"希尔伯特问题"的热潮，尽管至今这23个问题还没有完全解决，但是在研究这些问题的过程中，大大地推进了20世纪的数学进程。

1943年，希尔伯特去世时，英国《自然》杂志对希尔伯特给予了极高的评价："现在世界上几乎没有一位数学家的工作不是以某种途径导源于希尔伯特的工作。他像是数学世界的亚历山大，在整个数学版图上，留下了他那显赫的名字。"

伯特兰·罗素：诺贝尔文学奖冷门之王，掀起第三次数学危机，成为让别人"妒忌"的数学家

伯特兰·罗素（1872—1970）

似乎在大家印象中，诺贝尔文学奖一般只颁给三种人：小说家、诗人、剧作家。

然而，早在1950年，诺贝尔文学奖爆了个大冷门！从严格意义上来说，这个获奖者算不上文学工作者，反而是因数学家、哲学家、逻辑学家的身份被熟知，他就是伯特兰·罗素（Bertrand Russell）。

罗素获得诺贝尔文学奖，并不是因为他创作出了诸如《百年孤独》和《老人与海》这些伟大的文学作品。其获奖背景是他用优美酣畅的散文式语言，以逻辑实证主义的明晰风格创作了大量的影响深远的学术著作，包括《婚姻与道德》《数理哲学导论》《西方哲学史》《幸福之路》等。

他的获奖理由是：

"In recognition of his varied and significant writings in which he champions humanitarian ideals and freedom of thought."（多样且重要的作品，持续不断地追求人道主义理想和思想自由。）

相比诺贝尔文学奖获得者和数学家的身份，后者更被人熟知。

罗素的经典著作《数学原理》奠定了20世纪数理逻辑发展的基础，具有里程碑式的意义。除了在数学领域的贡献，他的哲学著作《西方哲学史》《婚姻与道德》等，在哲学领域都有着划时代的意义。罗素被称为20世纪最伟大的哲学家之一。

一个创造精神和严格精神高度发扬的时代（1800—1900）

1872年5月18日，罗素出生在英国的一个贵族家庭，祖父曾担任英国首相。虽然家里很有钱，但不幸的是，在罗素年幼的时候，父母和祖父相继离世，他从小由祖母照顾。

祖母出身于一个贵族虔诚教徒家庭，在道德方面对罗素要求非常严格。罗素12岁生日时，祖母送给他一本《圣经》，书的扉页上题写着："不可随众行恶"。这句话成为罗素一生道德上的座右铭。

幼时的罗素

罗素的童年和少年时代是孤独的，他没有像其他富二代一样上贵族学校，而是只在家里接受保姆和家庭教师的教育。

在年长7岁的哥哥弗兰克的辅导下，小学生年龄的罗素就学习了欧几里得几何学。学习定义时，聪明的小罗素一下子就明白了。当哥哥教到"公理"时，问题就来了：

哥哥："这些公理是无法证明的。你要证明其他问题之前，必须先假定这些公理是真的。"

小罗素："既然它们无法证明，那为什么我必须承认这些东西呢？"

哥哥："要是你不承认的话，我们就没办法学下去了……"

小罗素："好吧，那我先暂时承认这些公理为真吧……"

祖母特别讲究规矩和清教徒的美德，而且不允许怀疑。而数学是可以怀疑的，因为数学没有伦理内容，于是罗素喜欢上了数学。

1890年，罗素考入剑桥大学三一学院学习数学。然而在第三学年，他发现考试所要求的都是一些解题的技巧，整天死啃这些东西后，他开始对数学失去兴趣（当然只是短暂的）。于是在他以优异的成绩通过学位考试之后，就转去学习哲学，并在1894年获得了伦理学荣誉学位。"在这种心情之下，阅读哲学书籍，我仿佛感觉到从山谷的小天地中解脱出来，看到了多姿多彩的新世界。"

19世纪下半叶，德国数学家康托尔创立了著名的集合论。集合论刚

康托尔（Cantor，1845—1918）

产生时，遭到了许多人的猛烈攻击。然而不久之后，数学家们发现一切数学成果都可以建立在集合论基础之上。于是，这一开创性成果就被广大数学家接受了，并且获得广泛而高度的赞誉，而集合论也因此成为现代数学的基石。

可是，好景不长。1903 年，一个震惊数学界的消息传出：集合论是有漏洞的！没错，就是罗素提出的悖论。悖论大致是：设性质 $P(x)$ 表示"x 不属于 x"，现假设由性质 P 确定了一个类 A，也就是说"$A=\{x|x\in A\}$"。

问题：A 属于 A 是否成立？

首先，若 A 属于 A，则 A 是 A 的元素，那么 A 具有性质 P，由性质 P 知 A 不属于 A；

其次，若 A 不属于 A，也就是说 A 具有性质 P，而 A 是由所有具有性质 P 的类组成的，所以 A 属于 A。

罗素为了让大家了解数学本身存在的矛盾，把它改编成了一种通俗的形式，即所谓"理发师悖论"：一个村庄里的理发师说："我只给那些不给自己理发的人理发。"那么，这个理发师该不该给自己理发呢？

罗素发现，从理发师的声明出发，无论怎样推论，得到的都是与假设相反的结论。罗素赶紧写了一封信，把自己的发现告诉了德国著名逻辑学家弗雷格。这时候，弗雷格关于集合论的基础理论正好完稿付印，看完信后他大吃一惊，差点吐血。

由于这个悖论，费雷格的著作《算术原理》中的第五公理竟然是错的！他感觉算术的基础发生了动摇。最后只能在自己著作的末尾写道："一个科学家所碰到的最倒霉的事，莫过

弗雷格（Friedrich，1848—1925）

于在他的工作即将完成时却发现所做工作的基础崩溃了。"

为了寻找解决悖论的方法，1906年罗素在论文《关于超穷数和超穷序型理论中的一些困难》中又提出了另外三种理论，即曲折论、限量论和无类论。在无类论和恶性循环原则的基础上，罗素于1908年在论文《以类型论为基础的数理逻辑》中进一步提出了分支类型论的理论。罗素悖论的提出动摇了数学的基础，后人称之为第三次数学危机。

除了是位杰出的数学家，罗素还是一位伟大的哲学家。罗素从小喜爱数学，学习数学之余又开始思考哲学问题，探求数学之完美与宗教之可疑的哲学根据。小时候，罗素的叔叔偶尔给罗素讲过一些科学知识。凭借过人的天赋，他很快发现科学和宗教是有矛盾的！思前想后，17岁的罗素决定放弃基督教信仰。上大一时，罗素的数学老师怀特海非常赏识他的才能，在老师的介绍下，他认识了时任剑桥大学哲学讲师麦克塔戈，还有后来成为大哲学家的穆尔，逐渐开始钻研哲学。

之后，罗素和老师怀特海合作撰写《数学原理》(*Principia of Mathematica*)。罗素主要负责哲学方面内容，怀特海主要负责数学方面内容，互相帮助一起修改。这本著作分为三大卷分别于1910、1912和1913年出版。

这部著作对逻辑学、数学、集合论、语言学和分析哲学有着巨大影响，被誉为是"人类心灵的最高成就之一"，为罗素赢得了学术上的崇高地位和荣誉。

罗素认为：哲学和数学一样，通过应用逻辑学的方法就可以获得确定的答案，而哲学家的工作就是发现一种能够解释世界本质的理想的逻辑语言。

罗素的才华超群，多才多艺。他不仅是伟大的数学家、逻辑学家、哲学家和文学家以及社会评论家，还是活跃的和平主义者、女权主义者。罗素从23岁开始写作，不断工作75年，一生写出170多本书及上千篇的论文。罗素获得诺贝尔文学奖是实至名归的。他的文字有一种独特的幽默机智，在他的作品中也留下许多名言。

芥子须弥： 大科学家的小故事

> 数学是符号加逻辑。　　　　　　　　　　　　　　—罗素
> 良好的人生是受行动和智慧指导的。　　　　　　　—罗素
> 最大的希望产生于最大的悲惨境遇中。　　　　　　—罗素
> "现在"是刚过去的时间上的一个"点"。　　　　　　—罗素
> 在数学中最令我欣喜的，是那些能够被证明的东西　—罗素
> 幸福的生活是一种由爱鼓舞，由知识指导的生活。　—罗素

罗素的名言

还有一句非常经典的名言：

乞丐不会妒忌百万富翁，他会妒忌收入更高的乞丐。

也就是说：

数学家不会妒忌获得诺贝尔文学奖的文学家，他会妒忌获得诺贝尔文学奖的数学家。

斯里尼瓦瑟·拉马努金：一生只有32年，仅用5年便到达人生巅峰，却死于折磨

1887年12月22日，斯里尼瓦瑟·拉马努金（Srīnivāsa Rāmānujan）出生在印度马德拉斯省的一个贫困家庭。恰逢全家都是印度教教徒，因此印度教女神娜玛卡尔自然而然地成为拉马努金一生的信仰。

或许因为拉马努金对女神过于虔诚，于是在他年幼时，娜玛卡尔便每天托梦于他，从而教会他无数的数学知识——当然这仅仅是拉马努金自己的说法而已。因此，他始终坚信自己一生中

斯里尼瓦瑟·拉马努金

所写下的3000多条公式都是女神赐予的。话虽如此，但是他的成就是无法否认的。

跟大多数数学天才一样，拉马努金从小就表现出极高的数学天资。12岁，他就让寄宿家里的两个大学生教无可教；15岁，便能在短短几个月里验证卡尔的著作《纯粹数学与应用数学概要》中所写的定理方程，并对一些方程进行了推广。也存在另一种说法，他实际上耗时5年才证明完毕，但不管究竟耗时多久，年轻的拉马努金已经展示出他的才能。

像这种如此有天赋的科学家性格古怪实属正常，但是拉马努金却有过之而无不及。从小学到高中，拉马努金的成绩虽然十分优异，但是他非常非常喜欢逃学，经常需要出动警察才能把他逮回来。拉马努金如此任性或许跟家里的宠溺有着极大的关系。他的三个弟妹在婴儿期就夭折了，因此作为家中长子的他从小便是母亲关注和疼爱的焦点，小时候便十分固执敏感。

经历了 N 次逃学与被逮之后，1904年，拉马努金凭借出色的数学和

英语成绩赢来的奖学金进入了有"南印度剑桥"之誉的贡伯戈讷姆学院。不料这位问题青年在大学也一点不消停。入学后，拉马努金一直全力以赴地研究数学，结果除了数学其他科目考试都不及格，以至于失去了奖学金，所以第二年他就退学了，并为此离家出走了3个月。

一年之后，他被帕恰亚帕学院录取，然后又以同样的原因被开除。大学上不了，还是得继续生活。为了维持生计，拉马努金成为一名家教，与此同时他将自己的闲暇时间都花费在研究数学上。

1909年，根据印度的习俗，拉马努金在家里的安排下与年仅10岁的远方表妹贾纳姬结婚了。婚后他游历印度南部，把自己多年的研究所写成的笔记本（日后非常著名的数学笔记）拿给当时的数学家与教授阅读，以期能够得到帮助。不幸的是，他的笔记并没有得到这些数学家和教授的认可，因为他们对笔记中的多数内容并不能理解。

游历一番之后，拉马努金发现他穷得连吃饭都成问题了，只好暂时放下数学去找工作。不得不说，拉马努金命中必有贵人相助。在拜会一位税务官兼数学会秘书拉奥的时候，因为拉奥对他才能的肯定，他得到了拉奥的资助以便能在闲暇时继续研究数学。

没了后顾之忧，拉马努金1911年便在《印度数学会杂志》发表了第一篇论文。而这篇针对伯努利数的论文引起了印度数学界的轰动，从此他正式登上了数学的舞台。

1912年，在拉奥的推荐下，拉马努金成为马德拉斯港务信托局的一位会计职员。此时，13岁的妻子贾纳姬来到他的身边照顾他，生活一下子安定了下来，也让拉马努金有了更多的心思去研究数学。

那段时间，拉马努金的主要兴趣是无穷级数，以至于有人戏称无穷级数是他的初恋。与此同时，拉马努金的研究得到了两位上司的赏识，并在他们的鼓励和帮助之下，他不断地在数学期刊上发表自己的研究，还给剑桥大学的数学家写信介绍自己的研究成果，以便能够得到指导。拉马努金的上司一位是马德拉斯港务局的总工程师、爱尔兰人斯普林爵士，另一位是港务局总会计长、印度数学会会员耶尔。

一个创造精神和严格精神高度发扬的时代（1800—1900）

1911—1913 年，拉马努金在《印度数学会刊》一共成功发表了 5 篇论文。

1913 年，在投递了第三封信之后，他遇到了人生中最重要的伯乐——哈代。

这次的相遇以及后来的合作成为他们彼此间人生的转折点——拉马努金因哈代而崭露头角，哈代因拉马努金而增光添彩。

哈代

哈代仔细研读拉马努金寄来的信之后，便确信他的数学天赋高于自己，于是便回信邀请他到剑桥来工作。能够被邀请到当时数学家云集的剑桥工作对于数学研究者来说是一个极大的机遇，但是拉马努金谢绝了哈代的邀请，只是在之后的十个月里一直与哈代保持通信，进行数学研究与探讨。

由于宗教上的顾虑和文化上的抗拒心理，婆罗门家族和遵守教规的印度教徒是不能漂洋过海的，到英国去是对家族的一种玷污，其严重性堪比公开抛弃圣巾、吃牛肉或迎娶寡妇。而拉马努金所在的家族正是一个婆罗门家族。到了 12 月下旬，因为数学的魅力无法抵挡，拉马努金在女神庙里待了 3 天后决定接受邀请前往剑桥大学三一学院学习。（据说是得到了女神的谕旨。）

剑桥大学三一学院

历经四个月的海上旅行，拉马努金终于到了英国与哈代会面。短暂接触后，哈代和李特尔伍德发现他虽然有着强而有力的数学直觉和思维能力，但没有接受过正规的现代数学教育，也就是说他对很多概念以及严谨

李特尔伍德

的证明手段并不了解。

对于这么一个烫手山芋,哈代和李特尔伍德只好尝试给拉马努金补课,以便他能够写出严谨的证明。然而拉马努金的思维非常跳跃,他常常能根据他们所教的内容进行延伸与拓展,致使他们的目的不能实现。

尽管如此,哈代始终包容着拉马努金,尽可能地保护拉马努金的创造力,并凭借自身浑厚的数学知识引导着拉马努金为自己的研究成果写下严谨证明。后来哈代曾将这段经历描述为"我一生中最浪漫的事件"。

短短五年间,他们共同研究与探讨,并在英国数学期刊上一共发表了28篇研究论文,期间拉马努金还发表了十多篇独立论文,成功收获了三一学院授予的"科学研究学士"、伦敦数学会会员等荣誉。

可惜的是,这五年来拉马努金所获得的种种荣誉与喜悦,依旧无法抵挡来自于心理和生理的折磨。拉马努金到英国的两个月之后,"一战"爆发了,紧接着蔬菜便供应不足。渐渐地,因为无法遵守素食菜谱和不适应英国阴冷潮湿的气候,他的健康状况开始受到影响。

一般对于印度教徒来说,等级越高,荤食者越少;等级较低者,才吃荤(羊肉)。而拉马努金家作为印度教中最高级的婆罗门家族始终严格遵守素食。更加雪上加霜的是,在学习期间,他的妻子没能到英国照顾他,致使拉马努金开始出现抑郁症状,第四年还患上了当时难以医治的肺结核。

实际上,拉马努金因为一直惦记着家里的亲朋好友,曾写信给母亲,表示希望妻子贾纳姬能来英国陪他,结果婆媳之间早已不和,所以他的母亲根本没告诉贾纳姬,就回信说不可能。因此,1917—1918年,他只好在医院一边研究数学一边进行疗养,只是疗养的效果并不是十分好,拉马努金还曾经尝试卧轨自杀。1919年2月,"一战"结束。此时,拉马努金的身体状况有所改善,同时他还顺利成为英国皇家学会会士,因此他不再需要定居英国,便回到印度。

一个创造精神和严格精神高度发扬的时代（1800—1900）

虽然人不在英国，但他与哈代的合作持续进行着。在印度，他仍然忘我地工作，甚至都不肯停下来吃饭，妻子贾纳姬只好在旁边喂他米饭。不幸的是，1919 年 4 月，32 岁的他因为患有肝系统阿米巴病（一种寄生虫感染病）与世长辞，只给世人留下了弥足珍贵的笔记本。15 年后，哈代设计出一种计算一个人数学天分的评分表，他自己得了 25 分，李特尔伍德得了 30 分，同时代最伟大的德国数学家希尔伯特得了 80 分，而拉马努金则得了满分 100 分！

除了在纯数学方面有着卓越的成就以外，拉马努金的理论还得到了广泛的应用。他所发现的某些定理在粒子、物理、统计力学、计算机科学、密码学理论和空间旅行等不同领域起着相当重要的作用，甚至晶体和塑料的研制也受到他创立的整数分拆理论的启发。而他在模形式领域的工作则是目前相当流行的超弦理论。他生命中的最后一项成果——仿 theta 函数有力地推动了用孤立波理论来研究癌细胞的恶化和扩散。不得不说，这 100 分他当之无愧！

生活就像海洋，充满着无限的可能。拉马努金 32 年的人生仅用 5 年便攀上了人生的高峰，与此同时，他的遗产于后世而言乃得之者幸。

不过，笔者希望各位科研者对于自个的身体也能有着对于研究同等程度的关注。

最后，这里有个有趣的小故事：

拉马努金在医院疗养的时候，有一天，哈代去探望他，一进门就抱怨搭乘的出租车牌号。

哈代：我刚坐了一个超慢的出租车来，我早该想到的，他的车牌号就不吉利。

拉马努金：车牌号是多少？

哈代：很无聊的一个数字，1729！

拉马努金：不，哈代，这其实是个很有趣的数字。

因为它是可以写为两组不同的两立方数之和的整数：

$$12^3+1^3=1728+1=1729$$
$$10^3+9^3=1000+729=1729$$

战争弥漫下的计算证明（1900—1918）

> 数学是一种工具，特别适合于处理任何一类抽象概念，而且，它在这方面的作用是无止境的。因此，一本论述新物理学的书，如果不是单纯描述实验工作的，其本质上，必定是一本数学书。
>
> ——狄拉克

安德雷·柯尔莫哥洛夫：最爱玩的数学家，沉迷一切户外运动，喜欢用暴力解决问题，最后差点把自己作死……

平日里，我们眼中的科学家都是温文尔雅的大师，顶多就拿着实验数据，跟其他科学家进行一场唇枪舌剑。而20世纪世界上为数极少的几个最有影响的数学家之一——安德雷·柯尔莫哥洛夫（Andrey Kolmogorov），就不满足于口舌之争了，人家可是会动手打人的。

1903年，安德雷·柯尔莫哥洛夫出生于俄罗斯的一个小镇，母亲在他出生10天后就因病去世了，而父亲作为一个常年在外奔波的革命者，后来也因战斗而牺牲。庆幸的是，出身贵族的外祖父还是很有能力的，立刻将柯尔莫哥洛夫接回自己家，用心呵护起来。再加上两位姨妈的悉心照顾及指导，他慢慢显现出惊人的天赋。

安德雷·柯尔莫哥洛夫

5岁时，柯尔莫哥洛夫就独立发现了奇数与平方数的关系，即：$1=1^2$，$1+3=2^2$，$1+3+5+7=4^2$……得出了前 n 个奇数相加等于 n^2 的结论！甚至小小年纪就承包了自家开办的家庭杂志的数学栏目，时不时就在上面发表一下自己的发现。

6岁时，柯尔莫哥洛夫跟着姨妈去到莫斯科，进入了一所当时最先进的预科学校就读。求学期间，柯尔莫哥洛夫如饥似渴地学习了他从未接触过的物理和生物。初中的时候，柯尔莫哥洛夫表示这些知识内容已经无法满足自己了，便开始自学高等数学……同时，他也开始研究象棋、社会问题，还对历史学产生了浓厚的兴趣！

1920年，高中毕业后，柯尔莫哥洛夫一时兴起跑去当了一段时间的列车售票员。在这里，他终于第一次体验到"平民"的痛苦，每每看到俄罗斯民兵欺压老百姓这种不公之事，他都忍不住冲上前去，跟欺压者大打出手。

工作之余，柯尔莫哥洛夫写了一篇关于牛顿力学定律的论文，只不过论文的原稿没有保存下来。同年，柯尔莫哥洛夫进入莫斯科大学学习，刚开始那段时间，他沉迷于研究历史，调查了15~16世纪的诺布哥罗德的财产登记，还将此写成了一篇出色的历史学论文。当他拿着自己的成果给老师、著名历史学家巴赫罗欣看时，迎来的却不是表扬，而是："在历史学里，想要证实自己的观点，需要几个甚至几十个正确的证明才行。而你的这篇论文只有一个证明。"

一般人听到老师这样讲，都会非常不好意思地回去了，可是，柯尔莫哥洛夫不是一般人，不仅没走，还厚着脸皮追问老师："那请问什么地方是只需要一种证明的呢？"老师巴赫罗欣回答："数学。"于是，柯尔莫哥洛夫就这么愉快地决定学只需要一种证明的数学了。进入数学王国的柯尔莫哥洛夫，就这样开始了他"开挂"的一生。

他参加了斯捷班诺夫的傅里叶级数讨论班，于1922年2月发表了关于傅里叶级数和解析集合的著名论文，定义了集合论中的基本运算，震惊学术界。同年6月，他又发表了一个几乎处处发散的傅里叶级数，到1926年，他进一步构造出了处处发散的傅里叶级数。据说，这个级数是他当列车售票员时在火车上想出来的。

1925年，大学毕业后，柯尔莫哥洛夫成为数学分析大师尼古拉·鲁津的研究生。而他与鲁津也是"不打不相识"，在大一的时候，柯尔莫哥洛夫就直接在鲁津的课上，跟鲁津起了争执，同学们都目瞪口呆……不过后来，柯尔莫哥洛夫解决了鲁津提出的一个问题，成功让鲁津刮目相看，并决定收他为弟子。

这一年，22岁的柯尔莫哥洛夫一连发表了8篇高质量论文，其中就包括他与辛钦合作的概率论处女作，并建立了关于独立随机变量的三级数定理。他证明了排中律在超限归纳中成立，构造了直观演算系统，还证明了希尔伯特变换中的一个切比雪夫型不等式——后来成了调和分析的基础。

1929年，柯尔莫哥洛夫研究生毕业后，直接留校当助理研究员，2年后升为教授，开始指导研究生。

1933年，柯尔莫哥洛夫成为莫斯科大学数学力学研究所所长，创建了概率论、数理统计、数理逻辑、概率统计方法等教研室。

1935年，柯尔莫哥洛夫获得苏联首批博士学位，1937年成为苏联科学院院士。

20世纪30年代，也是柯尔莫哥洛夫的创造巅峰。在这一时期，他发表论文80多篇，内容涵盖概率论、射影几何、数理统计、实变函数论、拓扑学、逼近论、微分方程、数理逻辑、生物数学、哲学、数学史与数学方法论等。

其中，1933年出版的概率论巨著《概率论的基本概念》，首次将概率论建立在严格的公理基础上，解决了希尔伯特第6问题的概率部分，一经问世便得到世界公认，为现代概率论的发展打下了坚实的基础。

《概率论基本概念》

后来，柯尔莫哥洛夫发现了湍流理论的重要定律——"三分之二律"；在生物遗传学方面证明了孟德尔遗传定律；在动力系统理论中引入了熵的重要概念，开辟了一个广阔的新领域，后来还导致了混沌理论的诞生；开创了演算信息论（柯尔莫哥洛夫复杂性理论）和演算概率论这两个数学分支。

柯尔莫哥洛夫的研究几乎遍及数论之外的一切数学领域，他先后用新方法开创了十多个新的研究方向，同时也是众多学术学派的奠基人。柯尔莫哥洛夫一生发表学术论文488篇和科普文章57篇，在教育领域首创数学寄宿学校，对学生严格要求，指导有方，直接指导的学生有67人，他们大多数成为世界级的数学家，其中14人成为苏联科学院院士。

芥子须弥： 大科学家的小故事

柯尔莫哥洛夫如此强大、高产，也终于有人怀疑他到底是不是人了。1963 年，在第比利斯召开的概率统计会议上，美国统计学家 J. 沃尔夫维茨（J.Wolfowitz）说："我来苏联的一个特别的目的是确定柯尔莫哥洛夫到底是一个人呢，还是一个研究机构。"

而柯尔莫哥洛夫为何在漫长的半个多世纪，都如此的充满创造力，几乎癫狂般地出成果？那估计是因为他极其爱玩。柯尔莫哥洛夫沉迷一切户外运动，他最喜欢的研究方法就是去旅行。他不喜欢一直待在实验室面对四堵墙工作，经常跟好友亚历山德罗夫相约一起出去玩。他们一个星期只有 3 天是安心待在学校里的，其他时间不是去滑雪、划船，就是去徒步（平均路程长达 30 千米）。

有时穿越高加索山脉，游览塞万湖，留在小岛上，一边享受着游泳、日光浴，一边进行数学研究。亚历山德罗夫就戴着墨镜和巴拿马草帽，在阳光下撰写了一部拓扑学经典著作；而柯尔莫哥洛夫则在树荫下研究连续状态和连续时间的马尔可夫过程，并于 1931 年发表了成果。

有时相伴去世界各地游学，访问柏林、哥廷根、慕尼黑和巴黎等，结识了希尔伯特、库朗、兰道、外尔、卡拉泰奥多里、弗雷歇、波雷尔、莱维、勒贝格等一流数学家，偶尔一起出去林间散步，湖中畅游，在欣赏美景之余，讨论学术问题，很多奇妙且关键的思想也因此产生。

1962 年，访问印度时，柯尔莫哥洛夫还建议印度所有的大学和研究所都建在海岸线上，以便师生在开始严肃讨论之前，可以先愉快地游泳……

这样的柯尔莫哥洛夫，生性自然是相当直爽，这不，一言不合就给了别人一巴掌！在一次苏联学术会议上，由于与数学家卢津（Luzin）(注意，这不是他当年的导师) 意见不合，几经辩论无果之后，柯尔莫哥洛夫终于忍不住跟卢津大打出手了。

在学术会议上搞出如此"大阵仗"，柯尔莫哥洛夫理应是要遭到点教训的，而

柯尔莫哥洛夫在讲课

神奇的是，最后这件事竟然不了了之了！因为"大佬"斯大林得知此事后，"大声叫好"，大赞柯尔莫哥洛夫的真性情！（求此时卢津的心里阴影面积……）

柯尔莫哥洛夫的"作死"事件还远远不止这些。70岁大寿时，他组织了一次滑雪旅行，穿着短裤，光着膀子，在寒风中将一众参与者甩在了后面。经过这次事情，柯尔莫哥洛夫对自己的强壮体魄表示高度认可，于是，在70大寿不久之后，又跳进冰水里游泳。结果被送到医院抢救，没了半条命。

柯尔莫哥洛夫不仅仅沉迷户外运动、数学研究，他还研究哲学、语言学、诗歌、美术、建筑、音乐，甚至对他"最初的爱"——历史学也从来没放弃过。

柯尔莫哥洛夫辞世一年之后，俄国著名历史学家瓦伦丁·亚宁从柯尔莫哥洛夫的手稿中发掘出了那篇关于俄国中世纪历史的遗世之作。直至此时，这篇将统计方法应用于这一历史领域的开先河之作才得到历史学界的重视。

亚宁教授在评述中写道："作为其研究方法的基础，作者提出了概率理论的应用，这一方法从未被运用到诺夫哥洛德地区财产注册的研究上，而且直至今日也未被广泛采纳。历史学界的这一遗憾正是源于学者们对柯尔莫哥洛夫70多年前这篇论文的忽视。"在亚宁教授的主持下，柯尔莫哥洛夫的这篇文章也在三年后正式发表，终成经典。

他不羁、博学、兴趣广泛、性格谦虚，尽管自己已经是二十几个科学院的院士，以及许多名校的荣誉博士，并且已经获奖无数，他也从来都不夸耀自己的成就和荣誉。

他淡泊名利，不看重金钱，他把奖金捐给学校图书馆，并且不去领取奖金高达10万美元的沃尔夫奖。他就是这样一位具有高尚道德品质和崇高的无私奉献精神的科学巨人。

库尔特·哥德尔：成就与爱因斯坦比肩，生活与爱因斯坦同行，数学界的超级大拿，却低调得像世外高人

在以往很长的历史时期内，人们始终存在这样的信念：

可以把任何一种数学理论（例如自然数理论、欧几里得几何理论等）组织成一个完备的公理系统。从这些公理出发，按照一定的推理规则，可以无一遗漏地推出相应理论中的所有真命题，而且所推出的也仅仅是真命题，从而这一公理系统就是相容的，即无矛盾的。

20世纪20年代，在集合论不断发展的基础上，大数学家希尔伯特向全世界的数学家抛出了一个宏伟计划。他想通过建立一组公理体系，使一切数学命题原则上都可以由此经过有限步骤推定真伪，这叫做公理体系的"完备性"，并且这组公理体系将保持"独立性"和"无矛盾性"。

希尔伯特坚定的眼神流露出他的宏愿

独立性：即所有公理都是互相独立的，使公理系统尽可能的简洁。

无矛盾性：即相容性，不能从公理系统导出矛盾。

希尔伯特的计划吸引了许多数学家为之努力工作，一些简单的问题先后被证明，这些成绩的取得更增强了希尔伯特及其追随者的信心。

1930年，希尔伯特在退休演讲时满怀信心地宣称"我们必须知道，我们必将知道"。然而，就在一年后，希尔伯特的一个追随者、年轻的数学家库尔特·哥德尔（Kurt Godel，1906—1978）打破了他的美梦。哥德尔本来想从正面证明希尔伯特问题，没想到却得到了相反的结论，这个结论就是著名的可以与爱因斯坦相对论比肩的哥德尔不完备性定理。

哥德尔不完备性定理包含两部分：

第一不完备性定理：对于任何一个包含了皮亚诺算术系统的可公理化（可递归）理论来说，如果这个理论是一致的，那么一定存在一个能够在这个理论中被构造出来的命题，这个命题在这个理论中不可证。

第二不完备性定理：对于任何一个包含了皮亚诺算术系统的可公理化（可递归）理论来说，如果这个理论是一致的，那么"该理论是一致的"这个命题在该理论中不可证。

哥德尔不完备性定理简单地说就两句：

1.任何一个允许定义自然数的体系必定是不完全的，它包含了既不能证明为真也不能证明为假的命题。

2.任何相容的形式体系不能用于证明它本身的相容性。

当希尔伯特得知哥德尔不完备性定理后气得说不出话，因为这意味着他的计划是不可实行的。但作为一名追求真理的数学家，希尔伯特仔细读完哥德尔的证明论文后，却不得不承认哥德尔是正确的，随后开始修改自己的计划。而哥德尔不完全性定理摧毁了数学家两千年来的信念。他告诉我们，真与可证是两个概念。可证的一定是真的，但真的不一定可证。

哥德尔不完备性定理一出，整个数学界，甚至科学界都为之一振，它被誉为"数学和逻辑发展史中的里程碑"。因为这个发现，哥德尔被《时代周刊》评选为20世纪最杰出数学家的第一位。同时，哥德尔被看作是自亚里士多德以来人类最伟大的逻辑学家。

2002年8月17日，著名宇宙学家霍金在北京举行的国际弦理论会议上发表了题为《哥德尔与M理论》的报告，认为建立一个单一的描述宇宙的大统一理论是不太可能的，这一推测也正是基于哥德尔不完备性定理。

事实上，哥德尔在数学圈子的地位，相当于爱因斯坦在物理圈子的地位，两人都是学术之"神"。但在中国，哥德尔的声誉远不及爱因斯坦显赫。因为他在数学逻辑领域的成就并非常人容易理解的，加之他性格内向孤僻，不喜欢参加公开活动，又不喜欢谈论自己或受到注目。

芥子须弥： 大科学家的小故事

目前发现最早的哥德尔的文字记录（小学数学练习本）

1953 年哈佛大学授予他荣誉博士学位，他没有出席。1955 年爱因斯坦去世后，哥德尔更加深居简出，主要通过电话与外界联系。1975 年他获得美国"国家科学奖"，却拒绝去白宫见福特总统。

虽然哥德尔称得上是数学界的爱因斯坦，可是小时候的哥德尔只是个"小学渣"。

1906 年 4 月 28 日，哥德尔生于捷克的布尔诺（但父母都是德国人）。小时候的哥德尔跟普通小孩一样，成绩并没有很突出。

之后，哥德尔跟随父母重返德国的老家，在家乡上了四年国民学校和八年德国国立中学。1924 年中学毕业后，他进入维也纳大学攻读物理。1926 年，哥德尔偶然间听了菲利普-富特文格勒的数学课后，被数学的理性和周密性深深吸引了，转而攻读数学。1930 年获得数学博士学位。

21 岁浑身散发荷尔蒙气息的哥德尔爱上了大他六岁的阿黛尔，而当时的阿黛尔已婚并且在夜总会工作。就这样一场婚外恋加姐弟恋自然也遭到哥德尔家人的集体反对。

1938 年，在两人的不断努力下，哥德尔同阿黛尔结婚。婚后两人感情很好，像他这么内向的人，却经常在外人面前秀恩爱。

同年，在希特勒执政的德国吞并奥地利之后，因为认识很多犹太朋友而常被误认为是犹太人的哥德尔，也像爱因斯坦一样逃到美国，进入普林斯顿高等研究院担任研究员。

由于相似的文化背景和共同的哲学兴

哥德尔与太太阿黛尔

趣,哥德尔与爱因斯坦成为好朋友,并被爱因斯坦视为知音。在当时,爱因斯坦是普林斯顿神一般存在的人物,而哥德尔是研究院里唯一能跟爱因斯坦平起平坐的人。两人在研究院里是最好的朋友,几乎天天一起步行上班(都不愿学开车),边走边用德语(两人的母语)谈天说地。

爱因斯坦与哥德尔相谈甚欢

事实上,哥德尔也是一个孤傲的偏执狂,患有抑郁症。但幸运的是,他遇到了热情乐观的爱因斯坦,并得到爱因斯坦的珍视。他们年轻时代都想过要进入对方曾经为之奋斗了一生的那个领域。

爱因斯坦年轻时想过学数学,但是他后来觉得数学太大了,很难找到一个确切的努力方向,而物理足够明晰和简单。直到他遇到了哥德尔,他说:"我现在终于知道数学也是这样的。"

哥德尔起初学的是物理,即使后来学了数学但也没有停止物理研究。1949年,哥德尔在爱因斯坦生日那天给了他一个惊喜:哥德尔在广义相对论中发现了一个非常奇特的解,描述了一个整体旋转的宇宙——哥德尔宇宙,震动了包括爱因斯坦本人在内的许多物理学家。可惜的是,哥德尔宇宙并不符合天文观测。

他们在对方的身上都看到了自己的影子。或许他们都觉得对方就是选择了另一条路的自己,所以会彼此赏识。

尽管哥德尔和爱因斯坦很友好,但哥德尔同爱因斯坦在哲学、宗教、艺术、政治诸方面都截然不同。爱因斯坦是泛神论者,推崇斯宾诺莎

（Benedictus Spinoza）；哥德尔是有神论者，推崇莱布尼茨（Leibniz）。爱因斯坦喜欢古典音乐和艺术；哥德尔喜欢现代抽象艺术。

1952年大选，爱因斯坦选史蒂文森（Stevenson）；哥德尔选艾森豪威尔（Eisenhower）。所以他们的互相推崇更多是智力上的，而不是观点上的。

对于晚年的爱因斯坦来说，在普林斯顿最重要的不是科学研究，而是陪哥德尔散步回家，他曾说："我自己的工作没啥意思，我来上班就是为了能有同哥德尔一起散步回家的荣幸。"

哥德尔和许多科学奇才一样，说话总是不得体也不懂人情世故，而爱因斯坦像个老大哥一样时常"罩"着他。1948年，哥德尔为了申请美国公民身份，仔细阅读了美国宪法。然而哥德尔凭借自己的天才发现美国宪法中存在漏洞，憋不住秘密的哥德尔把这个发现告诉了朋友。爱因斯坦和奥斯卡·摩根斯特恩（Oskar Morgenstern，博弈理论的创建者之一）陪哥德尔参加入籍面试，一路上爱因斯坦都在讲笑话，想把哥德尔的注意力从"漏洞"引开。

面试时，法官说："你来自一个独裁专政的国家，幸运的是，这种政权不可能出现在美国。"哥德尔忍不住驳斥道："恰恰相反，（根据宪法的漏洞）我发现这是可能发生的。"作为证人（入美国籍需要证人）的爱因斯坦急忙打圆场，说服哥德尔暂时保留他的意见，停止争论。最后哥德尔顺利成为美国公民。1953年，哥德尔在高等研究院工作了十几年后，才从访问学者转为正式教授。

哥德尔作为一个重情重义的人，两个老友的离世对他打击巨大：得知爱因斯坦病逝后，他自己病了两个月；得知摩根斯特恩死讯时，他有很长时间说不出话。

追求完美和彻底理性的哥德尔一生饱受精神疾病的折磨，几次有过自杀想法，晚年疑似患有被迫害妄想症，不仅怀疑有

老年时的哥德尔

人给他下毒,要谋杀他;甚至怀疑自己的医生是个骗子。哥德尔死前说他已经做不了肯定判断,只能做否定判断。哥德尔不相信别人做的饭菜(除了妻子阿黛尔),但阿黛尔生病住院了也没法照顾他,他只能吃些很简单的食物。临死前一个星期,他的一个学生给他送鸡汤,他却因为害怕有毒而拒绝接受。1978年1月14日,哥德尔在普林斯顿医院的椅子上坐着候诊时去世,死因是人格紊乱造成的营养不良和食物不足。

哥德尔终其一生去追寻一个理性的世界,总是怀疑没有实在根据的事情。然而,哥德尔不完备性定理却告诉我们在任何认识中没有绝对的确定性,也就没有绝对的理性。

"他的工作否定了他的信念。"哥德尔为此纠结了一生。

许宝騄：比肩陈省身、华罗庚，却常常被人遗忘

许宝騄

1910年，许宝騄出生于北京，祖籍浙江杭州，是名门世家。

其家族从明代开始便居住在杭州，在清代时期，子孙中辈出登科中举之人，在当地传为佳话。

祖父许祐身，官任苏州知府。

父亲许引之，自清末至民国北洋政府期间历任中级官员，官至两浙盐运使。

其长兄许宝驹北京大学国文系毕业，爱国民主人士，民联的主要创始人之一。

其二兄许宝骙曾任《团结报》报社社长。

长姐许宝驯博学多才，擅长书法和工笔绘画，知音律擅赋琴，长于诗、词、曲创作，酷爱昆曲，工昆旦并能谱曲。

表兄兼长姐夫俞平伯是与胡适并称为"新红学派"创始人的著名学者。

由于父亲工作的原因，许宝騄幼年跟着父亲在天津、杭州等地留居，因此，在14岁之前，他都是跟着父亲聘请的家庭教师学习。

许宝騄在小时候就聪颖过人，小小年纪便通读四书五经，涉猎四史及古文辞。10岁后就学作文言文，11岁就用文言文写作短篇小说《花生姻缘》《神花》，他还善于巧妙地利用古文诗词制作灯谜。他兴趣爱好十分广泛，书法、昆曲、二胡、桥牌等均有涉猎。他临摹的小楷，古朴神似，为俞平伯手写的《古槐书屋词》曾刻版印行。他熟悉音律，每听一曲，不出几遍就能写出谱子。他牌艺出众，在西南联大任教时曾参加清华的校队，还常和朱自清、浦江清、俞平伯在俞家打桥牌。

1928年汇文中学毕业后，许宝騄考入燕京大学化学系。由于中学期

间受表姐夫徐传元的影响,对数学颇有兴趣,想要专攻数学。此时,他了解到清华大学数学系是最好的,一年后便转入清华大学数学系,不惜从一年级开始读起。第二年,刚从南开本科毕业的陈省身来到清华读研,加上华罗庚也被熊庆来教授慧眼识珠破格特邀前来作职员。日后的西南联大数学三杰就这样以不同的身份在清华相遇了。

又过了一年,柯召也从厦门大学转来读大三,这时堪称风云齐聚啊。当时数学系里的杨武之教授(杨振宁之父),自认学术声望不算高,解题能力不及他的学生,他对优秀的学生总是赞许有加,曾作诗书赠许宝騄,首句即为:"许公宝騄,颇有天才"。他认为解不出难题的教授也可培养出杰出的学生,因为他知道哪些题难,哪些题重要,可以布置给学生去想,锻炼学生的能力。

据华罗庚回忆,当时他们一个班有约40人,这门课老师出了几道难题,他就上图书馆查题鉴、查参考书,向助教请教,每天晚上开夜车,匆匆忙忙几天才完成,却发现当天就要交作业了,每次都以为只有他一人按期交作业并得全分,但发下来的,才发现每次都是四个人——另外三人就是陈省身、许宝騄、柯召。

1933年,许宝騄和柯召成为数学系那一届仅有的两位本科毕业生,可见当时的淘汰率之高,不过大浪淘沙剩下的都是真金啊。

从清华大学毕业后,他经考试被录取赴英留学,然而,体检时却被发现体重太轻(不足40千克)不合格,未能成行。于是他决定先休养一年。1934年,许宝騄在北大数学系当助教,担任来访的美国哈佛大学教授奥斯古德的助教两年。奥斯古德是分析方面的专家,在这两年内许宝騄做了大量的分析方面的习题,也开始了一些研究,在1935年,他发表了两篇有关分析的论文。那时芬布尔和阿蒂肯合写的《标准矩阵论》已经出版,许宝騄熟练地掌握了矩阵的工具,尤其精通分块演算的技巧。因此,在这两年内,许宝騄在分析和代数两方面都打下了扎实的基础。

1936年,他再次考取了赴英留学资格,被派往伦敦大学学院统计系学习数理统计,攻读博士学位。1938年许宝騄共发表了3篇论文。当时伦敦大学学院规定数理统计方向要取得哲学博士的学位，必须寻找一个新的统计量，编制一张统计量的临界值表，而许宝騄因成绩优异，研究工作突出，第一个被破格用统计实习的口试来代替，从而获得了哲学博士学位。同年，系主任内曼受聘去美国加州大学伯克利分校，他推荐将许宝騄提升为讲师，接替他在伦敦大学学院讲课。

1939年，许宝騄又发表了两篇论文，1940年又发表了3篇。其中两篇文章是数理统计学科的重要文献，在多元统计分析和内曼–皮尔逊理论中是奠基性的工作，因此他获得了科学博士学位。接着，他便回到战火纷飞的祖国，在昆明的西南联大执教，钟开莱、冷生明、王寿仁、徐利治等均是他的学生，后来也在北京大学担任教授。

当时的生活十分艰苦，许宝騄本来就不好的身体更是日渐衰弱。他长期带病工作，还坚持在教学之余继续进行科学研究，并且成果丰富，在矩阵论、概率论和数理统计方面发表了10余篇论文。

安德森在纪念许宝騄的一文中，一开始就写道：从1938年到1945年，许宝騄所发表的论文处于多元分析数学理论发展的前沿……1945年后，他在哥伦比亚大学和北卡罗来纳大学讲授多元分析，在那里他培养学生从事这一领域的研究。如同一个有高度素养的数学家那样，许推进了矩阵论在统计理论中的作用，同时也证明了有关矩阵的一些新定理。

美国统计学家内曼（Neyman）认为：许宝騄的水平绝对可以与A.瓦尔特（A.Wald）媲美，他们是新一代的数理统计学家中的两个佼佼者。

1949年开始，一些西方国家对中国实行封锁。为了开展对苏联的学术交流，他自学俄文，先后主持校对了《数学分析简明教程》《概率论教程》《微分方程教程》等俄文翻译教材。不仅如此，他还帮助北大数学系的其他教师学习俄语，带领他们精读俄文原版的《数学分析八讲》。

20世纪50年代，许宝騄已身患肺结核、胃病和痔疮等多种疾病（肺病需要加强营养，但同时有胃病，营养得不到吸收），行动十分不方便。因为自己的病，许宝騄还跟当时交往的女友提出了分手，"我不耽误你了"。后来又由于种种原因，终身未娶。

这时，身高176厘米的他体重只有35千克，每天主食只吃2两或3两，靠大约0.7千克牛奶维持所需的营养。组织上曾多次建议他出国疗养，但都被他婉言谢绝了。

他大部分的时间是在床上过的，读书和写作时，面前放一硬纸板，背靠着软的靠垫，吃饭和参加讨论班时，下来坐在沙发上。尽管这样，他每天都工作六个小时以上。直到1966年以前，他的教学、科研活动一刻也没有停止。

1963年，X光检查发现他肺上有空洞，并且致病菌具有抗药性。组织屡次安排他休养，他均谢绝。他对学生说："我知道时间不多了，我再带你们去闯一个新方向，好让你们知道新方向该怎么闯。"

从那时起，他一个人领导了三个讨论班：数理统计、马氏过程和平稳过程，带领青年人搞科研。他给三个讨论班分别取了笔名：班成、班果、班绩，希望这三个讨论班能有成绩，能有成果。不过，不久后，北大就开始社会主义教育运动，讨论班只能中途停止了。

"文革"中，许宝騄受到不公正的对待，被剥夺了工作的权利。尽管这时他已瘫痪，卧床不起，但仍保持旺盛的工作精力：只要上面直接有任务下达，总是力争提前完成；只要环境相对安定，就抓紧研究工作。

有次工宣队让他校对几十万字的一本俄文书，希望他最好在一个月内完成，他回答说："我只要十天。"实际上他只用了九天多一点时间就完成了。

他在病床上对探望他的亲友说："我身体不行了，不能动了，但我的头脑还是很清楚的，我还可以用脑子为祖国服务。"

有一位工人师傅说："许宝騄整天在床上画0，1，不知道是干什么。"这是因为他在"文革"开始前，领导了一个组合数学的讨论班，想把矩阵方法系统地用于组合数学，而组合设计的结合阵和设计阵都是0，1阵。他的最后一篇手稿，是在临终前交给段学复的，就是BIB设计与编码的关系。

他的兄长许宝驿回忆说："当我知道宝騄去世的消息赶到北大时，只见他床头边放着未完成的手稿，和一支钑去了派克（Parker）标记的金笔。"

他的一生和研究工作是分不开的,科学研究就是他的生命。

许宝騄把数学家分成三流:

第一流的数学家,是有天才的,他们能开创新的领域,如柯尔莫哥洛夫、冯·诺伊曼、维纳这一类人,这些人是可望而不可即的。

第二流数学家是靠刻苦学习而成的,认真消化整理前人的东西,在这个基础上有所创造发现,像辛钦这样的数学家就是这一类的,他写的《公用事业理论的数学方法》《信息论基础》等就是消化整理的结果。这种工作对后人影响较大,年轻人可以在这个基础上较快地进入科学的前沿,中国缺少一批做这一类工作的人。

第三流的数学家只在某一两个问题上有一点贡献,不能像第二流的数学家那样有系统地工作。

许宝騄铜像

剩下的就是不入流的数学家了。

而他认为自己没有才能,自己的才能是刻苦学习得到的,他也没有经验去培养有天才的人,他只能传授如何认真学习、努力钻研、埋头苦干的经验。他衷心希望他的学生超过他,一次他在讨论班上说:"自古以来,只有做状元的老师是光荣的,做状元的学生是没有什么的。"

许宝騄一生发表的论文,篇数并不算多,总数不超过40。他对自己的工作要求很严,一个问题在他的手中没有彻底解决好,他往往不肯放手。他对科研工作的评价有他自己的标准,他曾说:"一篇文章的价值不是在它表发的时候得到了承认,而是在后来不断被人引用的时候才得到证实。我不希望自己的文章登在有名的杂志上因而出了名;我希望一本杂志因为刊登了我的文章而出名。"

在世界统计学的中心——斯坦福大学统计系的走廊里,至今悬挂着许宝騄的画像。

在世界应用数学的中心——库朗(Courant)数学研究所的图书馆里,

有数排摆满大数学家论文集的专架,其中就有 Pao-Lu Hsücollectedpapers(许宝騄)的专架,和 Loo-Keng Huacollectedpapers(华罗庚)的专架摆在一起,与高斯、柯西、凯莱、黎曼、库默尔、希尔伯特、冯·诺伊曼等前辈大师的著作同列。

这位世界一流的学者值得被所有人记住。

华罗庚：中国的爱因斯坦，却也被批判为"政治上的骗子，学术上的商人"

华罗庚

华罗庚出身贫寒而且残疾，从一个只受过初中教育的穷人家的孩子成长为世界上最有影响的数学家之一，他的人生可谓十分励志。

1910年11月12日，华罗庚生于江苏省金坛县。他的父亲开小杂货铺，家境贫寒。传闻，华罗庚一生下来就被装进一个箩筐里，顶上又盖一只箩筐。老人说这样可避邪消灾，所以给孩子起名为"罗庚"，象征吉祥如意。

华罗庚刚开始上学时，十分调皮，常常我行我素，不好好学习，还喜欢把作业乱改一通，因此有好几门科目都不及格，人称"罗呆子"。到他上初二时，数学老师王维克在批改数学作业的时候，看到华罗庚的作业上涂改很多，非常糊涂，心想：是时候叫这位学生来一下办公室了。

不过，王老师仔细一看才知道，这位学生做题总是独出心裁，他的每一道题都写了几种不同的解题方法。华罗庚这种爱动脑筋、刻苦钻研的精神，让王老师非常欣赏，他开始引起了王老师的注意。

有一次王老师在课堂上提出一个有趣的问题：今有物不知其几，三三数之剩二，五五数之剩三，七七数之剩二，问物几何？过了好半天，竟没有一个学生举手回答。此时，华罗庚正在紧张地计算着，过了一会儿，他终于站起来，大声说：是23！王老师非常高兴地说：这位同学答对了。

接着老师告诉大家，这是我国古代算学经典之作的《孙子算经》里的一道名题，西方数家尊称它为"孙子定理"。在楚汉之争中，汉王刘邦的大将韩信，就是用这个方法点兵的。

王老师在课堂上还狠狠地夸了华罗庚一把，说他前途无量，鼓励他好好学习。从此，同学们对华罗庚刮目相看，华罗庚也更加勤奋学习。然而，初中毕业后的华罗庚，曾入上海中华职业学校就读，尽管这所学校的学费已经是很低的了，却还是熬不到毕业他就因没钱交学费而退学了。退学后，他回家帮助父亲料理杂货铺。此后，华罗庚开始了他的自学生涯。

他从王维克老师那里借来一些数学书籍，在杂货铺忙里偷闲，抓紧一切可用的时间来钻研数学。就这样，他用5年时间自学完了高中和大学低年级的全部数学课程。

在1929年，19岁的华罗庚染上了极其可怕的伤寒病，这场长达半年之久的病还造成了他左腿终身残疾，走路时，要左腿先画一个大圆圈，右腿再迈上一小步。而对于这种奇特而费力的步履，他曾幽默地戏称为"圆与切线的运动"。

此时的华罗庚，更加顽强地与命运抗争，并立誓：我要用健全的头脑，代替不健全的双腿！他开始慢慢在杂志上投稿。起初，由于他写的问题基本都已被国外一些专家证明过了，他的稿件屡屡被拒。不过，这使华罗庚增添了信心，因为这些问题都是他自己钻研出来的，并没有看过别人的解题方法。

后来，他终于有机会在上海《科学》杂志上发表文章。就在1930年的某一天，清华大学数学系主任熊庆来在办公室看《科学》杂志的时候，发现了一篇名为《苏家驹之代数的五次方程式解法不能成立的理由》的文章。看着看着，不禁拍案叫绝：这个华罗庚是哪国留学生？周围的人摇摇头。熊庆来继续问：他是在哪个大学教书的？大家面面相觑。最后还是一位江苏籍的教员想了好一会儿，才慢吞吞地说：我弟弟有个同乡叫华罗庚，他哪里教过什么大学啊！他只念过初中，听说是在金坛中学当事务员。

熊庆来不禁惊叹：一个初中毕业的人，能写出如此高深的数学论文，必是奇才。他当即做出决定，要将华罗庚请到清华大学来。这时，华罗庚

芥子须弥： 大科学家的小故事

只有 21 岁，他终于离开了杂货店的"暗室"，来到了北京的清华大学。

从此，华罗庚的人生开启了"开挂"模式！

1931 年，在清华大学数学系担任助理时，他自学了英、法、德、日等语言，在国外杂志上发表了 3 篇论文。

1933 年，他被破格提升为助教。

1934 年 9 月，他被提升为讲师。

1935 年，数学家诺伯特·维纳访问中国，他注意到华罗庚的潜质，向当时英国著名数学家哈代极力推荐。

1936 年，华罗庚前往英国剑桥大学留学。这时他已经在华林问题上有了很多结果，而且在英国的哈代-李特尔伍德学派的影响下受益。他至少有 15 篇文章是在剑桥的时候发表的。其中一篇关于高斯的论文给他在世界上赢得了声誉。

1937 年，他回到清华大学担任正教授，后来随校迁至昆明的国立西南联合大学直至 1945 年。

1939 年到 1941 年，他写了 20 多篇论文，完成了第一部数学专著《堆垒素数论》。

1946 年 2 月至 5 月，他应邀赴苏联访问。同年 9 月，他在美国普林斯顿高等研究院访问。

1947 年，《堆垒素数论》在苏联出版俄文版，又先后在各国被翻译出版了德、英、日、匈牙利和中文版。

1948 年，他被美国伊利诺伊大学聘为正教授至 1950 年。

年老的华罗庚讲课时

1985 年 6 月 12 日，华罗庚在东京大学进行《数学的理论、应用与普及》的学术演讲，上图是他生前最后一张照片，13 分钟后，他心脏病发倒在讲台上，经 5 小时左右抢救后，于当晚 10 时 9 分确认离世。

这位伟大的数学家曾说过：我不

希望死在家里的病床上,要死在工作岗位上。他真的做到了。

华罗庚一生致力于中国的数学事业,留下了《堆垒素数论》《从单位圆谈起》等10部巨著,150多篇学术论文。他开创中国数学学派,并带领达到世界一流水平,培养出众多优秀青年,如王元、陈景润、万哲先、陆启铿和龚升等。

工作到生命最后一刻的华罗庚

美国著名数学史家贝特曼称:华罗庚是中国的爱因斯坦,足够成为全世界所有著名科学院的院士。

陈省身：中国数学第一人，杨振宁恩师，一己之力令中国数学进步十年，与爱因斯坦谈笑风生

陈省身

1911年10月28日，陈省身出生在浙江嘉兴秀水河畔的一个书香世家，父亲陈宝桢长期在外工作，因此他是由祖母带大的。他的祖母十分宠爱他，直到8岁那年，陈省身才被送去市里的县立小学上学。不过，在上学的第一天，陈省身就看到有位老师拿着戒尺打学生的手掌心。受到惊吓的陈省身表示打死都不要去上学了！而且他祖母也怕他受欺负，希望他自然成长，就带他回家了。所以，陈省身小学只上了一天！

虽然陈省身没去上学，但他在家里进行了自学。那一年，他父亲回家过年的时候教了他一些简单的计算，之后陈省身无聊就拿着家里的《笔算数学》看了起来。从此便一发不可收拾地爱上了数学！第二年他就已优异的成绩考上了秀州中学（当地最好的中学），成为班上年龄最小的学生，那时的陈省身已经会做一些比较复杂的数学题了。

1923年，由于父亲工作变动，举家迁到天津，陈省身就进入了当地的扶轮中学读书。在扶轮中学，他在数学方面的天赋展露无遗，深受校长以及众多数学老师的喜爱。1926年，陈省身在扶轮校刊上发表了7篇文章。在《科学与宗教》中他写道："科学的目的，在寻觅宇宙间已经进行的法则，描摹自然界一切现象，将结果归纳到极简单极完全能证明的名词。"

在《一几何定理之十六种证法》中他说："几何学在数学中占了极重要的位置；非但有志研究科学的人，应当注意于它，就是普通的中学学生，

也应该拿它作应有的常识。"

就在这一年，15岁的陈省身连跳两级从扶轮中学毕业，并考取了南开大学本科，其中，数学成绩排在全校第二。

不过，在南开大学，陈省身之所以选择主修数学，不仅仅只是因为他本身数学能力强，还有一个很重要的原因就是：他又被吓倒了！

原来，在入学的第一年（第一年不分科），当时条件有限，实验所需的试管都要自己烧制。有一次陈省身的助教帮他烧了一个试管，他看到试管上面有些灰尘，于是就拿去想要用水洗干净，结果试管爆炸了。

年轻时的陈省身

再加上他的助教又是出了名的严厉，外号"赵老虎"。受到惊吓的陈省身第二年就"毅然决然"地选择了数学系！当时，南开大学数学系只有一位老师，就是姜立夫。

姜立夫1919年毕业于哈佛大学并获博士学位，次年到南开大学创办算学系。他在人格上、道德上，被认为是近代的一个圣人。他教书极其认真，每课必留习题，每题必经评阅。姜立夫十分欣赏陈省身，还专门为陈省身开设了很多（当时认为）更高深的课程，如线性代数、微分几何、非欧几何等。他教学态度严正，循循善诱，使得陈省身感觉读数学有无限的趣味以及前途。60多年以后，陈省身回忆起这位恩师时说道："我从事于几何大多亏了我的大学老师姜立夫博士。"

在南开大学毕业后，陈省身觉得学数学还不错，就来到了清华大学深造。在清华，他确定了自己研究方向——微分几何。

微分几何的正确方向是所谓"大型微分几何"，即研究微分流形上的几何性质，它与拓扑学密切相关。然而，当时对微分几何的系统研究，才刚刚开始。陈省身十分憧憬，却不知如何入门。

直到德国数学家、汉堡大学教授布拉施克来到清华做了一组题目为

《微分几何的拓扑问题》的演讲,演讲的内容深入浅出,陈省身大开眼界,还萌动了去汉堡读书的念头。

1934 年夏,清华研究生毕业后,陈省身以优异的成绩获得公费留学的资格,于是,他决定远赴德国汉堡大学向布拉施克求学。1935 年 10 月完成博士论文《关于网的计算》和《$2n$ 维空间中 n 维流形三重网的不变理论》,并于 1936 年 2 月获科学博士学位。这时他还得到中华文化基金会的资助,可以继续在国外学习一年。他接受了布拉施克的建议,决定去巴黎找埃利·嘉当。

嘉当是巴黎大学的几何学教授,他十分和蔼,深得学生喜爱。在他办公时间,学生想要见他一面的话需要排很久的队。不过,陈省身由于对嘉当数学思想的深刻理解,令嘉当十分满意,于是特许他隔周去他家一次。对于每次难得的面谈,陈省身都全力以赴,就这样在巴黎艰苦奋斗了一年。德法之行奠定了陈省身一生学术事业的基础。

1937 年,陈省身离开法国回国,受聘为清华大学的数学教授。后因抗战随学校内迁至云南昆明,在北京大学、清华大学、南开大学合组的西南联合大学讲授微分几何,开始了他的教学生涯。那时,陈省身周围聚集了一大批优秀的学生,数学系的有王宪钟、严志达和吴光磊等,物理系的有杨振宁、张守廉和黄昆。

陈省身说:"得天下英才而教育之,是我一生的幸运。尤其幸运的是这些好学生对我的要求和督促,使我对课材有了更深入的了解。"

1942 年,美国普林斯顿高级研究院邀请陈省身前往访问,当时大战犹酣,去美途中有很大风险。不过,陈省身执着于自己的理想,想要在普林斯顿干出一番事业来,次年,便搭乘美军飞机辗转赴美。在普林斯顿期间,陈省身接触到很多世界顶尖的数学大师,时常和爱因斯坦讨论包括广义相对论在内的各种课题。

他还完成了改变国际数学界的两个工作:一是证明高斯-博内公式,二是创造一个研究整体几何的新方法。直接成果就是这两篇划时代的论文:《闭黎曼流形的高斯-博内公式的一个简单内蕴证明》和《Hermitian

流形的示性类》。而著名的"陈省身示性类",对整个数学界乃至理论物理的发展都产生了广泛而深刻的影响。

陈省身示性类现在不仅在数学中几乎随处可见,而且与杨-米尔斯场及其他物理问题有密切关系,是最基本、最有应用前景的示性类。1946年初,《美国数学会通报》发表了陈省身长达30页的重要论文《大范围微分几何的若干新观点》,标志着以陈省身作为现代微分几何领袖历史地位的时代已经来临。

1946年,他回到中国,在姜立夫的推荐下,他建立了中央研究院数学研究所,陈国才、王宪忠、吴文俊、杨忠道和严志达等都是他的学生。1978年,他在伯克利大学建立了美国国家数学科学研究所,他担任第一任所长,伯克利大学数学系也在那时候崛起成为世界数学中心。

丘成桐

在伯克利大学他还带出了一个叫丘成桐的学生,就是那个第一个拿了菲尔兹奖的华人。丘成桐在回忆起老师的时候说道:我很荣幸师从一位伟大的数学家,先生对我的学术生涯,无论数学上还是个人修养方面,都有着深刻的影响。

在1980年,陈省身提出了一个目标,"在21世纪让中国成为数学大国",震惊了整个中国。接着在1983年,陈省身回到中国,创办了南开数学研究所,此时陈省身深情地说:"我把最后一番心血献给祖国,我的最后事业也在祖国。我要为中国数学的发展鞠躬尽瘁,死而后已。"

2004年11月2日,经国际天文学联合会下属的小天体命名委员会讨论通过,1998CS2小行星被命名为"陈省身星",而国际数学联盟(IMU)特别设立了"陈省身奖(Chern Medal Award),用来纪念陈省身在数学上的卓越贡献。

后来,有人问陈省身:"您为什么能成为享誉世界的数学家?"陈省身是这样回答的:

芥子须弥：大科学家的小故事

"我也不知道为什么啊？读书的时候毕业要写论文，我又不能不写，不写不给毕业啊，我就写呗，然后大家都说我写的东西重要，就让我接着研究去了。研究总要研究出点结果啊，同事们都在研究我也不能闲着啊，我就把我研究出的结果发表了，结果大家还是说我写的东西十分重要。后来我就出名了……"

苏步青：在学生眼中，只要当了他的学生，就能当学霸

他上数学课，不讲公式，不解题，还要求学生先学好语文，并且至少掌握4门外语……敢这样上课的非他莫属，他就是被誉为"数学之王"的苏步青！而他的学生们，后来也都成为顶尖的数学人才！这位"数学之王"小时候对数学并不感兴趣，觉得数学太简单，一学就懂，因此十分轻视这门学科。

直到他上初三，学校来了一位刚从东京留学归来的杨老师，这位老师就负责教苏步青所在班级的数学。

这位杨老师的第一节课并没有讲数学，而是讲起了故事。

杨老师说："同学们，我姓杨，在正式上课之前，我得发表点个人看法。当今世界，弱肉强食，世界列强倚仗坚

苏步青

船利炮，都想蚕食瓜分中国。中华民族亡国灭种的危险迫在眉睫，振兴科学，发展实业，救亡图存，在此一举。'天下兴亡，匹夫有责'，在座的每一位同学都有责任。"他旁征博引，讲述了数学在现代科学技术发展中的巨大作用。

这堂课的最后一句话是：为了救亡图存，必须振兴科学。数学是科学的开路先锋，为了发展科学，必须学好数学。

苏步青听得热血沸腾，第一次知道了数学的重要性，也悟到学好数学的真正意义和一个学生应该承担的历史重任。从此，他把对文学的兴趣转移到数学上，并立下"读书不忘救国，救国不忘读书"的座右铭。一旦迷上了数学，苏步青每天只知道读书、思考、解题、演算，4年中演算了上

芥子须弥： 大科学家的小故事

苏步青一家人

万道数学习题。1919年7月，17岁的苏步青以第一名的成绩考取世界一流理工大学——东京高等工业学校电机系，之后便开始了他的日本留学生涯。

1931年，苏步青获得理学博士学位，此时的他，已经写了40多篇数学研究论文，其中在微分几何方面更是取得了令人瞩目的成果。事实上，在获得博士学位之前，他就已经在日本帝国大学数学系当讲师了。在他获得博士学位之后，帝国大学就以优厚的待遇想要聘请他为副教授，不过，怀揣着一颗爱国之心的他其实早已做了回国的准备，他想要为祖国去建设一流的数学系。

苏步青妻子（米子）曾问他："你为什么这么拼命地学数学呢？你真的觉得那有很多的乐趣吗？"他回答："中国的发展需要数学。起初我确实觉得它没有听歌、跳舞有意思，但当你把数学同国运联系起来，你就会发现这是一个多么丰富并且诱人的领域。"回国后，他选择在浙江大学任教，将他在日本所取得的研究成果一并带了回来，并开创了"微分几何"这门学科。

在浙江大学任教时，条件十分艰苦，面对别人的调侃，苏步青坦然回答："吃苦算得了什么，我心甘情愿，因为我选择了一条正确的道路，这是一条爱国的光明之路啊！"

苏步青讲课时

苏步青从小就对文学十分感兴趣，将《左传》《百家姓》等倒背如流，甚至，他写的文章老师都以为是他抄的。像他一生从未停止过研究数学一样，对于写诗，他也一直坚持，已经发表诗词500多首，还出版了《苏步青诗词钞》和《数与诗的交融》等著作。

丰子恺曾这样评价他的诗：我觉得世间最好的酒肴，莫如诗句，而数

战争弥漫下的计算证明（1900—1918）

学家的诗句，滋味尤为纯正。

苏步青把自己这种在语文基础上来学习数学的独特理论，也全部应用到他的教学上。他写的《语文和数学》一文，被选为中学课文或辅读教材，对青少年产生了不可低估的影响。

虽然他只是教数学，但是他总是教育学生：语文是成才的第一要素。甚至建议复旦大学招生先考语文，语文不及格的，其他科目就不用考了。他说："作为中国人，怎能不爱好并学好本国的语言呢？语文水平低，连数学题目都看不懂。题目弄不清楚的话，解题那是非错不可的。想写一篇优秀的科研论文，没有一定的语文表达能力也一定是不行的。"

苏步青手书

他还要求学生要写得一手好字，有空多看看文学书，至少要学会四门外语。也许，你会觉得：这位数学老师也太不"敬业"了吧，好好地上数学课就行啦，为什么要搞这么多有的没的。事实上，苏步青自己就精通日语、英语、德语、法语等6国语言。

对于外语，他认为：如果一位学者成就很高，想要将自己的论文翻译成英文时，英语水平不好的话就很容易导致翻译出来的论文词不达意，就不能代表中国向世界数学界发声。因此，只有具备了优秀的外语能力，在能将优秀的论文更好地介绍给世界。

苏步青并非不"敬业"，他对学生严格可是出了名的，他告诫学生，搞学问，一定要通透明白，切忌一知半解，绝不允许出现"大概""也许"这些不确定的词语，要牢记六个字：严格、严密、严谨。有一次，有个叫熊全治的学生怕通不过第二天进行的答辩，急忙赶到他家特地请教，却遭到了苏步青的严厉训斥："你这么临时抱佛脚，还能有个好？"

熊全治这才意识到自己的错误，经过他的指点，熊全治努力学了个通宵，第二天论文总算勉强过关了。后来熊全治成了美国名校教授，回国探望恩师时感慨："当年多亏先生一顿痛骂！"

他对学生严格，同时也对自己严格，比如他要求学生不迟到、不早退、不旷课，自己以身作则，每次都提前半小时到教室，风雨无阻。苏步青鼓励他的学生要超过自己，他常对学生说："一代胜过一代，科学才能发展，事业才有希望，你们要超过我，向更高的目标前进。"专注于教育学生的同时，他也没有停止学习、研究，他一共发表了156篇学术论文，撰有《射影曲线概论》《射影曲面概论》《一般空间微分几何》等专著10余部。

晚年苏步青研究学问

苏步青一生中为祖国输送的人才数不胜数，其中，著名数学家谷超豪就因解决了杨-米尔斯方程的Cauchy问题，震惊国际数理界。而对于这位得意门生，苏步青说："你只有一点没有超过老师，就是没有培养出像谷超豪似的学生来。"

这位伟大的教育家也总结了3个培养人才的经验：

1. 先鼓励他们尽快赶上自己；

2. 不要挡住他们的成才之路，要让他们超过自己继续前进；

3. 老师自己绝不能一劳永逸，还要抓紧学习和研究，用自己的行动，在背后赶他们、推他们一把，使中青年人戒骄戒躁，勇往直前。

苏步青曾连续3次亲自编写教材，他呼吁小学数学别学那么深、那么难，一二年级的时候，最好不要开数学课。学数学最关键的是培养数学思维,这种思维不是用灌输的方法教出来的。

他认为兴趣是最好的老师,而理科就更需要幽默,于是,他常常一上台就对学生幽默地说:我的名字叫苏步青,所以我的学生"数不清"呀!

苏老已不在,如果有这样的数学老师,我也想要!

艾伦·图灵：不需要谁的赦免，因为没有谁有资格赦免他

著名的图灵测试：在测试人在与被测试者（一个人和一台机器）隔开的情况下，通过一些装置（如键盘）向被测试者随意提问。问过一些问题后，如果被测试者超过 30% 的答复不能使测试人确认出哪个是人、哪个是机器的回答，那么这台机器就通过了测试，并被认为具有人类智能。

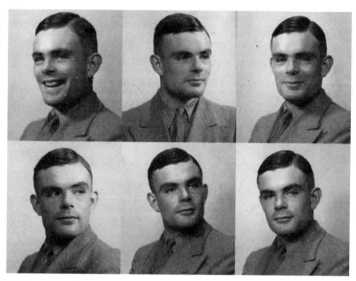

艾伦·图灵，有点婴儿萌的美男子

艾伦·图灵（Alan Turing）1912 年出生在一个英国伦敦贵族家庭，不过当时已经没落。他祖父是剑桥大学数学荣誉博士，父母也是当时欧洲名校的学生（牛津大学、巴黎大学）。也许是祖传的良好基因，再加上后来的不懈努力，造就了图灵不平凡的人生。

3 岁时，小图灵开始动手拆玩具，然后玩具木头人的小胳膊、小腿掰下来种到土里面，看看是不是能长出更多木头人。在他 8 岁的时候，就开始写一部科学著作，题目为《关于一种显微镜》，虽说语法与单词存在很

战争弥漫下的计算证明（1900—1918）

大的问题，但成功引起老师的极大关注，成为当时校园内的风云人物。老师说："这伙子慧根不错，头脑思维很跳跃。"图灵是个天才。

1926年，也就是图灵14岁的时候，他进入了公学学习。在公学的寂寥时光里，他遇到了克里斯托弗。那

图灵的作业

一天，阳光斜照，图灵和克里斯托弗在实验室做实验，作为学弟的图灵认真听着克里斯托弗的讲解：我们要先将碘溶液和亚硫酸盐溶液放在烧杯里，然后用玻璃棒搅拌，然后一下子溶液就变成蓝色。

克里斯托弗问："图灵，你知道为什么吗？"

图灵摇摇头，表示不知道。

克里斯托弗说道："其实很简单，是因为它们析出了碘，所以呈现蓝色。"

图灵又问："那有没有办法延长整个反应时间呢？"

克里斯托弗也不清楚，两人开始不断讨论教学大纲之外的物理、化学知识和公式。

之后并开始不断有书信往来，内容涉及刚刚发布了3年的薛定谔的量子理论以及詹姆斯·简关于宇宙膨胀了一百万倍的研究结果。

图灵与克里斯托弗的感情始于数学题，升华于化学实验和书信，却终于疾病。在两人厮守不久后，克里斯托弗便因病离世，这给图灵以沉重的打击。

世界大战爆发后，图灵被征召进入布莱切利庄园中的政密学院，承担"超级机密"研究。图灵选择加入，只是因为他个人比较喜欢"破解密码"。说来也是有趣，当时德国有一个名为"Enigma"（谜）的通信密码机，异常难破解，各路破译高手都没办法。

当这个问题交接到图灵手中，图灵如同获得宝藏一样，带着象棋冠军等200名人员开始做密码分析。对于这个如此高难度的解密问题，图灵一开始也找不到解决方法。这个破译密码机到底有多复杂？不说不知道，一说吓一跳。

芥子须弥：大科学家的小故事

26个字母在"Enigma"机中能替代8万亿个谜文字母。如果改动接线，变化会超过2.5千万亿亿。

单单这数量级，人类的脑力根本无法承受。最后多亏波兰同行们提供了一台真正的"Enigma"，图灵才凭借着他的天才设想设计出一种破译机"罗宾逊"。

那这台机器到底有多神奇？"罗宾逊"主要由继电器构成，还用了80个电子管，由光电阅读器直接读入密码，每秒可读字符2000个，运行起来咔嚓咔嚓直响。至今没人能搞懂图灵究竟如何指挥它工作。"罗宾逊"的确神通广大，在它的破译下，德国飞机一再落入圈套，死无葬身之地，敌机被歼灭数百。

战争胜利之后，图灵杰出的才智赢得了人们的敬意，他成为响当当的大人物。即便成名后，图灵依然我行我素，衣着随便、不打领带。木讷、害羞，咬指甲成为他的标签。

1949年，图灵成为曼彻斯特大学计算机实验室的副主任，开发可编程计算机"曼彻斯特一号"。

当时的计算机公司

就在当年年底，当图灵帅气地将模型机交付给曼彻斯特当地的一家电子公司后，真正的图灵时代到来了。计算机之父冯·诺伊曼也是"曼彻斯特一号"项目的参与者，他直言："图灵才是现代计算机设计思想的创始人。"冯·诺伊曼"计算机之父"的名号当之无愧，而图灵也有"人工智能之父"之称（也就是会下围棋的 Alpha Go 曾曾祖父）。

从遇到克里斯托弗，图灵便知道自己的性取向，率性的图灵遇到喜欢的男伴时，总是会忍不住问：Are you gay？但当时的英国是不允许同性恋的存在！

图灵在失去克里斯托弗后，开始游荡在酒吧、公园等地方，寻找人生的真谛，他遇到了阿诺德，一个小偷和说谎者。图灵邀请他共进晚餐进一步接触。事情结束后，图灵希望以金钱补偿阿诺德，但阿诺德矜持地拒绝了。可是手头紧张的阿诺德很快就后悔了，便把偷盗的目标投向了图灵。当信任的人伤害了自己，图灵无法忍受这种背叛，向警方报了案，同时也把自己带进去了。性取向的暴露导致图灵被判处接受"化学阉割"。

化学阉割：以雌性激素、抗雄性激素或性腺刺激激素抑制剂注入人体内，令他失去性冲动，令男性独有的人体反应消失。

即使受到这样的处罚，图灵还是依旧我行我素，不拘小节。他照样去国外休假，寻找人生的真谛。此时，更多的朋友们都站在他这一边，支持他，上司动用特殊的权力不让他失业。1953—1954年，还未离世的图灵，比以往更随和、更风趣、更容易交往了。不知道他是不是已经决定了自己的未来，还是已经感受到死神的呼唤！1954年，他最终还是做出了错误的回答，咬下浸泡过氰化钾剧毒液体的苹果，结束了短暂又传奇的一生。关于图灵的故事并未终结，21世纪后，在计算机科学家康明、霍金、诺贝尔奖获得者纳斯集体请愿下，2013年，英国女皇颁布了对图灵的皇家赦免。

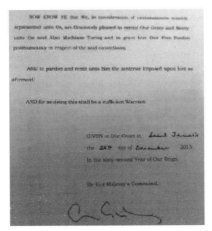

皇室赦免书

芥子须弥：大科学家的小故事

英国司法部部长宣布，"图灵的晚年生活因为其同性取向被迫蒙上了一层阴影，我们认为当时的判决是不公平的，这种歧视现象现在也已经遭到了废除。为此，女王决定为这位伟人送上赦免，以此向其致敬。"

然而，无罪之人何来赦免？

保罗·厄多斯：被誉为 20 世纪欧拉的数学家，流浪了 58 年，发表了 1521 篇论文，离去时还顺带证明了人生中最后一个猜想

大家都知道欧拉在数论、代数、微积分、力学、几何学等方面都有着极大的贡献，是数学史上最多产的数学全才，但历史上还有一位可能你不知道的被称为"20 世纪的欧拉"的流浪数学家保罗·厄多斯（Paul Erdos）。

1913 年，保罗·厄多斯出生于匈牙利首都布达佩斯。由于他的父母都是高中数学老师，厄多斯从小便能接触到数学。

保罗·厄多斯

厄多斯 4 岁时，就会心算 3 位数乘 4 位数的乘法，在不知道负数观念情况下"发现"了负数，甚至能解答一些诸如乘火车去太阳需多长时间之类的荒唐可笑的问题；10 岁时，父亲告诉他"质数有无穷多个"的证明，从此他正式被数学"俘虏"。

其实在厄多斯刚出生那会儿，"一战"就爆发了，他的父亲随后便应征入伍，只是很快就被俄军俘虏并度过了六年的铁窗生活。这六年间，由于厄多斯掌握的数学知识并不能很好地与学校教育对接，他的母亲只好在家亲自教导他。

六年过去了，厄多斯的父亲活着回来了，厄多斯的犹太式家庭教育也开始了。与此同时，他的父亲还为厄多斯带来有关整数性质的数论知识，其中以素数为主。从此厄多斯和大多数数学神童一样，对素数发生了无法驱散的兴趣。

芥子须弥： 大科学家的小故事

厄多斯的童年教育就这样在家里度过了，紧接着他就读于父亲执教的塞格德高中。此时的他喜欢与同学比赛解答《中学数学》上的题目，并数次被刊登。虽然厄多斯擅长计算和解题，但是他对论证数学性质正确性的逻辑推理更为着迷。

《中学数学》杂志主要提供一些挑战性的题目，并且把优胜者的照片刊登其上，但这些问题大多数属于数论领域。因此，17岁时，厄多斯已经了解毕达哥拉斯定理，同年，作为入学考试的第一名进入了布达佩斯大学。布达佩斯大学是一所为匈牙利最聪明的年轻人提供数学及其他科学领域先进知识的大学，进入这所大学的厄多斯很快便如鱼得水。与其他新生只求功课合格相比，厄多斯已经开始构造他的新世界。

当时，切比雪夫证明了对于任意大于1的数字n，在n和$2n$之间至少存在一个素数，但18岁的厄多斯却发现了一种更简单明了的证明方式，还扩展了定理内容：如果$n>7$，则在n与$2n$之间至少存在两个$4k+1$，$4k+3$形式的素数。这个证明形成的论文就是他一生中第一篇数学论文，而这个证明则被喻为"开凿了巴拿马运河，解除了必须绕道南美洲的麻烦"。

厄多斯的大脑从来没有停止过思考数学问题。第二年，他发现了一种证明西尔维斯特和思彻已经证明的关于过剩数分布定理的新方法，也成为思彻口中的"布达佩斯魔法师"。借助这两个新发现，厄多斯在入学两年后就成功获得了数学博士学位。

1934年，获得博士学位的厄多斯坐上了前往英国的火车，开始了他人生中第一回数学旅行。然而头一次离家的厄多斯因为疲于应对火车上的琐事，十分渴望能够与他人进行数学交流。路过瑞士，他第一次敞开了大脑——在苏黎世拜访了一位数学家；抵达剑桥大学时，他又一次敞开了大脑——在三一学院与数学同行进行了长时间的学术探讨。然后第二天，发生了一件让他终生难忘的事。那一天，21岁的厄多斯学会了把黄油涂在面包上，而在十年前，他才学会第一次给自己系了鞋带。很明显，跟大部分数学天才一样，厄多斯的生活能力极为不足，而造成如此窘境其实是因为家里的宠溺。

战争弥漫下的计算证明（1900—1918）

其实在厄多斯即将来到这个世界以前，席卷布达佩斯的猩红热带走了他的两个姐姐，因此他作为家中唯一的孩子，集万千宠爱于一身，他的母亲更是全方位地照顾他，甚至是他四处游历的旅伴。这位"小皇帝"厄多斯虽然在英国待了四年，但是他爱上了和别人交流数学时的愉悦感，于是常常游荡在曼彻斯特、剑桥、伦敦或其他大学城之间，与其他数学家一起研讨数学，几乎没有连续一周在同一张床上睡过觉。

造成这种情况的最直接原因就是他在布达佩斯大学时养成了与朋友讨论的习惯，而这个习惯对他一生专业研究的方式有着持久的影响力。在布达佩斯大学，厄多斯认识了一群经常在公园里的雕像前聚集或是徒步到野外研究数学问题及其证明方法的学生。受其影响，他也常与朋友们一起讨论他的想法，以确定是否对解题或证明命题有所帮助，还会研究一本著名数学分析习题集中的题目。这四年间，厄多斯通过与多位研究者合作一共产生了46篇论文，其中大多数是关于数论的。而主要研究者包括保罗·图然、乔治·塞克斯、依斯瑟·克莱因、查理德·雷达以及我国数学家柯召等。

虽然厄多斯四年里一直在游历英国各地，但是他每年要回布达佩斯三次，看望双亲和老朋友。有一次，巴斯托尼（Vázsuoni）正研究一个图论问题，还找到了此问题的必要条件，此时恰逢厄多斯回家探亲。于是巴斯托尼便打电话告诉了厄多斯，结果二十分钟之后厄多斯把充分条件找到了还回电告诉他，让巴斯托尼懊悔不已，因为这样的话他只好与厄多斯合作完成论文了，而他也因此拥有了为1的厄多斯数。

这个厄多斯数其实是数学界中流传的一个玩笑，即每个数学家都能获得一个厄多斯数用以说明他距离厄多斯有多远。比如厄多斯的厄多斯数是0；曾与厄多斯共同发表过论文的数学家的厄多斯数是1；没有与厄多斯合作过而与厄多斯合作者合作过的为2……以此类推。而在厄多斯活着的年代，任何一位著名数学家的厄多斯数不会超过10。

1938年，欧洲因为"二战"而处于水深火热当中，而厄多斯又刚好是犹太人，因此他只好逃到了美国普林斯顿。这一年在厄多斯看来是他学

芥子须弥：大科学家的小故事

术生涯最为成功的一年。他证明了任意多个连续正整数之积不会是一个完全平方数；和卡茨得到了厄多斯 - 卡茨定理；建立了概率数论；证明了连续整数的乘积不可能是一个平方数等。厄多斯 - 卡茨定理：小于 n 的整数所含的不同素因子个数与一枚硬币抛 n 次正面向上的次数遵守同样的曲线分布，这个结论表明整数规则的表面背后实际上隐藏着混乱。那一年，对于厄多斯来说，既是成功的一年也是失败的一年。

厄多斯本可以凭借在概率数论、逼近论、维数理论方面的出色成果获得一个终身职位，但是当时的数学界并没有重视他的成果，加上麦肯锡主义盛行，厄多斯因为和华罗庚通信而遭到安全部门的怀疑，被迫离开了普林斯顿。从那以后，他便真正成了浪迹天涯的流浪者。一只破衣箱和一个土黄色塑料包就是他的全部家当，而飞机、火车、旅馆和遍布世界各地的朋友的家便是他的栖身之处了。

厄多斯在讲学

1940—1954 年，厄多斯先后在宾夕法尼亚大学、普渡大学、密歇根大学、圣母玛利亚大学短暂任职，还边游历北美边发表讲座赚钱，继而拜访数学界的小伙伴们。每到一个地方，他都能一连几天埋头于热烈的研讨会中。他有一次到加州大学洛杉矶分校（UCLA）访问的时候，去和他讨论的人挤了一屋子，他和每个人同时讨论不同的问题，就像国际象棋高手同时和多人对弈一样。

14 年间，他平均每年写 40 篇论文，并与近 20 位新的研究人员合作，甚至每年还通过写信和寄明信片千余张与世界各地的同行交流。每次他到达一个数学家的家中做短暂访问时，他总会以他的名言给予问候："另一张房顶，又一个证明。"

当时很多数学家都习惯于独自沉思，厄多斯则不然，他从不吝啬于把自己的新奇想法告诉别人，也不怕别人剽窃他的观点。正因如此，全世界四大洲的数学家都义不容辞地照顾他，就如同自己为数学尽义务一般。因此住在数学家朋友做访问时,他都会心安理得地接受朋友家为他提供的食宿、交通的"服务"。而当朋友实在忍受不了让厄多斯离开的时候,他也不会觉得被侮辱。

1949年,厄多斯做出了整个职业生涯中最辉煌的发现——他和西尔伯格共同发现了质数定理的一个更为简洁的证明,

厄多斯在讨论

可惜的是他们之间因为怀疑对方的学术抄袭而争得面红耳赤,在一定程度上玷污了这个光辉的成就,也玷污了他一直抱有的信念。

质数定理:对于任意正整数 n,小于 n 的质数的个数约为 $n/\ln n$ 个。

虽然厄多斯到世界各地的游历看似很潇洒,实际上在很多时候是受到了很多的限制。在"二战"期间,厄多斯回家探亲都受到了政府的严格管制。1941年,他还与斯通、角谷静夫因所谓的非法侵入纽约长岛上的一个军用雷达设备区而吃了一段时间的牢饭;美国政府甚至在1954—1963年间直接拒绝他入境。

一直游荡在世界各地的厄多斯没有一个固定的职位,也没有一个固定的住处,甚至没有结婚。在他的父亲去世后,母亲就跟着他度过了一年又一年的"处处无家处处家"的流浪生活,是他最忠实的旅伴。

他的母亲曾经帮助收集整理他的学术论文达20年,并频繁地把这些材料寄给需要它们的人,直到1971年以90岁高龄去世。厄多斯的母亲去世后,原先的职责由格林汉姆和陈凡担任,并接手邮件的传递、整理、签证、缴税甚至厄多斯的日程安排。

正因为身边一直有人妥善安排厄多斯的生活,他将生命中的每一分钟都贡献给数学。他常常凌晨5点起床,持续工作19个小时,其间偶尔会小睡片刻。甚至在做白内障手术时,还曾乞求医生让他在手术期间用另一只眼睛阅读文献,当然后来变成了与一位数学家探讨数学。

每当有人劝他注意休息时,他总说:"坟墓里有的是休息时间。"让厄多斯如此拼命的原因只是因为他在小时候突然意识到人终究是要死的。因

芥子须弥：大科学家的小故事

此厄多斯一生都对时间有一种恐惧，但这种恐惧也促使他惜时如金。

不久，厄多斯凭借初等方法证明了古老的素数定理，让他在1984年获得了沃尔夫奖，共5万美元。有钱在手，厄多斯又能"挥金如土"了。他把沃尔夫奖中的3万美元捐献出去，剩下的也送出了绝大部分，只留下720美元供自己日常使用。

1996年秋，厄多斯拖着病躯参加了华沙的一个学术会议，他在会上发表了关于组合论的成果。会后他突发心脏病去世，享年83岁，而他的离去刚好证明了自己的最后一个猜想。

他的最后一个猜想是和自己的死亡有关。晚年的厄多斯深受心脏病困扰，他猜想自己会这样死去：他正在进行一次讲学，向众人讲解自己的最新成果，观众中将会有人大声问他："你说的是特例，那一般情形是怎样的呢？"厄多斯将答道："这个问题就留给下一代解决吧！"然后他就与世界告别了。

厄多斯一生中署名的数学论文有1521篇，其中1100篇至少有一位合作者，这使得他成为了史上最多产的研究者，也让数学家们意识到了合作研究的必要性。他，是20世纪数学的定义者之一。

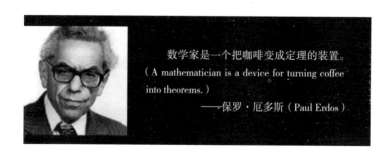

数学家是一个把咖啡变成定理的装置。
(A mathematician is a device for turning coffee into theorems.)
——保罗·厄多斯（Paul Erdos）

马丁·加德纳：不是传统意义上的数学家，却因为数学家喻户晓

不知道大家还记不记得，在网络上曾经有一道非常火的题目：

有两个不相等的整数 x, y，它们都大于 1 且和小于 100，数学家"和先生"知道这两个数的和，数学家"积先生"知道这两个数的积，他们进行了如下对话：

积先生：我不知道 x 和 y 分别是啥。

和先生：我知道你不知道。

积先生：我现在知道了。

和先生：如果你知道了，那我也知道了。

那么，x 和 y 各是多少？

而这道题有一个很出名、听了就觉得解不出来的名字——"不可能完成的谜题"（The impossible puzzle）。

这道题最早由荷兰数学家汉斯·弗莱登塔尔（Hans Freudenthal）发表的时候，其实还不叫"不可能完成的谜题"，而是以汉斯·弗莱登塔尔的名字命名为"弗莱登塔尔问题"（Freudenthal problem）。

一直到了 1979 年，美国数学科普界叱咤风云的大人物马丁·加德纳（Martin Gardner）在他的专栏上提到了这个谜题，才把它命名为"不可能完成的谜题"。于是在一夜之间，这道题就以迅雷不及掩耳之势，迅速走红了整个数学科普界。

因为这道题实在是太有名了，所以后来还被改编出来好多个版本，就连公务员考试的逻辑题里也有不少是根据这个改编过来的。不久之前，笔者就在朋友圈看到一个同样好玩的题目。

有人从一手纸牌中选定一张牌，他把这张牌的花色告诉 X 先生，而把

点数告诉了 Y 先生。两位先生都知道这手纸牌是：黑桃 J、8、4、2；红心 A、Q、4；方块 A、5；草花 K、Q、5、4。X 先生和 Y 先生都很精通逻辑，很善于推理。他们之间有对话如下：

Y 先生：我不知道这张牌。

X 先生：我知道你不知道这张牌。

Y 先生：现在我知道这张牌了。

X 先生：现在我也知道了。

根据以上对话，你能推测出这是下面哪一张牌？

A. 方块 A　　　　B. 红心 Q　　　　C. 黑桃 4　　　　D. 方块 5

但是笔者还是觉得，这道题之所以能够大红大紫、大富大贵，跟当时马丁·加德纳的名气是分不开的。就像杨幂带红了国货回力小白鞋一样，马丁·加德纳也用他的名声带红了这道谜题。当然，这道题本身的魅力也是不可忽视的——越是奇葩的题目，越是受人欢迎。

所以，这个马丁·加德纳到底是何方神圣？

> 马丁·加德纳是一位业余的超级魔术大师，这是毫无疑义与众口一词的。但是，与他的一项看家本领相比，神乎其神的魔术招数竟然是小巫见大巫。因为，任何数学题材到了他手里，他都能写成雅俗共赏、妙不可言，使我爱不忍释的文章。
>
> ——艾萨克·阿西莫夫

20 世纪下半叶的美国，有三位叱咤科普界数十年的风云人物，他们分别是艾萨克·阿西莫夫（Isaac Asimov）、卡尔·萨根（Carl Sagan）和马丁·加德纳。虽然同属科普界，但是他们"掌管"的领域却完全不一样。

艾萨克·阿西莫夫主攻自然科学、社会科学和文学艺术，卡尔·萨根研究天文学和天体物理学，而加德纳则钻研数学。很可惜的是，在阿西莫夫和萨根接连去世之后，加德纳也在 2010 年的 5 月离世了。百度百科词条介绍加德纳的时候，称他为美国数学家和著名的数学科普作家。但是你可能想象不到，这个被称为"数学家"的人，在大学里居然学的是哲学

（这让我一个自称学数学的人感到十分惭愧）。

因为从小非常喜欢魔术和数学，从15岁开始，加德纳就常常在魔术杂志上发表一些关于魔术和拓扑学之间是相通的文章。然而，当时加德纳的梦想是当一名物理学家，所以并没有接受高等数学的教育。后来，加德纳到芝加哥求学。在那里，他对哲学一见钟情，于是加德纳又放弃了物理，转攻哲学——别看他主修的这个专业仿佛跟数学一点关系都没有，实际上他的逻辑思维能力正是通过这门专业锻炼出来的。

在学哲学的过程中，因为对数学念念不忘，加德纳又去旁听了一门叫做"初等数学分析"的课程。在得知加德纳对趣味数学非常感兴趣之后，他的父亲非常开心，也非常支持，马上就给加德纳介绍了两位大人物：19世纪和20世纪之交非常有名的趣味数学题创造者——萨姆·劳埃德（Sam Loyd）和亨利·厄内斯特·杜登尼（Henry Ernest Dudeney）。

杜登尼是英国19世纪末20世纪初最伟大与知名的趣题设计家与娱乐数学家，与同时期的美国趣题奇才萨姆·劳埃德齐名。

34岁那年，加德纳搬到了纽约。在那里，他结识了叶史瓦大学（Yeshiva University）的数学教授耶谷提耳·金斯伯格（Jekuthiel Ginsburg），还跟他成为挚友。

当时的金斯伯格除了是叶史瓦大学的数学教授之外，还有另一个神秘的身份，就是《数学手稿》(*Scripta Mathematica*，一本向普通观众传播数学知识的杂志）的编辑。

"并不是非得成为画家才能欣赏美术作品，也并不是非得成为音乐家才能欣赏美妙的音乐。我们想要证明的是，一个人不必成为数学家，也能够领略到数学的形式与形态之美，甚至是一些抽象的概念。"这是金斯伯格对数学的态度和观点，而笔者觉得，他这里说的"一个人"，可能指的就是后来的加德纳吧。

1952年，加德纳在《科学美国人》(*Scientific American*，目前美国历史最长的、一直连续出版的科普杂志）上发表了一篇关于可以解决基本逻辑问题的机器的文章。很快，他就收到了杂志社邀请。

芥子须弥： 大科学家的小故事

杂志社给加德纳开了一个叫"数学游戏"（Mathematical Games）的专栏，希望他每个月都能写一篇同样风格的专栏文章。终于在1956年12月份，一篇关于六角折变体（hexaflexagon）的文章正式刊登在了这本杂志上。而加德纳这一写，就写了1/4个世纪之久。

刚开始，加德纳写的东西是比较初级的，因为毕竟是大众化的杂志，他当然希望每个看他文章的读者，都能读懂自己写的东西。加德纳利用了自己特别会讲故事的优势，把一些复杂或是专业性强的数学问题，转化为有趣而又容易读懂的内容（人文故事之类的），一步一步吸引和引导读者对这些问题进行深入的探究。（看来加德纳早就深谙"兴趣是最好的老师"这一道理。）

他有很多写得非常精彩的文章，但要说最出色的，当然还是要数关于数学微积分的一些课题，比如数论、图论、概率论、群论、矩阵、组合分析、仿射几何、射影几何、差分、算法理论、拓扑等。

这些让一般科普作家非常头痛、碰都不敢碰的高级专题，在加德纳的笔下却变得生动有趣而且易懂，就连苏联著名的数学科普作家雅科夫·伊西达洛维奇·别莱利曼也甘拜下风。

我们就拿群论，这个近代数学的重要主题来说吧。课本上对群论的描述总是晦涩生硬，公式定理也复杂难懂，所以往往老师已经讲得口干舌燥，底下的学生还是一脸蒙圈儿。但是加德纳的解说风格，却完完全全地摆脱了这种教科书式的束缚。

他用一套简单的部队操练动作（立正、向左转、向右转、向后转……）、一个穿袜子的小故事、一位小姑娘编头发等非常通俗的小事例，一下子就说清楚了"群论"里面的很多概念，而且一点都没有破坏定义本身的严密性。

就是因为内容通俗易懂还生动有趣，加德纳的文章尤其受青少年读者的欢迎，据说已经受欢迎到了争相阅读的程度。有的人甚至把"数学游戏"专栏比喻为导师，说正是因为这个栏目，他们才走上了专业数学或相关领域的道路。（所以说，要是现在的课本能有加德纳文章一半有趣，说不定会有更多人喜欢数学。）要知道，在他的读者中，除了有不知名的普通人之外，还有一大群名声大噪的知名人士。（可想而知，当时的加德纳是有多出名，简直就是"公鸡中的战斗鸡"一样的存在。）

随着加德纳和他读者理解能力的提高，他发现，仅仅通过专栏的文章已经不足以向读者传输更深奥的数学内容了。于是，他开始建立起自己的"社交网络"。通过写信的方式，加德纳把自己精心整理和收藏的资料拿出来跟大家共享，而他的粉丝则通过信件向加德纳提问题或跟他交流学习心得。曾经有一位只有高中文化的家庭主妇玛乔丽·赖斯（Marjorie Rice）给加德纳写信道："我利用在您专栏学到的知识，发现了几种非常特别的五边形，我将这些五边形像铺瓷砖一样拼合到一起后发现，没有任何缺口。"

加德纳收到来信之后非常高兴，立马就把这个发现分享给数学家多里斯·沙特施奈德（Doris Schattschneider）验证正确性。陆陆续续地，加德纳的专栏中催生出了越来越多的新发现。

其中反应最热烈的话题有：索罗门·W. 戈洛姆（Solomon W. Golomb）的"多格骨牌"（polyomino）、康韦的"生命游戏"（Game of Life）、牛津大学罗杰·彭罗斯（Roger Penrose）的非周期性平面铺砖法和RSA加密和纽科姆悖论（Newcomb's paradox）。

俄罗斯方块：经典游戏俄罗斯方块，其原理跟"多格骨牌"大同小异。

彭罗斯瓷砖：包含两种不同形状的瓷砖，由于和两种玩具形状相似，这两种瓷砖分别被称为"风筝"和"飞镖"。如果每种瓷砖都可以无限量

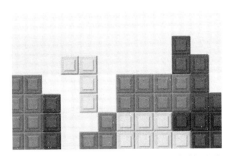

俄罗斯方块游戏

提供，通过不同的组合方式，这些瓷砖可以无空隙地覆盖无穷大的地板，这些组合方式显示了明显的非周期性。

细胞自动机："生命游戏"的例子。这个游戏由一个包含若干方格子的二维矩形组成，每个格子内有一个细胞，细胞有"活"或"死"两种状态，而它们究竟是存活（可以增殖）还是死亡，要依照某种规则来决定。

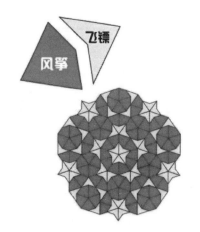
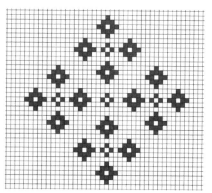

"细胞自动机"运行过程中形成的好看的图案

除了热衷于给大众传播数学知识外，加德纳还喜欢分享一些闻名世界的数学趣题。比如我们一开始提到的"不可能完成的谜题"，还有同样很出名的"谁想成为百万富翁？"的纽科姆悖论（Newcomb's paradox）问题（想动动脑子的读者可以上网找找题目）。据说这道悖论问题里还分玩家和预言家，而预言家里又分超智能的外星人、巫师和无所不知的神灵。他们能预测玩家行为，但玩家感知不到预言家的预测内容。（呃……这确定不是在玩狼人杀？）

1981年年底，加德纳决定退出"数学游戏"专栏。原因之一，他想着手写一些别的文章。要知道加德纳的兴趣爱好可是非常广泛的，不仅仅局限于数学，像魔术、伪科学、哲学、宗教、文学等，加德纳都有涉猎，而且都写过相应的文章。

原因之二呢，就还是那句老话了——长江后浪推前浪，青出于蓝胜于蓝。(原谅笔者的文学功底，反正你们懂我的意思就行。)总之就是一句话，老了，写不动了，要找年轻人接班儿了。后来，《美国科学人》为了传承加德纳专栏的精神，找来了很多加德纳的"继任者"。比如写了25篇"文字游戏"专栏文章的侯士达（Douglas Hofstadter），还有把这个专栏改成"计算机娱乐"的A.K.德威德尼（A. K. Dewdney）。

接着就是用10年经营"数学娱乐"专栏的伊安·斯图尔特（Ian Stewart），以及开设了"头脑大冒险"专栏的丹尼斯·萨萨（Dennis Shasha）。虽然这些专栏已经不单单只专注于写数学文章，但是它们的宗旨是一样的。

斯图尔特曾评这样评论道："我们确实在努力尝试复制这一专栏的精神：以游戏的形式将重要的数学思想呈现给读者。"

加德纳一生都在专注于做趣味数学，即使到了生命的最后阶段，他也不忘记把它推广出去。1998年，加德纳在《科学美国人》杂志上刊登了一篇回顾性的文章。文章里这么写道："趣味数学和严肃数学之间的界限是很模糊的……40年来，我一直在竭尽全力说服教育工作者，趣味数学应该纳入正规的教学课程。在教学中应该定期介绍趣味数学，这种方式能引发学生对数学的兴趣。但到目前为止，这方面的改革还没有什么进展。"看完这段，笔者只想给加德纳点一个大大的赞。(所以，这么好的建议，你们为什么就是不接纳呢？)

回顾马丁·加德纳的一生，其实我们不难发现，他这一辈子所做的工作，只不过是在跟别人分享自己的兴趣。他喜欢数学、喜欢趣题，就把它们做成专栏、写成文章、写成书。像《啊哈！灵机一动》《啊哈！原来如此》《从惊讶到思考——数学悖论奇景》《矩阵博士的魔法数》等，都是加德纳比较出名的趣味数学作品集。

但是让加德纳意想不到的是，他对数学的这份热爱，居然为这么多人指明了方向和道路。马丁·加德纳的继任者、物理学家侯士达（Douglas Hofstadter）对他作出了这样的评价："加德纳先生是无可替代的，他是数学的大功臣。"

他为数学招兵买马,把无数青少年引进了数学的庄严殿堂,以数学本身所具有的魅力和内在美吸引他们以之作为终身职业,在纯粹数学与应用数学的各个领域内寻找"对胃口"的分支学科,使自己逐步成长为数学尖子和接班人。他不愧是这门学科迄今为止最出色的宣传家、推销员、带路人与"牧师"。

小平邦彦：亚洲首位菲尔兹奖得主，梦想却是当一个树懒，人生最高境界就是要懒得出色

都说懒是人的天性，就算是大数学家也不例外，比如小平邦彦。

他是亚洲第一位菲尔兹奖得主，也是为数不多的几位同时获得菲尔兹奖和沃尔夫数学奖的大数学家之一，然而他却一直以"懒人"自称，他的梦想就是当一个树懒。

小平邦彦一直说他是一个懒惰的数学家。有一次，小平邦彦在自然图书馆里看到一段记载，说中南美洲的树懒（日文叫做懒惰者）是

小平邦彦

古代大地懒（megatherium）唯一的后代。这种动物悬挂在树上一动不动，以至于身上长出藓苔来而与植物毫无分别。它就这样成功地存活下来。看后小平邦彦感动得大叫："这才是我所要的理想境界！"

1915年，小平邦彦出生于东京，他的家庭背景非常不错，父亲是毕业于东京帝国大学的博士，曾经担任过众议员等各种高官要职。很小的时候，小平邦彦就展现出了异于常人的思考能力，比如将家里母狗生下的6只小狗藏起来，然后再一个一个慢慢还回去，以此来测试母狗的算数能力。

7岁的时候，小平邦彦来到帝国小学读书，脑子灵活的他，算术成绩碾压同班其他所有同学，宛若高高在上的学霸。然而，除了算术，他"一无所有"。小平邦彦其他科的成绩简直惨不忍睹，并且陷入了"成绩越差越不想学"的恶性循环。写作文的时候，由于想不出什么好的素材，小平邦彦直接想交白卷算了。至于英文、历史、军事、体育那些，小平邦彦就

芥子须弥： 大科学家的小故事

更加懒得理了，慢慢地，小平邦彦变得不爱去上学了。不过，这并没有影响他考上公立第五中学（当时的中学是旧制，读五年）。在这里，小平邦彦变身理科小王子，数理化样样都行（其他科样样都烂）。很快，学校正常的教学进度已经无法满足他了，小平邦彦自学完算术、代数、几何等中学课程之后，便去书店买了藤原松三郎的《代数》（Ⅰ，Ⅱ）来读……

这本书第Ⅰ册的内容有有理数域、有理数论、无理数、连分数、行列式和二次型等；第Ⅱ册从群论开始，有 Galois 多项式理论、分圆多项式、矩阵、一次变换、不变量理论、数论及超越数论等。

小平邦彦在理科方面过人的天赋，老师也看出来了，在四年级的时候，便建议小平邦彦直接提前一年考高中。然而，小平邦彦却拒绝了，原因是他不想这么急着复习，他想要将日子过得逍遥自在。就这样，正常读完 5 年初中之后，小平邦彦以理科类第一名的成绩考上了日本最难考的高中——日本第一高中。

在这里，小平邦彦留意到，去数学老师家玩的时候，老师总以丰盛的晚餐加啤酒来招待自己，看着老师自由闲适的生活方式，本来想当工程师的小平邦彦，立马改变了自己的想法：当工程师太累了，还是当一名数学老师好了。

1935 年，小平邦彦进入东京大学数学系学习。一如既往地，小平邦彦很早就自学完了所有课程，然后便逃课出去玩，或去研究更深层的数学。1938 年，小平邦彦从数学系毕业之后，有"拖延症"不想这么快毕业的他，基于想了解数学与物理间的关系（当然也有躲兵役的原因），考取了东大物理系。虽然念物理系，但小平邦彦并不常去上课，还是照样念数学书，有什么心得便写成论文。在数二至物三这五年间他一共写了七篇短论文和一篇长论文，都发表在日本的学志上。从东大毕业之后，小平邦彦终于如愿当上老师，教物理系学生的数学课程，兼任东京文理科大学助理教授。

然而，慢慢地，小平邦彦发现这并不是他想象的样子。当时战争吃紧，整天躲空袭躲到连课都上不成了，被"发配"到乡下的小平邦彦和学

战争弥漫下的计算证明（1900—1918）

生们，连最基本的温饱问题都难以解决，哪还有空想什么大餐、什么美酒。每天晚上看着美国人住的地方灯火通明，暖气十足，甚至还在吃美味的牛排，而自己住的地方却频繁停电，只能够靠炭火取暖。神奇的是，在如此恶劣的环境下，小平邦彦竟然开始奋发，没日没夜地写着那篇毫无指望发表，甚至还有可能过时了的"调和张量场"的论文（当时国外的学术杂志少有传到日本，日本的研究成果和想法也很难传到国外）。

1948年，小平邦彦托朋友角谷静夫让驻日美军把论文带到了美国，著名数学家外尔看到这篇论文后，大加赞赏，便邀请小平邦彦来普林斯顿研究所任职。

有机会去梦寐以求的普林斯顿，小平邦彦简直开心到飞起，就算晕船，辗转两个月才到达美国，也丝毫没有影响他激动的心情。

在美国，小平邦彦住着研究所舒适的宿舍，即便是大冷天，室内也可以自动调节到22摄氏度，还可以随时吃到大块的牛肉。工作之余，还可以去附近摘摘草莓，或者听听音乐演

赫尔曼·韦尔（Hermann Weyl），20世纪上半叶最重要的数学家之一

奏、看看电影什么的。小平邦彦不禁感叹：这里简直就是天堂啊！这才是我想要的生活！在美国的这段时间，也成为小平邦彦的高产期，平均每年可以写出100页的论文。

在普林斯顿，小平邦彦不仅重拾了作为数学家的自信，还遇到了跟他性格互补、志同道合的D. C. 斯潘塞教授（D. C. Spencer），他们共同研究，在代数流形、复流形以及椭圆曲面论等领域均取得了重要的成就。

1954年的国际数学家大会在荷兰的阿姆斯特丹举行，主办方邀请了众多数学家参与，小平邦彦当然也在邀请之列。

刚开始，小平邦彦想偷懒不参加，后来外尔告诉小平邦彦说他是这次菲尔兹奖的得主之一（得奖名单是不预先公布的），小平邦彦这才动身出发，在会上做了题为《有关代数几何学的超越理论中的几个结果》的演

芥子领弥： 大科学家的小故事

小平邦彦领奖时

讲，并成为亚洲首位菲尔兹奖获得者。

不过，美国再好，也不是自己的家，再加上小平邦彦的英语太差，一到要做学术报告就很烦躁，很紧张。喜欢散漫生活的小平邦彦还是决定回到东大当一名普普通通的数学教授，打算好好教学生就好了。

然而，3 年之后，在东大的教授会议上，在小平邦彦缺席的情况下，他被选为理学院院长。

小平邦彦知道后内心几近崩溃，但是当选者从来没有辞却的先例，最后小平邦彦只好硬着头皮上了，就这样当了两年多院长，每天处理各种繁琐的事务，忙到连小平邦彦都不认识自己了。理学院院长任期是到 1973 年 11 月 8 日，而在当年 4 月 1 日的时候，小平邦彦终于表示撑不下去了，果断卸任，打算回归本真的自己——树懒。

不过，如此有才华的小平邦彦，人们怎么"忍心"让他早早就退休，这不，刚从东大退下来没几天，学习院大学理学院便盛情邀请他去任教。当时理学院院长是小平邦彦的一个同学，盛情难却，小平邦彦只好答应了。只是，为了不重蹈覆辙，小平邦彦让院长先给自己立了个字据，保证不会让他当院长！就这样又教了 10 年书，在 1985 年他终于得以完全退休，同年，还被授予沃尔夫数学奖，这是一个在全世界范围内以获奖者一生的成就来评定的奖，这是对小平邦彦一生的重大肯定。

小平邦彦在数学上的贡献主要是在代数几何学方面：有二维 Riemann-Roch 定理的证明，Severi 算术亏格猜想的证明，解析束的理论，上同调消没定理，小平邦彦 - Serre 对偶定理（dualitytheorem），Hodge 流形为射影流形的证明，复结构的形变理论，复解析曲面的分类与结构理论，椭圆曲面的结构理论，一般性曲面的结构理论与高维 Nevanlinna 理论等。

然而，小平邦彦认为，他的一生都只是一连串命运的偶然：

"如果我没有写那毫无发表指望的调和张量场的论文，即使写了，如果没有角谷静夫托驻日美军军人把论文送到美国，我就没有机会去普林斯顿。到了普林斯顿后如果没有遇到斯潘塞，我的研究工作就无法进展得那么顺利。数学研究是用脑筋想的，研究时总觉得自己自主地在行动。但是回想起来，我自己毕竟只是被命运支配着罢了。我不过是随着命运做了一次数学世界的流浪之旅而已。"

钟开莱：概率学界教父级人物但没人知道，较真起来敢怼老师，三番五次得罪人，直言最讨厌统计学家

钟开莱

留学于普林斯顿大学的才女沈诞琦评价钟开莱："他是个有着晋人傲骨、愤世嫉俗的绅士。"钟开莱被誉为概率学界最后一位集大成者。

在中国，这头衔好歹能跟陈省身齐名。然而事实上，知道他的人并不多，因为他常年定居海外。不过，智商爆表的陶哲轩，从小在国外长大，但成名后家喻户晓又怎么解释呢？那就是钟开莱"得罪"了不少人，国内没人为他"说好话"，自然知名度就不高了。

1917年，钟开莱出生于上海，祖籍浙江杭州，从小就顺风顺水，没经历什么波折，靠着高智商一路顺利升学。19岁时，钟开莱考入了清华大学物理系，在大一的暑假期间抗日战争爆发，学校奉命西迁，钟开莱也跟着转到西南联大继续学业。

没过多久，钟开莱就"得罪"了老师。当时理学院院长吴有训（吴有训是中国近代物理学奠基人）开设光学课，吴教授是出了名的严格，他的课大家都认认真真不敢懈怠，然而钟开莱听了几节课之后发现课堂上教的内容书本上都有，自学可以搞定，于是他开始逃课。

然而，当时的理学院只有十来个学生，基本一个萝卜一个坑，吴有训很快就发现钟开莱逃课了。这位风纪严明的老师非常生气，他把钟开莱批评了一顿，甚至想要开除他，后来在周培源（清华大学物理系教授）说情下才作罢，于是钟开莱选择转系，从物理系转到了数学系。

战争弥漫下的计算证明（1900—1918）

吴有训　　　　　　周培源

高智商的钟开莱学起数学也是毫不费力。1940年，他从数学系本科毕业，留在西南联大读研，师从华罗庚学习数论，结果，桀骜不驯的钟开莱不改本性，又"得罪"了华罗庚。

有一天上课，华老爷子侃侃而谈说了一通，钟开莱觉得他太啰唆，回家把书折腾成了一份10页的大纲，第二天上课的时候扔给华罗庚，意思是："你拿去看吧，10页就能概括你讲的东西。"华老看不过去了，心想"就凭你的水平，敢跟我叫嚣！"华罗庚也折腾了一晚上，愣是把这10页压缩成3页，回敬给钟开莱。

学习数论的同时钟开莱觉得学有余力，便在学习之余研究概率论。华老认为一心不能二用，批评他说："你做的这些没什么意思。"钟开莱评论起老师来脸都不红一下，反问："你搞的那些又有什么意思？"……于是钟开莱又重蹈（得罪吴有训的）覆辙，转到我国统计大师许宝騄门下学习概率论。

1942年，钟开莱从西南联大数学系研究生毕业，之后在昆明西南联大数学系担任助教。1944年，他考取了第六届庚子赔款公费留美奖学金，一年后远赴美国普林斯顿大学留学，专攻数学中研究最少的概率论，他决心在这块空白的土地耕耘。刚抵达普林斯顿那天，钟开莱兴奋地打算去镇上最好的餐馆吃顿好的，他一下火车，行李都没放便风尘仆仆蓬头垢面地就直奔普林斯顿最好的法式餐厅，这副架势还吓着了门童。好说歹说门童才放他进去。

芥子须弥： 大科学家的小故事

一进餐厅，他一眼就认出了一位食客，鼎鼎大名的哈拉尔德·克拉梅尔，当时概率和统计学界的世界第一人，正巧他从斯德哥尔摩大学到普林斯顿做访问学者。

钟开莱赶紧跑到克拉梅尔教授面前，简单一番自我介绍表明来意，克拉梅尔教授随和平易近人，两人一拍即合边聊边吃，一顿浪漫的法餐后，克拉梅尔就成了钟开莱的博士生导师。钟开莱非常幸运，克拉梅尔只在普林斯顿待了两年，正是他读博士那两年，之后就回到斯德哥尔摩大学当了校长。

在博士期间，钟开莱还有一位导师——约翰·托克（John Tukey），据说有一次约翰用红笔把他论文中的语法错误一一标注出来，骄傲的钟开莱心里不服气，就跑到图书馆把约翰的全部著作都找出来，认认真真地用红笔将其中的所有语法错误也一一标注，一解心头之气。

钟开莱在国外授课时

尽管跟老师有小小"过节"，钟开莱还是以优秀的成绩顺利博士毕业了。尽管上学时批评过很多老师，钟开莱在毕业后也当了一位老师，先后在美国多所高校任教。20世纪60年代以后，他担任斯坦福大学数学系教授，除此之外，还在多所世界著名学府拥有客座教授席位。

在斯坦福任教期间，钟开莱和汉·辛勒（Erhan Çınlar）教授共同创办了一系列讨论概率论难题的讲习班，定期在不同的大学举行。有一期讲习班设在他任教的斯坦福，时间定在周二下午，辛勒就跟钟开莱说："周二下午斯坦福还有一个统计学大会，很多统计学家肯定两个会议都想参加，你不如换个时间。"然而，钟开莱毫不掩饰地笑出了声。"我就是特意安排这个时间的！这样所有的统计学家就来不了我的讲习班了。我最讨厌统计学家。"

直言不讳的钟开莱就这么把心里话说了出来，辛勒觉得又服气又好笑，也实在佩服他的真性情。辛勒曾说："我第一次遇到开莱，我就知道我们要成为终身的好朋友。他真是个人物啊！你知道什么叫人物吗？就是：我有许多话要说，又不敢说，他全部替我说出来了。"

除了概率论，钟开莱还广泛涉猎文学、音乐和京剧，他曾自称是"沈从文迷"，后来跟"爱豆"会面时他指出其书中的一处概率问题的错误，真是怼起偶像也毫不留情。

他说："你在《从文自传》中写杀人，让犯人掷爻决定生死，说犯人活下来的机会占2/3（阳爻、顺爻：开释；阴爻：杀头）。那不对，应该是3/4（阳爻一，顺爻二：一阴一阳与一阳一阴；阴爻一）。"

钟开莱一生写了十余部著作，其清晰的逻辑和严谨的叙述使他的概率论教材成为享誉世界的经典，全世界大部分相关专业的大学生都用过他的书，影响了几代概率论学生。

经过半个世纪的耕耘，钟开莱被誉为"美国概率学界学术教父"，如今美国研究概率论的教授不是他的学生，就是他学生的学生。

1978年，钟开莱和鞅理论发展人约瑟夫·杜布（Joseph Doob）等人访问中国，促进了概率论中国研究者和世界学者的交流，此后又多次回到中国开设短期课程和讲座，帮助年轻的中国学生到美国继续深造。

钟开莱一生的成就除了概率论，还有一个幸福美满的家庭。妻子是菲律宾一个显赫家族的千金小姐，钟开莱的耿直不做作，在菲律宾千金小姐看来，这在身边贪慕虚荣的人群中简直是一股清流，两人互生情愫结为伴侣。

普林斯顿大学辛勒教授曾说过："死亡不就是一个随机分布吗？"钟开莱做了一生的概率论研究最终也没有躲过这个随机分布。2009年6月1日，他在妻子的故乡菲律宾罗哈斯市睡梦中自然去世，享年92岁。

2012年,钟开莱的家属将其数学藏书捐给北大数学学院,超过300本珍贵藏书漂洋过海回到祖国,像带着钟开莱的灵魂。你不认识他,没关系,反正他也不会在意。

但笔者希望你们记住他——"概率学界最后一位集大成者"钟开莱。

吴文俊：当数学领域没有英雄，才是最好的时代

2017年5月7日早7时21分，首届国家最高科技奖获得者、著名数学家吴文俊院士因病医治无效去世，享年98岁。

1919年，吴文俊出生于上海的一个知识分子家庭，是家中的长子，因此被寄予厚望，4岁就被送到文蔚小学读书。由于弟弟妹妹的夭折，家里更是对他倾注了

吴文俊

全部的希望和关爱，生怕再出什么岔子。每天他由大人接送上下学，还不允许出去玩，所以，吴文俊大部分时间都是待在家里，长此以往就形成了孤僻的性格。好在父亲书房里有大量的藏书，吴文俊很快就从这些书中找到了乐趣，后来还会对这些书进行分析和鉴赏，由此养成了极强的阅读和自学能力。

小学时候的吴文俊成绩平平，并没有表现出优异的数学天赋，上了6年小学之后，家里还是不太放心他去上初中，便让他再读多一年。不过在这一年，吴文俊也开始学习中学的课程，接触到了代数和英语。他英语学得不错，对代数却没什么感觉。1931年，吴文俊进入私立铁华中学，结果这间学校的教学质量太差，又频繁换老师，吴文俊无法调整到好的学习状态。在一场大病之后他便插班到私立民智中学去了。初中三年，影响吴文俊最深的只有国文课，因为授课老师的古典文学修养极深加之他对国文课比较感兴趣，这为后来他研究中国数学史打下了很好的语文基础。

1932年，上海"一·二八"事变爆发后，吴文俊被送回浙江嘉兴老家躲避战乱，半年后才返回上海继续读书。不过，吴文俊的课就跟不上了，在那学期期末，数学考了0分，这对吴文俊打击很大。后来，民智中

芥子须弥： 大科学家的小故事

年轻时的吴文俊

学为这些躲避战乱而落下功课的学生安排了补习班，给吴文俊上数学补习班的几何老师十分严格，经常让吴文俊"吊黑板"，即老师出题目，让学生在黑板上写出解题过程。每次吴文俊写完解题过程之后，这位老师都会非常耐心地指出他错在哪里以及错误的原因，一点点地指正。这样的教法吴文俊很是受用，他对几何有了深一层的认识，并开始喜欢数学。对于这位老师，吴文俊是这样说的："这位老师可以算在数学上第一位对我影响大的老师，可惜他姓什么我都忘了，真遗憾啊。"

1933年，吴文俊来到了正始中学，开始了他的正规读书生涯。在这里，吴文俊打下了良好的数学基础，英语能力也取得了极大的提高，能够做到读写自如。不过，吴文俊最喜欢的还是物理，在临近毕业的一次非常难的物理考试中，他成绩很出色。然而，他的物理老师赵贻经却认为，他之所以能在物理考试中有如此优异的成绩是得益于数学能力强，因此建议他学习数学，父母也要求他必须留在上海，因此，吴文俊最终选择了上海交通大学数学系，就此确定了人生的走向。在上海交大的前两年，由于数学系的教材、教法比较落后薄弱，吴文俊学起来尤其轻松，再加上对物理一直念念不忘，于是便渐渐对数学失去了兴趣，甚至还有了转系的念头……

终于在大三迎来了转机，武崇林老师开设了实变函数论这一门课程，而且还讲得特别好，这引起了吴文俊极大的兴趣，从此变得一发不可收拾，还自学了老师没讲到的实变函数论的内容，通过阅读大量数学家的著作，他了解到了集合论，并开始沉迷于拓扑学的研究。然而，大学毕业后，由于日本对上海的侵占，生活条件十分恶劣，吴文俊为了生计，来到育英中学教书，繁忙的教员工作使得他离数学研究越来越远……

1945年，抗日战争胜利后，吴文俊也迎来了人生的转折，他先后结识了数学家朱公谨、周炜良和陈省身。可以说，陈省身是在吴文俊数学事

战争弥漫下的计算证明（1900—1918）

业上影响最大的一个人。吴文俊曾说："陈省身是我的领路人，决定了我一生的工作和科学道路。如果当时没遇见他，我很可能在数学上一事无成。"

有了陈省身这位引路人，吴文俊得以进入中央数学研究所施展他的数学才能。在拓扑学研究方面，吴文俊攻克了当时数学界的一大难题——他用了不到一年的时间，就给出了惠特尼乘积公式的简单证明。

实际上，对吴文俊而言，弄清楚惠特尼的乘积公式并非轻而易举。1947年，吴文俊跟随陈省身抵达北京后，在清华大学与曹锡华同住一间宿舍。据曹锡华回忆，吴文俊每天攻关至夜深，感觉证明成功后方才睡觉。可一觉醒来，发现证明有错，便重新开始。到下午，吴文俊又对同事说："证明出来了。"可很快他又会发现，证明出现了漏洞，继而又开始熬夜。如此反复了不知多少遍，终于成功了。

1947年，吴文俊留学法国之后，一直持续进行拓扑学方面的研究。1949年至1950年间，他在示性类方面的成果震惊了整个拓扑学界。他的示性类和示嵌类研究被国际数学界称为"吴公式""吴示性类""吴示嵌类"，至今仍被国际同行广泛引用。

1974年以后，吴文俊开始研究中国数学史。作为一位有战略眼光的数学家，他一直在思索数学应该怎样发展，并终于在对中国数学史的研究中得到启发。在研究中国数学史的过程中，吴文俊发现贯穿中国古代数学的思想其实就是机械化的思想，因为古代数学是为解决实际问题而生的，所以方法必然是"机械"的。因此，吴文俊在数学研究上实现了一次战略性的转移，开始研究数学机械化。

吴文俊曾在计算机工厂劳动，看到了计算机的巨大力量，并意识到计算机将会带来巨大的变革。他认为，计算机作为新的工具必将大范围地介入到数学研究中，使数学家的聪明才智得到尽情发挥，机械化数学的发展必将为中国数学的发

吴老学习计算机

芥子领弥：大科学家的小故事

展做出巨大贡献。1977 年，吴文俊通过手算，用他提出的计算机证明几何定理的方法（国际上称为吴方法），证明了第一个几何定理，从此开创了中国数学机械化研究。

后来，吴文俊研究出了公式自动推理与发现的算法、代数方程组的投影算法、偏微分代数方程组的整序算法等，并且身体力行地参与到应用研究中。他在平面机构运动学和曲面拟合的研究，对后面的数学机械化研究产生了重要的影响。他曾经用自己的方法成功从开普勒定理推导出牛顿定理，成为机器证明的范例，而他对于机构学 - 机器人的研究更是成为数学机械化应用研究的一大主要方向，至今仍在继续。

吴文俊开创的机器证明，以代数几何为基础，走的是几何代数化的路，具有巨大的原始性创新。他的工作被称为自动推理领域的先驱性工作，并于 1997 年获得了自动推理界的最高奖——"厄布朗自动推理杰出贡献奖"。吴文俊对几何定理自动推理的研究，将这个领域变成了最成功的领域之一，是极具划时代意义的贡献，同时让我国的数学机械化研究领域处于国际领先地位。

2000 年，由于吴文俊对拓扑学与数学机械化的贡献，他获得首届最高国家科学技术奖。

2006 年，吴文俊由于"对数学机械化新兴交叉学科的贡献"获得了有"东方诺贝尔奖"之称的"邵逸夫数学奖"，这个荣誉被称为中国数学界的一件盛事，但是，吴文俊却语出惊人："我希望在中国的数学圈，抑或在科学界没有英雄。"

吴文俊说："对我个人而言，每一次获奖是高兴的事。但对一个国家的科学发展而言，稍作出成绩，就被大家捧为英雄，这个现象不是好事情，这说明我们的科研还在一个相对落后的阶段。有个吴文俊，那能说明什么？要是在这一个领域，发现有十个八个研究人员的工作都非常好，无法判定谁是英雄，那才说明我们发展了、进步了。这可能是我的怪论，但确实有人说过'英雄是落后国家的产物'，在科学界，至少在数学领域，我很认同这句话。期待中国数学领域没有英雄的那一天！"

治愈创伤时代的百家争鸣(1918—)

> 挑选好一个确定的研究对象,锲而不舍。你可能永远到达不了终点,但是一路上准可以发现一些有趣的东西。
>
> ——克莱因

谷超豪：与陈省身同具天赋，却因俗事缠身，留下无尽唏嘘

谷超豪（1926—2012）

俗话说"人生如戏，戏如人生"，有一位本可一心研究数学，却被俗务缠身的中国数学家——谷超豪。

1926年5月，谷超豪出生于浙江永嘉县城（今温州市区）一个殷实人家，家有土地400亩，房屋十余幢，全家靠地租与房租无忧无虑地生活。谷超豪在小学三年级时，通过学习循环小数，第一次接触到了"无限"的概念。这个概念如一点火星，点燃了他对数学的热爱。

他开始自学能够接触到的数学书籍，苏联科普作家伊林的《十万个什么》，使他掌握了"概率"的初步概念；刘薰宇的《数学的园地》，让谷超豪初步了解到了数学中"无限"的三个层次：循环小数、微积分、集合论。正当谷超豪要走上数学道路的时候，人祸却不期而至。1940年，日本入侵的战火燃烧到了谷超豪的家乡。在哥哥的影响下，年仅14岁的谷超豪参与到残酷的民族革命当中。

因为参与革命活动，谷超豪在学校的出勤率急剧下降。初二上学期一课不缺，下学期缺课16节，初三上学期缺课达到64节，下学期也缺课13节。缺课过多带来的影响自然是学习成绩的下降，他最喜欢的算学一、二年级分别为84分、94.6分、95.1分、88分，三年级两学期分别仅有72.6分、74.7分，成绩下降显而易见。

但是过人的天资让谷超豪还是以初中第一名的成绩考入高中。本以为进了高中之后，谷超豪能够获得相对安逸的环境潜心数学，可是在1943年，

治愈创伤时代的百家争鸣（1918— ）

谷超豪的初中成绩表

谷超豪所在的党组织受到了破坏。加上父亲逝世，兄长离家，17岁的谷超豪一时间处在养家的压力和失去人生目标的痛苦当中，本应意气风发的少年，变得终日消沉、浑浑噩噩。

幸运的是，在少年谷超豪对生活最无可奈何的时候，他考入了浙江大学。在浙大数学系里，谷超豪抛下了纷扰的世俗，重新在他爱好的数学上发力。他结合微积分将中学没有学好的数学课程补上，并广泛阅读课外书籍。这些不仅训练了他的直观能力、演算能力和解决应用问题的能力，还为他打下了扎实的数学基础，并让他对几何学产生了兴趣。

二年级时，谷超豪本来要去浙江大学的湄潭本部，却因为交通阻塞滞留家乡。在面对家里压力的同时，他托人买了一套法国数学家古尔萨（Èdouard Goursat，1858—1936）的名著《数学分析讲义》，自己啃了下来，对数学本身有了更多的认识与理解，也似乎在学术上找到了安身立命的人生道路。

只是世间之事，岂可尽如人意。抗战胜利后，浙江大学贵州学校本部和龙泉分校搬迁回杭州，风起云涌的学生活动再度刺激谷超豪的神经。他再次投身到政治运动中，领导游行、组织社团、担任学生自治会理事，并于1948年4月再次加入中国共产党。这个时期的谷超豪，政治活动俨然是他的主业。而听课，只是他利用业余时间做的事情。

尽管专业课成绩非常优秀（平均分在 90 分），并且与陈建功合著过论文，发表在国际闻名的《伦敦数学会杂志》上。但是谷超豪沉心俗务的表现，让他的老师——苏步青看不下去了。在因为组织工作而耽误了学校图书馆职责后，苏步青告诉谷超豪："学生会这类事情还是少做一点吧！"

也许是因为老师的劝告，也许是因为对数学的热爱，1951 年 9 月，沉浸俗务好些年的谷超豪放弃了浙江省科联党组书记等工作，在苏步青的帮助下，重新回到了浙大，"回归到数学的队伍中"。但是此时的谷超豪已经 25 岁。众所周知，数学是一门年轻人的学科，重要的学科进展几乎都是由年轻的数学家所推动的，因此，留给谷超豪做出大成就的时间，已经不多了。

20 世纪伟大的数学家戈弗雷·H. 哈代（Godfrey H. Hardy，1877—1947）说过，"数学家们都不应该忘记这一点：比起其他技艺或科学，数学更是年轻人的工作""我还不知道有哪一个重要的数学进展是由一个年过半百的人创始的"。然而，上天似乎并不想给谷超豪一个机会。回归浙大不久后，谷超豪就当上了讲师，并且进入北京俄语专修学校留苏预备部接受培训，准备去苏联留学学习。不料，1943 年意外与组织失去联系的经历，还有谷超豪特殊的家庭背景，让这位渴望再度做出成就的青年失去了去苏联留学学习的机会。人生规划的分崩离析让谷超豪感到幻灭，"有时也幻想最好躲在与社会隔绝的地方，尽量读好书以后再露面。"

1953 年 7 月，谷超豪来到复旦大学。在导师苏步青和恋人胡和生的支持下，他没有自暴自弃，很快在微分几何方面取得突破，成为苏步青开创的中国微分几何学派的中坚力量。1956 年，谷超豪"离开组织"的历史被查清，再次获得了前往苏联留学的机会。翌年九月，他抵达世界数学中心之一的莫斯科大学数学力学系。在这里，谷超豪终于放开手脚研究数学，并且以无副博士学位的身份获得物理－数学博士学位，打破了苏联博士学位教育的常规（一般程序是获副博士学位若干年，取得成就后才可申请博士论文答辩），成为第一个获得莫斯科大学博士学位的中国人。

治愈创伤时代的百家争鸣（1918— ）

谷超豪在莫斯科大学

1960—1965 年，从莫斯科回来以后，谷超豪选定了以空气动力学中的数学问题为切入点，把微分几何的研究运用于工程中的几何外形设计，开展了偏微分方程的研究，还培养了李大潜、陈恕行等学术团队骨干。然而在这段属于他的收获时光里，国内的社会活动却频繁不止。与大多数学者一样，谷超豪必须频繁地参加各种政党会议，用以"保障"自己的社会地位。这大大分散了他的精力，让他的研究被拖延不少。更糟糕的事情还在后头，在谷超豪以为这种状态总会结束的时候，"十年浩劫"来了。科研权力被剥夺，中外隔绝，要想了解国际最新的前沿研究，根本毫无机会。而且留学苏联的经历，让谷超豪的境遇更是一落千丈。为求自保，他只好参加了上海市委写作班子理科大批判组。以思想上带起镣铐的代价，换得人身上的安全。让人稍感安慰的是，在浩劫结束后，随着中美关系解冻，谷超豪与杨振宁进行了合作研究，开启了数学物理研究新领域，在规范场理论方面也取得了相当不错的成就。

1974 年，谷超豪和杨振宁合作，联合发表了题为《规范场理论若干问题》的论文，之后，他在美国就偏微分方程理论和规范场的数学结构作了学术报告，博得美国数学家和物理学家的高度评价。可是此时的谷超豪已经踏入知天命之年，根据哈代的说法，他已经失去了创造重大突破的机会，而实际上，谷超豪的成就也略有缺憾。尽管他奠定了中国偏微分方程学的学科基础，为国家解决了诸如机翼超音速绕流、远程导弹飞行中弹头烧蚀等问题，让中国的科学事业快速发展，但是他却没能够在当初喜爱的微分几何领域做出媲美陈省身那样的成就——后者是当时国际上的研究主流,被更多的国际学者所认可和研究。

1977年7月,谷超豪、胡和生等与杨振宁讨论规范场理论
(左起:谷超豪、胡和生、杨振宁)

如果没有世事的波澜起伏,谷超豪能够在微分几何上的成就,会不会比现在更耀眼?或许结果永远不得而知,但是我们能够看到:一位本来能够潜心研究的数学家,却因为世事的波澜起伏,一次次与大好机会失之交臂。

有人的地方,就有江湖。然而不管江湖是否纷扰,人们却只能无奈唏嘘。

约翰·纳什：做了30年疯子的数学天才，诺贝尔奖帅哥排行榜第二，帅到被上帝针对

本文要讲的这位天才，估计很多读者都认识。这位牛人就是约翰·纳什（John Nash），一位22岁时达到人生高峰，却连续30年饱受精神病折磨，最后成功痊愈的诺贝尔经济学奖获得者。

约翰·纳什

1928年，纳什出生在美国一个中产阶级家庭，幼年大部分时间是在母亲、外祖父母的陪伴下度过，但是他从小就比较孤僻，比起和其他孩子玩耍，他更爱一个人静静地读书。

很快，小纳什上学了。

虽然纳什得到了父母的额外辅导，但是他的数学成绩并不好，还被老师认为是一个学习成绩低于智力测验水平的学生。其实只是因为他常常使用一些非常规的解题方法，特别到了高中，他用简单几步就能解出老师要演算一黑板的习题。事实上，另辟蹊径恰恰是纳什数学才华的体现，只是当时的老师眼睛不够好"使"才没发现。

纳什并不善于与人交际，但受他父亲的影响（他的父亲是电气工程师），他非常热衷于做电学和化学的实验，同时因为喜欢读书，他阅读到了贝尔写的《数学人》，让他有生以来第一次对数学产生了兴趣。没多久，

芥子须弥： 大科学家的小故事

对数学有兴趣的纳什开始慢慢绽放自己的才华。

在父母的安排下，高中第三年纳什便跑到布鲁菲尔德学院选修数学，并与父亲合作发表了一篇关于改进电缆和电线适当电压的论文。随后，因为他在全国数学竞赛中获得了乔治·威斯汀豪斯奖章（George Westinghouse Medals）而被卡耐基·梅隆大学化学工程专业录取，但是在学习了张量演算和相对论之后，他毅然转到数学专业。成为数学系学生的纳什，仅用三年就获得了硕士学位。（也有传言道，其实是因为他爱上数学之后发现在实验室对着一堆不会动的化学器材很无趣才转专业的。）

读完硕士他还想读博，同时收到了哈佛、普林斯顿、芝加哥大学的录取通知书，最后因为普林斯顿大学的积极主动，他选择了普林斯顿，还顺便收取了一笔1150美元的奖学金。（其实是因为普林斯顿提供的奖学金比较多，让纳什觉得普林斯顿更看重他的才能。）

但是纳什作为一个骄傲好胜的男性，进入普林斯顿之后，他不爱上课也不爱看参考书，只爱在草坪上骑着自行车绕"8"字，吹着巴赫曲子的口哨，不受基本规则的限制去重新发现一些数学属性。

毕业时的约翰·纳什

同时，纳什也是一个爱玩的学生。在宿舍里，纳什经常玩逻辑和战略的游戏，业余时间还经常和同学在公共休息室下棋。没多久，他觉得只能解决双人博弈的博弈论实在太单调无趣了，于是便骑着"8"字吹着口哨研究起博弈论。

1950年，22岁的纳什用27页的博士论文提出了一个战略均衡的思想，证明了在每一场博弈中，每个选手都能根据其他选手的策略制定一个最好的策略来应对。而这个思想就是现在的"纳什均衡"。纳什均衡又称为非合作博弈均衡，是一种策略组合，使得同一时间内每个参与人的策略是对其他参与人策略的最优反应。

假设有 n 个局中人参与博弈，如果某情况下无一参与者可以独自行动而增加收益（即为了自身利益的最大化，没有任何单独的一方愿意改变其策略），则此策略组合被称为纳什均衡。

可惜的是，"纳什均衡"的提出只是让当时的博弈学界眼前一亮，并没有受到特别的重视，甚至冯·诺伊曼也没注意到它的重要性。直到数十年之后，"纳什均衡"成为现代经济的基石。

不管怎样，纳什还是毕业了。毕业后，纳什成为麻省理工学院的一名教授。与此同时，纳什还顺利解决了黎曼流形在欧几里得空间中的等距嵌入问题，并分析出了流动液体的属性，这让他一时间名声大噪。

当时的纳什"就像天神一样英俊"，1.85米高的个子，体重接近77千克，还有一张英国贵族的英俊容貌，很轻易就俘虏了女人的芳心，埃莉诺就是其中一个。纳什和埃莉诺是在医院做小手术时相遇的，很快他们就陷入了热恋之中，没多久纳什就有了一个私生子约翰·戴维。不过没多久，纳什被学生艾里西亚吸引了，并不愿意与埃莉诺结婚。于是三年后，纳什与艾里西亚结婚了。

纳什结婚照片

有情人终成眷属值得祝贺，但是当时谁也不知道，婚后几个月，纳什便坠入了深渊。

婚后几个月，艾里西亚怀孕了，然而纳什却出事了。

纳什出现了幻听，没多久还出现了妄想症状，并且不断恶化。最后在孩子出生之前，艾里西亚不得不将纳什送进精神病院。几年后，艾里西亚实在无法忍受这样的情况，他们离婚了。但是她依旧照料着前夫和他们的儿子约翰·查尔斯。

30年间，在各种方法的治疗下，纳什不断地经历着恢复和复发，辗转了几家精神病院，病情终于日益稳定。到了最后，纳什离开医院并拒绝接受任何药物治疗，因为他发现治疗使得他变迟钝，不能想数学。出院后，纳什在以前同事帮助下，成为普林斯顿大学一位闲职研究员。于是学生们

芥子须弥： 大科学家的小故事

常常看到一个穿着红跑鞋的中年人形容枯槁地在校园里游荡，在整块黑板上写下不合逻辑的公式，拿着几百张前夜刚演算好的数学公式出现在某教授的办公室。

纳什成为了普林斯顿的"数学楼幽灵"。

尽管纳什备受着精神病的折磨，但是他曾经的努力并没有白费。就在 20 世纪 70 年代和 80 年代期间，他的名字纳什开始出现在经济学课本、进化生物学论文、政治学专著和数学期刊的各领域中，一夜之间成为经济学或数学的一个响当当的名词。幸运的是，在 80 年代末期，纳什的病情更加稳定，眼神逐渐变得清澈，他的行为也有了逻辑，曾经的数学天才回归了。纳什觉醒了，也迎来了他人生中的大事：他和其他两位博弈论学家约翰·C.海萨尼和莱因哈德·泽尔腾共同获得了诺贝尔经济学奖。命途多舛的他，在领取了诺贝尔奖之后希望能够一直平静地生活和研究数学，然而天才总是会受到上天的嫉妒。

他在 2015 年的一场车祸中离开了这个世界，留给世界的除了那清澈的眼神还有充满智慧的纳什均衡。

格里戈里·佩雷尔曼：数学界的高冷之王，N次拒绝巨额奖金"我穷，但是我不缺钱"

著名的世界七大数学难题，解决其中一个即可获得百万美元奖金。然而，解决了这七个数学难题之一——庞加莱猜想的俄罗斯数学家格里戈里·佩雷尔曼（Perelman-Poincaré）却还是"一贫如洗"，甚至没钱吃饭。

格里戈里·佩雷尔曼

1966年，佩雷尔曼出生在列宁格勒市（现称圣彼得堡市）一个普通知识分子家庭，妈妈是数学老师，爸爸是工程师（犹太人）。他还有一个妹妹，（在佩雷尔曼的辅导下）后来也成为一名数学家，在瑞典著名的卡罗琳医学院从事生物统计学研究工作。

家庭并不富裕，但是却给了他一个聪明的头脑。佩雷尔曼从小就是一个"怪孩子"。他不喜欢跟其他小朋友一起玩耍，只喜欢一个人躲在家里啃数学书和历史书（这时他只有4岁），偶尔也会陪着爸爸下象棋，宛若一个小大人。6岁时，佩雷尔曼到妈妈所在的小学就读。这个时候的他已经完全掌握了小学数学，每次考试都是第一名。有趣的是，这所学校有个传统，规定优等生要去辅导差生，而成绩最差的那位同学自然就被分配到佩雷尔曼手里，佩雷尔曼就发挥他"化腐朽为神奇"的能力使这位排在最后一名的学生一下子飙到第二名！（当然，第一名是佩雷尔曼。）

四年级的时候，佩雷尔曼表示已经有点无法忍受如此轻松的学校生活，父母就送他去了少年宫的数学班。一年后，又开始上物理班和化学班，非常充实。1982年，佩雷尔曼以全优的成绩考入圣彼得堡第239中学，这是一所非常注重数学和物理教育的学校。入学不到三个月，佩雷尔

芥子须弥：大科学家的小故事

曼就去参加了国际数学奥林匹克竞赛，夺得了金奖并且还是有史以来的最高分——42 分！（满分是 42 分。）16 岁的佩雷尔曼一战成名，惊动了美国所有的顶级学校，认为这个天才的未来一定无可估量，纷纷表示想要收佩雷尔曼到自己门下。耶鲁大学就曾提出，愿意提供一套住房和 20 万美元的奖学金给佩雷尔曼。面对这样一个十分难得的赴美深造的机会以及丰厚的奖学金，佩雷尔曼连眼睛都不眨一下就断然拒绝了。

中学毕业后，佩雷尔曼免试进入圣彼得堡大学数学系。在大学里，佩雷尔曼被同学们称为"外星人"——聪明得完全不像地球人。到大二该选择研究方向的时候，同学们都十分纠结、焦虑，无法确定自己的方向。而佩雷尔曼是这样想的：我只想学全部的数学，根本没想过方向不方向的问题……既然硬是要选一个的话，那就选最难的那个吧——他就这么愉快地决定了研究方向——微分几何学。

1987 年，佩雷尔曼考取了苏联科学院斯杰克洛夫数学研究所的研究生，并于 1989 年获得博士学位后留在该所工作。本来以为就这样顺顺利利参与自己喜欢的工作，周末还可以回家辅导妹妹的数学，跟父母好好过个周末。然而，不久之后，苏联解体，佩雷尔曼的父亲决定移民以色列，而他母亲表示坚决不肯离开俄罗斯。就这样，两人大吵一架之后，父亲带着妹妹离开了，再没有回来。这件事给了佩雷尔曼巨大的打击，他完全没想到父亲会这样抛弃母亲和自己。也就是从这个时候开始，佩雷尔曼将自己完全封闭起来，并下定决心要一直陪着母亲。

1991 年，佩雷尔曼到美国东海岸杜克大学参加了几何节（一年一度的数学会议），作了题为"曲率有下界的 Alexandrov 空间"的报告，被来自美国纽约大学库朗数学研究所的数学家杰夫·齐杰（Jef Cheeger）相中，获得到美国做博士后工作的机会。这次，佩雷尔

佩雷尔曼与母亲

曼并没有拒绝,决定去库朗数学研究所继续学业,并于第二年秋天,带着母亲一起来到了美国。

库朗研究所是一个"怪人"云集的地方,而佩雷尔曼就是"怪人中的怪人"。他似乎永远都穿同一件衣服,胡子拉碴,不剪指甲——他认为这样才是指甲的自然状态。他的食物只有面包和酸奶。美国的面包对他来说可能并不好吃,好在他找到了一家售卖正宗俄罗斯面包的商店,经常步行一段距离到那里买面包。

1993年,佩雷尔曼解决了数学上一个长期存在的问题——灵魂猜想(Soul Conjecture)。这只是一个比喻,为了研究一个非紧具非负曲率的黎曼流形的拓扑,科学家们后来发现,所有的拓扑信息都包含在一个紧集合上,这个集合被取名为soul(灵魂)。灵魂猜测是说,上述流形如果在某一点的曲率是严格正的,那么soul就是一个点(此时流形同胚于欧氏空间)。

这个猜想就是由杰夫·齐杰和另一名数学家提出来的。在提出后的20年里,已经有一些人写了长篇大论来分析这个问题,但仅仅只能做出部分的证明。而27岁的佩雷尔曼只用了4页纸就给出了这个猜想完整的证明!加州大学、斯坦福大学、麻省理工学院、普林斯顿大学等著名学府纷纷向佩雷尔曼抛出橄榄枝——高薪聘请他任教,然而,都被佩雷尔曼一一谢绝了。

1996年,由于佩雷尔曼在数学上的贡献,欧洲数学会决定给他颁发"杰出数学家奖",这个奖只颁发给32岁以下的对数学有杰出贡献的青年数学家,随之而来的还有一笔巨额奖金,当然,又被佩雷尔曼拒绝了。之后,回到斯杰克洛夫数学研究所的佩雷尔曼沉寂了好几年,直到2002年,佩雷尔曼突然在网上发布了3篇论文,成功证明了"千禧年数学大奖"之一的庞加莱猜想。

1904年,法国数学家亨利·庞加莱提出这个猜想:"任何一个单连通的、封闭的三维流形一定同胚于一个三维的球面。"

接着,克雷数学研究所对佩雷尔曼的证明进行了研究、验证,终于在2015年10月,他们证实了佩雷尔曼的证明是正确的,并将这3篇论文变成了一个几百页的解析版!2006年,因庞加莱猜想的证明,国际数学联盟决定将数学界的最高荣誉菲尔兹奖颁给佩雷尔曼，却惨遭拒绝。外界传闻，佩雷尔曼只是不够去领奖的路费才拒绝的。

于是，国际数学联合会主席约翰·保尔（John Bal）（历史上首次）到佩雷尔曼家里，试图说服他去领奖。他与佩雷尔曼交谈了数个小时，他向佩雷尔曼提供了几套方案，包括佩雷尔曼不必出席会议，他们会把奖章以及奖金送到家里来。然而，佩雷尔曼还是坚定不移地拒绝了。

2010年3月18日，克雷数学研究所对外公布：悬赏10年，奖金100万美元的千禧年数学大奖终于有了第一位获奖人！他就是俄罗斯天才数学家格里戈里·佩雷尔曼！而佩雷尔曼面对这个百万大奖，仍然是一如既往地拒绝！

这时，克雷数学研究所所长詹姆斯·卡尔森（James Carlson）像约翰·保尔那样也飞去了圣彼得堡。他想着，你真的值得这个百万大奖！然而，这次他连佩雷尔曼的面都没见到。不过他非常幸运，后来得以在电话上与佩雷尔曼交谈，卡尔森非常兴奋，一直在尝试说服佩雷尔曼领奖。神奇的是，佩雷尔曼竟然耐心地听卡尔森讲完，还回了一句：我会考虑一下，如果决定领奖，会第一时间通知克雷研究所的。然而，佩雷尔曼还是没有去领奖（当初完全是出于礼貌，他从一开始就没有打算去领奖），甚至开始玩"失踪"。后来，人们历尽千辛万苦查到佩雷尔曼的住址，把这个大奖亲自送到他家门口，然后，佩雷尔曼就搬家了。

牛津大学的杜·索托伊（Du Sautoy）教授说："佩雷尔曼对金钱完全没兴趣。对他来说，最大的奖励就是证明自己的理论。"

最后，笔者只想说：证明了庞加莱猜想，为人类做出贡献已经是他对自己最大的奖励了，而至于名誉，真的有那么重要吗？

亚历山大·格罗滕迪克：代数几何领域的"上帝"，他提出的理论养活了当今过半数的数学家，却拒领菲尔兹奖，在事业巅峰期退出数学界

数学界有两位"怪才"，一位是拒绝一切大奖的"数学高冷之王"——佩雷尔曼，另一位是同样拒绝了菲尔兹奖的"怪才"亚历山大·格罗滕迪克（Alexander Grothendieck，1928—2014），这两位大师后来均选择退出数学界隐居起来，更神奇的是，两人相貌竟然有点神似。

从左至右为：格罗滕迪克、佩雷尔曼

1928年，亚历山大·格罗滕迪克出生在德国柏林的一个犹太家庭，父母均是无政府主义者。1933年，纳粹党上台后，父亲逃往更自由的巴黎，同年12月，母亲也跟着去了巴黎，年幼的格罗滕迪克就被留在了汉堡市的一个牧师兼教师家，并开始读书。小格罗滕迪克没有了父母的陪伴，只能寄情于学习，那个时候的他，对自己感兴趣的知识（算术），可以沉迷研究一整天。

1939年，格罗滕迪克升上初中，然而，这个时候战争一触即发，纳粹党开始了残酷的种族歧视政策，犹太人成为被屠杀的对象。尽管当时无人知晓格罗滕迪克的真实身份，但是他那张典型"犹太脸"使得照顾他的

那位牧师压力很大,只好将他送回母亲身边。

　　来到巴黎的格罗滕迪克终于得以与父母团聚,同时也在法国继续自己的学业。不过,这样的好日子并没有持续几天,父亲就被送进有"死亡工厂"之称的奥斯维辛集中营,最终也丧命在此。母亲与格罗滕迪克也被送进了法国南部的一个集中营里,幸运的是,这个集中营的当局"不太尽职",因此,在这里人们可以自由进出,而格罗滕迪克作为年纪最大的孩子,还被允许上学!

　　尽管当时那个学校距离集中营5千米多,但格罗滕迪克还是风雨无阻,每天坚持穿着湿透了的靴子去上学。在这段时间,格罗滕迪克学到了很多基础知识,不过,格罗滕迪克对那位教他数学的老师很有意见。因为在一次数学测验中,题目是证明三角形全等的三种情形之一,格罗滕迪克没有应用课本上的证明方法,而是自己给出了全新的证明——只是老师只认课本,给格罗滕迪克打了很低分。老师这种"臣服于教科书的权威"的心态着实让格罗滕迪克震惊,渐渐地,格罗滕迪克开始独立研究一些数学问题。

　　这样相对稳定的时光持续了两年之后,格罗滕迪克被送到了"瑞士救济团"为避难儿童设立的一个儿童福利院,而母亲则被迁移到了另一个集中营。在福利院,格罗滕迪克继续在混乱不安定的环境下,一边躲躲藏藏,一边继续学业,并得到了业士学位(即通过中学毕业会考)。

　　1945年,战争结束后,格罗滕迪克跟母亲重逢,并在蒙彼利尔大学上学。由于格罗滕迪克的成绩优异,靠着他的奖学金以及在葡萄收获季节打零工,母子俩的生活还算稳定。不过,后来格罗滕迪克就越来越少去上课了,因为这所大学同样是令人失望的照本宣科,根本接触不到核心的问题,那时的蒙彼利尔是"法国大学里面教授数学最落后的地区之一"。因此,在蒙彼利尔的三年时间,格罗滕迪克的大部分时间都是放在"重新编写高中教材"上,他给出了令人满意的长度、面积和体积的定义,还独立重新发现了测度论和勒贝格积分的概念。

　　格罗滕迪克后来谈到那段经历时说:"我在孤独工作中学会了成为数学

家的要素……我从内心就知道我是一位数学家，一位做数学的人，这就好像是种本能。"1948年，格罗滕迪克完成蒙彼利尔大学理学学士课程之后，来到巴黎高等师范学院求学，并且凭借惊人的才华通过了奖学金申请。

经手格罗滕迪克奖学金申请的法国教育官员回忆道："本来我以为20分钟会面就足够了，结果他不停地讲了两个小时，向我解释他如何利用现有的工具，重新构造前人花了数十年时间构建的理论——他显示出来了非凡的聪慧。格罗滕迪克给了我这样的印象：他是一位才气惊人的年轻人，但是所受的苦痛和自由被剥夺的经历让他的发展很不均衡。"

不久之后，格罗滕迪克被之前在蒙彼利尔大学的微积分老师推荐给大数学家埃利·嘉当，在此之前，无论是已经退休的埃利·嘉当，还是他的儿子——40多岁的亨利·嘉当，格罗滕迪克对他们都一无所知，但都足以让他震惊，他还曾经一度以为自己是世界上唯一一位认真研究数学的人。

在巴黎高等师范学院，格罗滕迪克认识了包括克劳德·夏瓦雷（Claude Chevalley）、让·德尔萨（Jean Delsarte）、让·丢多涅（Jean Dieudonne）、罗杰·苟德曼（Roger Godement）、洛朗·施瓦兹（Laurent Schwartz）和安德烈·韦依（Andre Weil）等在内的许多数学界响当当的人物，然而，他始终无法适应巴黎高雅的学术氛围，在导师亨利·嘉当的建议下，格罗滕迪克于1949年离开巴黎前往法国泛函分析的中心——南锡大学。

在南锡大学相对轻松的氛围下，格罗滕迪克开始了他真正的学术研究生涯。格罗滕迪克几乎没怎么看书，他不喜欢通过读书学习新知识，他喜欢的是自己去重构这些知识，而且他会经常沉迷研究工作无法自拔。

由于对拓扑线性空间非常感兴趣，他参加了丢多涅和施瓦兹在南锡大学开办的关于拓扑线性空间的研讨班。那个时候，关于这一课题还有一系列的问题还没解决（如局部凸空间对偶的一般理论），教授们看着格罗滕迪克这么勤奋，便决定将这些难题交给格罗滕迪克研究。令教授们吃惊的是，几个月后，格罗滕迪克竟然将所有问题都解决了，还十分淡定地开始研究泛函分析的其他问题。与此同时，21岁的格罗滕迪克还一口气发表了

6篇高质量论文，每一篇都是可以让他评上博士的！到了1953年，应当授予他博士学位的时候，导师要他选出其中一篇作为博士论文。

这着实让格罗滕迪克头疼，谁让每一篇都那么优秀呢？！

最后，他选择了《拓扑张量积和核型空间》作为他的博士论文，在这篇论文中，格罗滕迪克首次提出核空间的概念，如今已得到广泛应用。第二年，导师施瓦兹在一次巴黎的学术会议上进行了题为"格罗滕迪克的张量空间"的演讲，首次将格罗滕迪克的理论公布于众，并出版了讲稿。

而格罗滕迪克的论文就作为专著于1955年出版在美国数学会的Memoir系列，这一专著到1990年已经进行了7次重印。格罗滕迪克被认为是"走在时代前面的人"，他在泛函分析方面的杰出工作，很多都让其他数学家花上十几年才能完全搞清楚，甚至可以媲美这门学科的创始人——斯蒂芬·巴拿赫（Stefan Banach）。

"他可能是第一个意识到'二战'后迅猛发展的代数和范畴工具，可以用来研究如此高度解析的数学分支泛函分析的人了。"然而，如此优秀的格罗滕迪克却仍然面临着"毕业即失业"！他是个没有国籍的自由人，而在法国一个普通的研究员都是需要法国国籍的，要成为法国公民就必须去参军，从小深受战争折磨的格罗滕迪克当然是拒绝了。

施瓦兹看着自己这个才华横溢的学生无法在法国立足，便将他推荐到巴西圣保罗大学作为法国与巴西的数学交流访问教授，继续进行泛函分析方面的研究。然而，到了1954年，格罗滕迪克发现泛函分析这一学科已经"死了"，他整整花了一年的时间，关于拓扑线性空间上的逼近问题却毫无进展，这让他头一次产生做数学是如此繁重的感觉。在圣保罗大学完成拓扑线性空间这门课程的讲义并且出版之后，格罗滕迪克表示已经对拓扑线性空间完全失去兴趣，他决定离开巴西，去美国堪萨斯大学研究同调代数，并发表了《关于同调代数的若干问题》《带结构层的纤维空间的一般理论》等经典论著。

在这期间，格罗滕迪克开始与法兰西学院的让-皮埃尔·塞尔（Jean-Pierre Serre）通信来往。格罗滕迪克从来都不是那个了解最新文献的人，跟塞尔的交流合作，让他了解到很多数学界最新的研究信息，格罗滕迪克也说过，他学习到的大部分几何知识，除去他自学的外，全学自于塞尔。

而塞尔也经常被格罗滕迪克天马行空的想象力以及极强的融会贯通的能力惊叹到。这两位风格完全不同的数学家碰撞出前所未有的火花，革命性地改写了代数几何这门学科，并引入了"概形"的概念。

1956年，格罗滕迪克回到了巴黎，在法国科学研究中心（CNRS）谋了一个短期职位，开始更深入地研究拓扑学和代数几何，他创造了黎曼-罗赫定理的新版本，引入了格罗滕迪克群的概念，揭示了代数簇的拓扑和解析性质间的隐藏关联。"格罗滕迪克所做的事情就是将这种哲学应用到数学上很困难的一个论题上去，这真的很符合范畴和函子的精神，不过人们从没有想过在如此困难的论题上使用它……"

不过，眼看着格罗滕迪克研究事业蒸蒸日上，一直以有个如此杰出的儿子为骄傲的母亲却等不到儿子继续攀登高峰，于1957年末去世了。格罗滕迪克从小就十分敬仰父母亲，他的办公室也一直挂着父亲的肖像，他也多年留着跟父亲一样的光头，并且长期不入国籍。之前父亲的去世对他的打击就已经很大了，如今母亲也离开了，格罗滕迪克陷入了长久的抑郁状态。在那期间，他停止了一切数学研究活动，重新寻找自我，甚至想要放弃数学，当一名作家。幸运的是，这段迷茫的时间持续了几个月之后，格罗滕迪克决定还是继续自己之前还没完成的数学研究，而这一年，1958年，是格罗滕迪克"数学生涯最多产的一年"。

这一年，专为数学和理论物理研究而设立的法国高等科学研究所（IHES）成立了，并且接受了格罗滕迪克，邀请他在国际数学大会上做报告。在这次数学大会上，格罗滕迪克用一种非凡的先见之明，简述了他未来12年将要进行的数学计划，并且明确指出要证明韦伊猜想（与黎曼猜想有很大关联的代数几何上的一个猜想）。在格罗滕迪克的带领下，IHES成为世界代数几何中心，他编写的《代数几何基础》（EGA）后来被誉为"代数几何的圣经"，他首次给出了黎曼-洛赫-格罗滕迪克定理的代数证明。

格罗滕迪克的研究工作间接促成了以下数学事件：

1973年，埃尔·德利涅证明了韦伊猜想，获1978年菲尔兹奖；

1983年，法尔廷斯证明了莫德尔猜想，获1986年菲尔兹奖；

1995年，安德鲁·怀尔斯证明了谷山-志村猜想，进而解决了困扰人们三个多世纪的费马大定理。

1966年，由于在代数几何方面的杰出研究成果，格罗滕迪克被授予菲尔兹奖。然而，他却拒绝出席在莫斯科举行的颁奖仪式。他儿时由于战争而过着颠沛流离的生活，这让他极度厌恶战争，他拒绝参与颁奖就是为了表达自己对苏联在东欧展开军事行动的抗议。

20世纪的代数几何学涌现了许多天才和菲尔兹奖获得者，但是"上帝"只有一个，就是格罗滕迪克。然而，这位"上帝"却在42岁的事业巅峰时期丢下自己创建的代数几何王国，宣布退出数学界！其中的导火索就是IHES接受了来自法国国防部的一笔资金，而且这笔资金是用他在代数几何的部分研究成果来交换的，军方需要这一研究成果来编制密码，进而投入军事行动中！和平主义的格罗滕迪克表示不能忍了，立马召开大会，与IHES决裂，宣布退出数学界。

1970年6月在巴黎大学的那次演讲中，他并没有像以往一样谈及他的代数几何，而是谈论了核武器增多对人类生存造成的威胁，并呼吁科学家们不要以任何形式同军方合作。甚至在激动的时候，说出了这些否定数学研究的话："考虑到这些对人类迫在眉睫的威胁，数学研究实际上是有害的。"

除此之外，格罗滕迪克还成立了名为"生存"的组织，为在环境恶化和军事冲突下人类的生存而战。从此，格罗滕迪克在数学界就像消失了一样，人们鲜少得知他的消息，各种传言也随之而起，有人说，他去放羊以消磨时间了。事实上，他除了在推广他的反战和生态保护思想，还回到了母校蒙彼利尔大学任教，直至1988年退休。

重要的是，格罗滕迪克虽然退出了数学界，但是他并没有停止对数学的研究，他留下了足足有两万多页的没有公开的手稿。后来，格罗滕迪克将他的手稿交给一好友保管,并且禁止向全世界传播他的著作。而在他退休之际,瑞典皇家科学院宣布将六年一度的克拉福德奖(几乎与诺贝尔奖齐名的世界性科学大奖)颁给格罗滕迪克。结果,格罗滕迪克用一封公开信拒绝了这个大奖,他说自己的教授薪金或退休金已足够用,自己无须再锦上添花,这个奖应该颁给更有前途的年轻人。

退休之后,格罗滕迪克隐居在法国南部的山中,彻底断绝了与外界的联系。而让他重新回到公众视野的,是 2014 年 11 月 13 日他病逝的消息。人们似乎看到了这位神秘的数学大师更加神秘的数学遗产重见天日的希望,而实际上,这些资料一直在蒙彼利尔大学档案馆,按照格罗滕迪克的要求,被严格地看管着。已经发表的许多著作、所建立的理论就养活了当代过半数的数学家,其中还有很多思想尚未被理解,再加上那些没公开的数学手稿,不知是否还会让世界颠覆一次。

"爱因斯坦对物理界有多重要,格罗滕迪克对数学界就有多重要。"

约翰·康威：10岁就被人称"教授"，是数学疯子，也是游戏疯子，没有谁比我更爱玩游戏了

约翰·康威

大家还记得角色扮演天使恶魔移动游戏和最折磨人的thrackle问题吧，没错这两个问题（天使问题、thrackle问题）都是出自约翰·康威（John Conway）之手——当今世界上第一流的游戏数学大师。

1937年12月26日，康威出生在英国利物浦，从小就对数学表现出强烈的兴趣，显然，这位天才的起跑线也是在我们这些凡人的前面。

4岁的康威就已经会背诵2的次方：$2^0=1$，$2^1=2$，$2^2=4$，…，$2^{10}=1024$

10岁的时候，康威就梦想成为剑桥大学的数学教授，也就是从这个时候开始，同学们都是"教授""叫兽"这样称呼他。（后来，他也真的成为了剑桥大学的数学教授。）

不过，天赋归天赋，勤奋以及自己有意识地去锻炼也是很重要的。康威在中学时期，为了增强自己的记忆力，曾去背诵圆周率π一直到小数点后1000位。

增强记忆力，实际是为了提高自己的速算能力，据康威后来回忆："在那时候，如果问我651乘以347等于多少？我能在几秒之内给出正确的答案。"

除此之外，康威还非常喜欢收集各种绳结玩。后来他在剑桥大学的时候还写了一篇绳结的重要数学论文，在他眼里，"绳结问题，本质上就是数学问题"。不过确实，绳结跟数学上的拓扑学及群论都息息相关。

在剑桥大学拿到博士学位后，康威选择留校任教，主要研究数理逻辑，学生们喜欢称他为"怪教授"。这位披头散发、满脸络腮胡子的"怪教授"，上课一直很随意，想到哪就说到哪，喜欢什么就讲什么。这就导致了他的学生分为两派。如果是学渣，他们心里是这样想的：这位老师也太不负责任了吧，讲的都是些什么东西啊？不过，对学霸来说，那简直不要太嗨：哇，这位大师太厉害了，竟然能将问题讲得这么有趣，竟然能将这些问题联系到一起！

在剑桥大学数学系教授的休息室里，人们会经常看到这位教授赤着脚，坐在地上，拿着纸和笔在研究数学，实际上就是在玩数学游戏。如果这时某位学生或教授经过休息室，被康威发现的话，必定会被他拉着一起玩。同时，康威是个出了名的"懒人"。他的办公室简直乱到"不忍直视"，在他办公室简直是寸步难行。很多人都无法理解，在这样乱的环境下如何进行数学研究？康威本人是这样说的："我觉得这样干是很自然的。我不想自命为一个严肃、纯正而循规蹈矩的数学家。"不过，说是这样说，后来他也因此经常找不到之前记有重要发现的纸张，导致要重新推、重新写，再后来，他表示自己受不了自己了，只好去系里的公共办公室搞研究。别人问他为什么不在自己办公室研究，康威回答说："我办公室太乱。"

康威的办公室，人称"不可救药的垃圾桶"。堆积如山的论文、书籍、笔记本、信件、模型、图表，发酸的牛奶、跑了味的咖啡，各种稀奇古怪的玩具，堆满了所有的桌子、椅子，甚至地上。不过，如此"怪异"的康威，在学生中的人气却挺高。他完全没有架子，和学生就像朋友一样，会跟学生们去酒馆喝酒、聊游戏、打弹球、谈人生、谈数学。在公共办公室里，他也从来不缺乏聊天的对象，因为就算是在公共办公室里（后来也相当于是他的个人办公室，因为经常有人打电话到公共办公室来找康威教授），桌面上也是摆满了他的玩具，走路路过的教授、学生都非常喜欢进来跟康威"吹吹水"。

事实上，在剑桥大学任教初期，康威经常会感到沮丧，因为他一直没有拿得出手的研究成果，他甚至怀疑自己做的是不是真的数学。直到1965

芥子须弥： 大科学家的小故事

约翰·康威

年，约翰·里奇（John Leech）在研究装球问题时发现了一种 24 维的点阵，康威觉得研究这个点阵的自同构群应该会非常有趣。不过，此时的康威清楚自己的群论水平有限，于是他将这个问题告诉了很多群论方面的专家。然而这并没有引起专家们的重视，康威最后只能靠自己慢慢深入研究了。

非常幸运，康威两年后一举发现了 3 个新的散见单群（不符合任何分类规则的群），后来被称为"康威群"。这项突破性的研究成果让当时从事有限群和数论的数学家都大为震惊，康威也从此在数学界崭露头角。后来，康威还对魔幻月光猜想中最大的散在群——"怪物群"（Monster group）进行了深入研究。

"怪物群"是 1980 年由数学家 R. 克里斯（R.Griess）发现的，康威将这个群称为"怪物"："没有人能否认'怪物'是一个很引人的抽象结构。想象一个在 196883 维空间里的钻石，它有 1054 个转轴和旋转中心，而仍能显示其匀称和均致。任何人，只要能想象这个 196883 维空间里的东西，一定会由衷地赞美，你随时可以在脑筋里想象它。我的确被它震慑住，觉得它将在现实世界扮演一个突出的角色……或许这将是基本粒子理论的一个重要工具。"

康威是个不折不扣的游戏疯子，更是一个数学疯子，经常沉迷数学而忘掉周围环境，导致他一直没买车，家里连电视都没有。在玩数学游戏中，康威发现了每一个实数都能对应一个游戏，相应地，实数的四则运算可以用游戏的语言来解释；此外还有许多游戏具有类似于实数的性质，却不对应实数。康威就将游戏看做"数"，得到了实数的扩充——超现实数。而这一贡献也是康威本人认为自己对数学最大的贡献。

为了计算某天是星期几，康威发明了审判日（Doomsday）算法。

康威每天打开计算机时，屏幕上会随机显示 10 个日期，比如 1789 年 7 月 14 日、2037 年 12 月 26 日等，康威则心算出这些日期分别是星期几，输入正确后才能进入电脑——他的最高纪录是不到 20 秒。

在纽结理论方面，康威提出了一种表示不同纽结的方法——基于亚历山大多项式的康威多项式。除此之外，康威还是组合博弈论的开创者之一。

不过，真正让康威名震世界的还是他发明的游戏——《生命游戏》（*Game of Life*），它是由 3 条规则构成的二维元胞自动机，号称"零玩家且永不结束"。

游戏规则是这样的：

1. 在一个格子世界里，每一个格子里最多可以长一个细胞。细胞根据规则，一代一代地存活、繁殖或死亡；

2. 每个细胞的存活或死亡规则如下：

相邻的细胞等于 2 个或 3 个，细胞将活到下一代；

相邻的细胞大于或等于 4 个，细胞将因为过度拥挤而死；

相邻的细胞小于或等于 1 个，细胞将由于孤独而死。

3. 细胞的繁衍规则：

如果某个空格周围有 3 个细胞，那么这个空格里就可以生长出一个新细胞。

这个"生命游戏"最早于 1970 年 10 月在《科学美国人》杂志中马丁·加德纳的"数学游戏"专栏出现，一经发布，便瞬间风靡全球。

美国军方的一份报告称，因为在工作时间偷偷观察生命游戏而造成的损失总计高达数百万美元。还有一份报告称，在 20 世纪 70 年代生命游戏最风靡的时候，全世界大约有 1/4 的电脑都在运行这个游戏。

芥子须弥： 大科学家的小故事

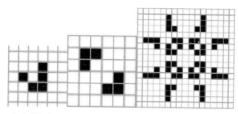

生命游戏

康威一生中发明了数以千计的游戏，其中绝大多数都与数学有关，他玩起魔方来，连魔方的发明人、匈牙利的鲁比克先生都要自愧不如。

康威曾说他自己的一生都是在游戏中度过的，不过，对于游戏和消遣，他给后生们提出了这样一则忠告："Thou shalt stop worrying and feeling guilty.Thou shalt do whatever thou pleasant."（人们应该停止忧心忡忡和负罪感很强，人们应该做让自己开心的事。）

张筑生：为了国家荣誉，他不惜用生命换来了五次世界第一

这个世界上，总有些伟大的灵魂，超乎我们常人的想象。有一位北大历史上首位被授予博士学位的人，深受癌症折磨的同时还带领着中国学子连续5次站上世界顶端的人，他的故事，他的品格，值得被所有人记住，他就是张筑生。

张筑生在北京大学

1940年，张筑生出生于贵阳。与笔者之前讲过的很多牛人从小就自带天才光环不同，张筑生从一出生开始，像仿佛得罪了上帝一样，一次又一次地与死神拼搏直到遍体鳞伤。2岁时，他患上了脑膜炎，尽管最后挺过来了，但小脑还是受到了无法修复的创伤。

在读小学的时候，张筑生是一个喜欢动手搞各种小发明的孩子，五年级的他便凭借他的一个小发明（一个能自行爬墙以及降落的小木头人）获得了全国少年儿童科技发明一等奖。自此，所有人都称赞他是一个爱动手的小发明家，以后肯定大有作为，张筑生自己也梦想着自己长大以后一定要成为像爱迪生这样的大发明家。不过，这个梦想很快就被突如其来的疾病给阻断了。

芥子须弥：大科学家的小故事

就在1953年，13岁的张筑生一不小心摔成了左手骨折。本来骨折不是什么大问题，休养休养就好了。然而，让无数人痛恨的医疗事故说来就来，本来的骨折转眼就变身成败血症，经过好几次抢救，张筑生的性命终于保住。但是，他的左臂就此残废了，肌肉和神经都严重萎缩，只剩皮包骨，左手的手指再也无法动弹。他的梦想也因此破灭，曾经幻想的一切都已经没有了意义。曾经喜欢动手发明，积极参与各种活动的他慢慢变得不想说话，只知道埋头学习，就这样慢慢成了名副其实的"书呆子"。

1959年，张筑生考入四川大学数学系。在川大读书的那几年，张筑生是学校公认的学习标兵，到处都流传着他的故事，比如说他坚持每天早起学习外语，专心到撞上电线杆；又比如说他没有周末，专注学习每一天；他来川大这么多年，竟然没看过成都人引以为傲的川戏，也从没去过四川的著名景点。

大二的时候，张筑生就跑去把大五的拓扑学给考了，并且还拿到了最高分。平时我们总是看到学霸在宿舍给同学们讲课的热搜，而张筑生毫无疑问也是这样的一个存在。也许是在给同学们讲课的时候，张筑生发现当数学老师也是一个不错的选择。于是在1964年毕业之后，他选择了留校任教，并且一留就是14年。无论是工作态度、工作能力，还是工作成绩、学术水平，他在川大都是首屈一指的。然而，在1978年，川大"文革"后的第一次职称评审中，他连讲师都没评上，而很多资历比他浅、能力比他差的都被评上了。

校方给出的理由也很简单：张筑生是"文革造反派"。这一次的评选，令张筑生彻底失望了。他也不是非要评上什么讲师、教授，只是这样真的很伤自尊，以至于在跟好友诉苦的时候，一直温文尔雅的他，竟然飙出了这样一句极其不谦虚的话："那些评上讲师职称的，一大半只配听我讲课！"最后，张筑生只好选择出走。

他去报考了北大数学系研究生，并且以第一名的成绩轻松考进，师从廖山涛教授。据说，那一年的考研数学，其中有一道题由于出题人疏忽，导致了无解，而全国这么多考生中，唯有张筑生一个人指出了这道题有问题且无解。最后，出题老师承认了疏忽，决定凡是做错这道题的，都不扣分，唯独张筑生获得了10分的加分。当时，北大的教授们对张筑生都是十分赞赏，说以张筑生的水平，他压根不需要来读研究生，直接就可以给研究生开课的了。

1982年，张筑生在他的硕士毕业论文里，就把美国数学家斯蒂芬·斯梅尔（Steven Smale）提出的"四大猜想"中的一个给解决了。答辩委员会也一致同意授予张筑生博士学位，如果是这样的话，张筑生就成为中国第一位理学博士。不过，由于当时的校长张龙翔比较谨慎，在第一年的时候并没有通过，以至于被其他院校抢了先。而在第二年的时候，张龙翔校长专门为张筑生搞了一次隆重的博士论文答辩，在100多位教授、专家的见证下，张筑生完美完成答辩，成为北大首位博士，编号001。后来，在北大百年校庆的时候，张筑生编号001的博士证书被当做珍贵文物展出。接着，在数学大师陈省身的推荐下，张筑生到普林斯顿大学留学，并于1986年学有所成之后回国。

这个时候，你们以为的"光荣归国，予以重任，带领祖国数学科研，走上人生巅峰"，一个都不存在，有的只是艰辛的基层教育任务。张筑生被下达了一项硬任务：讲基础课"数学分析"与"微分动力系统"，并致力于编写一套教材，以填补学术空白。

在以科研成果论英雄的北大，教基础课、编写基础教材这些都是不算入科研成果里的，典型的吃力不讨好，没有人会愿意去干。而张筑生却毫不犹豫就答应了，放弃了出科研成果的大好时光，硬是花了5年，写成了共3册的《数学分析新讲》（至今都还是众多高校学生、老师、科技工作者常备的数学参考书）。2000年，这套书获得了教育部科学技术进步著作二等奖，而当年的一等奖是空缺的。

张筑生的导师廖山涛教授是一个鲜少表扬别人的人，但却对这套教材赞誉有加，他说："有了这本书，一大批年轻人就可以顺利地进入学科前沿。"然而，在这份苦差事刚刚完成之后不久，张筑生就被查出患了鼻咽癌，从此便开始了长达12年的放疗。在所有人都在为他的生命担忧时，

芥子须弥： 大科学家的小故事

张筑生看着自己每况愈下的身体，也露出了一丝焦虑，不过他怕的不是癌，不是死，而是担心这样会影响数学研究，担心给学生们讲课的质量会下降。

1995年，被查出鼻咽癌的第四年，他被任命为奥林匹克数学竞赛国家队主教练，主要负责带领中学生参赛，这同样也是不计入科研成果的，甚至是不计入北大教学工作量的一件事情。

纵使他有无数个理由可以拒绝，朋友们也劝他"堂堂一个大学教授，还去浪费时间搞什么初等数学？！"但是，他还是扛了下来，他说："个人名利事小，国家荣誉事大。这事总得有人干啊，这一工作，不是你懂不懂的问题，关键是要学生懂，不是你出成果，重要的是学生出成果，要甘当人梯，为学生谋未来。"

就这样，张筑生带着半身的癌细胞，全身心投入到这项工作中，翻阅无数的资料，想方设法给这些中学生们出一些同时具备新意、难度、有代表性的题目，给他们练习，给他们讲解，尽管自己已经虚弱到一碰到粉笔尘就浮肿。在这5年里，张筑生带领中国一批批的数学尖子5次出征，从加拿大到阿根廷，在70多个参赛国家中，连续5届获得团体总分第一，其中有3次团队所有成员都获得了金牌。

这样傲人的成绩，在世界范围内都是史无前例的，所有人都没想到。这些成就离不开这个已经抗癌多年的癌症晚期患者的努力，这些可都是他拿命换来的啊！北大教授赵春来就曾说道："我做过一次教练，就再也不想做第二次，累死人了，而外人根本不了解这份差事的艰苦程度，张筑生他为了搞这个奥赛，连命都搭进去了。"

张筑生是北京协和医院有史以来接受最大量放疗的癌症患者，他受的苦实在是太多了，以至于有一次在给学生们上课的时候，都忍不住"埋汰"自己："也许你们所有人经历的痛苦之和，也没有我一个人经历的痛苦多。"

张筑生

2001年9月,张筑生的身体已经虚弱到无法走路了,但他仍然不顾院领导的劝阻,想方设法去到学校上课,因为这是他一生最爱的事情,数学就是他的信仰。这样的日子,一直持续到2002年1月11日,这一天,是张筑生最后一次踏入教室。确切地说,是被抬进教室的,因为那时,张筑生已经完全失去方向感,但是,这一天,是他的微分拓扑学考试,他坚持要亲自监考。

在点完名,宣读完考纪之后,整整3个小时的监考时间,张筑生坐在讲台上,一动不动,宛若一尊雕像。在结束这场考试之后,学生们的成绩跟评语很快就出来了,张筑生也倒下了,被紧急送往医院。

在医院里,张筑生回想起自己的一生:虽然手臂残疾,没能实现儿时的梦想;虽然没能留下更多的知识财富,只写了3本书(《微分动力系统原理》《数学分析新讲》《微分拓扑讲义》);虽然在为海淀区教师上进修课的8年间,前6年分文未取,后2年也才拿到每月10元的补贴,家徒四壁,更加没有别人的宝马;虽然直到最后也没能够评上博导。

但是,他说他只是想踏踏实实做点事,他也努力做到了,于心无愧。对于北大的"冷落",他也没有丝毫的怨气和不满。他说:"我的工作量不够,科研成果不多,也属正常。我只是一个普通教授。"他最欣慰的就是学生们待他很好,"无论是北大旧有的学生,还是奥赛团的学生,常来看我,有的远在德国、澳大利亚,常打电话问候我。这世界上有人记得你、惦念你,这也就足矣。"

张筑生

2002年2月6日,上帝终于对自己的安排感到羞愧,决定把张筑生接回天堂休息了。

张益唐：寂寂无闻数十年，58 岁时靠一篇文章震惊世界，一生都在追求"桃花源"

张益唐

张益唐小时候不像其他熊孩子一样闹腾贪玩，身边的人觉得他怪怪的。久而久之，他自己都怀疑自己有病。

张益唐的数学天赋从小时候就开始展现出来。早在还没上小学的时候，张益唐就自己学会了加减乘除。八九岁时，张益唐通过看书自学了代数、复数等。看到没书看时，他把长辈留下的初中教材基本看了个遍。大概是小学三年级时，在没有任何人教过的情况下，张益唐证明了勾股定理，他惊喜地发现数学是可以被证明的。

实际上，小时候的张益唐最喜欢的并非数学，而是地理，小小年纪就能把当时 100 多个国家的首都说出来。不过，自从他看了《十万个为什么》的第八册《数学》，数学取代了地理成为他的最爱。13 岁的时候，张益唐被父母接到北京，他想跳过高中数学直接学习高等数学，可惜没找到书。1971 年的暑假，张益唐回到上海看望外婆。他看到了上海复旦大学夏道行教授写的一本关于 π 和 e 的书，这本书又激发了他对数学的兴趣。

不久后张益唐回到北京，没有机会上高中的他被分配到北京制锁厂当工人。业余时间里，他在旧书店买到一本华罗庚写的《数论导引》，明白了 π 为什么是无理数。

《π 和 e》

治愈创伤时代的百家争鸣（1918— ）

1977年恢复高考，没上过高中的张益唐毫不犹豫地报了名，数学成绩不错，可是其他科目考砸了。1978年又考了一次，刚好北大数学系恢复招生，张益唐顺利进入北大数学系。北大数学系分了两个专业方向——理论数学和计算数学，张益唐被分到计算数学。学了没多久，他发现自己对理论数学更感兴趣，于是转去学理论数学。

"数这个东西，问题那么简单，一般的中学生都懂，但是解决的方法又那么难，也许是这点很吸引我。"渐渐地，张益唐喜欢上了数论。本科知识远远满足不了他的求知欲，毕业后他跟随著名数论专家潘承彪教授继续在北大读硕士，为以后研究解析数论夯实了基础。在现代数学中，数论是纯粹数学的分支之一。

1984年，美国普渡大学的莫宗坚教授造访北京大学，想邀请几名学生出国深造。校长丁石孙觉得应该培养一批有利于中国发展的实用性人才，于是推荐张益唐出国学习更实用的代数几何。

30岁的张益唐答应了，能接受更多的数学知识是他所希望的。但他没想到的是，这一去就是好几十年。

丁石孙，著名数学家，北大校长，张益唐的大学老师

读博期间，张益唐喜欢独来独往，喜欢一个人泡图书馆，喜欢散步，尤其喜欢走路的时候想问题。他的理想生活是"没什么人干扰，你一个人在那里就可以了"。

张益唐在思考

当时他打算把"雅可比猜想"（代数几何领域最难攻破的题）作为博士论文的题目，导师莫宗坚觉得不可思议，因为难度不是一般的大。然而张益唐只花了两年，就完成了博士论文的部分结果，但他却花了7年才拿到博士学位。中间发生了什么，张益唐表示已成往事，不愿再提。受当时政治影响，张益唐发觉毕业

芥子须弥：大科学家的小故事

回国任教的现实可能性不大，决定留在美国，好让自己重新回到解析数论的研究方向。

数学方面的工作不容易找，而他又没有拿到导师的推荐信，毕业就失业了。朋友建议他考取别的专业学位另谋出路，可是除了数学，他不想再接触别的学科。他不在乎金钱名誉权利，对于未来，他唯一的担忧是，"不知道什么时候，我才能再回到数学上，回到完全专业的数学上去"。

后来张益唐去一个朋友开的地铁餐饮连锁店当会计，偶尔也送送外卖收收银，工资不高，但他很满足，因为有大量自由的时间来思考数学。直到1999年，张益唐在老朋友的帮助下，去新罕布什尔大学数学系当编外讲师。在新罕布什尔大学的教书生涯中，张益唐像往常一样喜欢独来独往。张益唐喜欢在清早出门散步，边走边思考数学。慢慢地，张益唐再次从头捡起数论。他也很喜欢教书，在学生眼中，他是一名优秀的数学老师。

张益唐与太太

2000年，张益唐去纽约看望朋友，在吃饭时邂逅了太太孙雅玲，并于2003年在加州的圣何塞步入婚姻的殿堂。

2001年，张益唐把在肯塔基州打工时所想的问题写成了一篇关于黎曼函数导数的论文，发表在 Duke Mathematical Journal（数学界的权威杂志之一）上，得到数学界不少人的认可，不时有杂志向他约稿。

一直以来，数学家们都想尽办法解决孪生素数猜想这个难题，但他们在证明孪生素数是"有限间隔"这一步上遇到了瓶颈，谁也没有办法。在1900年的国际数学家大会上，数学家戴维·希尔伯特（David Hilbert）提出了著名的23个重要数学难题和猜想，其中孪生素数猜想是第8个希尔伯特问题的一部分。

该猜想的核心命题是：孪生素数有无穷多

对，但无论多么稀疏，它们将一直存在下去，直到无限。张益唐认为，剩下那一步是最关键的，也是最困难的。但他有种莫名而强烈的直觉告诉他可以做出来。

2012年7月，张益唐打算给自己放个假，去看望科罗拉多州的朋友齐光（当地大学音乐系的教授，交响乐队的指挥）。美国国庆节的前一天（美国国庆节是7月4日），他们打算去看公共交响乐音乐会的排练。那天下午，张益唐走到后院想看看去树下乘凉的梅花鹿。他像平时散步一样在后院走来走去，忽然灵光一闪，有些想法蹦了出来，他似乎想通了什么，但他淡定地没跟任何人说，当晚平静地跟朋友去看排练。

虽然张益唐那天没看到梅花鹿，但他仿佛找到了解决孪生素数猜想的思路。回家后，他依然像平时一样上课散步想数学。用大半年的时间整理了论文《素数间的有界距离》，2013年4月17日他把论文投给了《数学年刊》。

《数学年刊》是数学家们最敬仰的期刊，在上面发表文章非常难。按照惯例，一篇文章从提交到被接受，要等待1~2年的审查时间。仅仅三个星期后，2013年5月9日，张益唐就收到了杂志社的来信。5月18日正式发表，创下了《数学年刊》创刊130年来最快接收论文的纪录。

张益唐成功地证明了存在无数对孪生素数，而且其中每一对中的两个素数之差，不超过7000万。虽然只有把7000万降到2才能最终证明孪生素数猜想，但他突破性地把那个距离，从无限变成了有限。

在张益唐取得这一突破之后，不少学者尝试用他的方法缩小间隔，进一步拉近了与最终解决孪生素数猜想的距离。到2014年2月，7000万已被缩小至246。当时主审张益唐论文的是罗格斯大学的波兰裔数学家亨里克·伊万尼克（Henryk Lwaniec），他是公认的当今顶级解析数论专家之一。他评论说："作者成功地证明了素数分布领域的一个具有里程碑意义的定理。我们巨细无遗地研究了这篇论文，但没有找到瑕疵。"

俗话说"人怕出名猪怕壮"，消息很快在数学界传开了。2013年5月13日，丘成桐邀请张益唐在哈佛大学做了一场报告。第二天，《自然》杂志（科学界的泰斗级期刊）在网上公布了这一消息。张益唐瞬间成名，一下子从国际数论学术界四十八线上升到一线位置。

《自然》（*Nature*）对张益唐的报道

张益唐偶尔喜欢喝点小酒。太太不懂数学，不了解张益唐具体在研究什么，更没想到他会出名。当文章引起轰动后，他才打电话告诉太太，而太太的第一句话竟是："你是不是喝多了？"

学术界一线位置的待遇果然不同。自从论文发表后，普林斯顿高等研究院很快就邀请他去做访问学者，之后他跳过了助理教授、副教授等几个台阶，直接被聘为正教授。

2014年，张益唐接连获得美国数学学会"柯尔数论奖"和瑞典罗夫·肖克奖，以及麦克阿瑟天才奖，连数学大会都邀请他作报告（不仅是邀请报告，还是压轴报告）。数学大会四年一次，获得邀请的都是做出了最杰出工作的最顶尖的数学家。华人数学家中，只有陈省身、丘成桐等少数几个。

2016年，张益唐被邀请到美国加州大学圣芭芭拉分校数学系任教，中科院数学研究所也邀请他每年回国两个月讲学和做研究。直到现在,张益唐仍时常收到国内外多个高校的邀请,而他也尽可能地给更多学生分享自己的经历和故事。

笔者一直在想,在他成名前那窘迫的十几年里,究竟是什么力量支撑着他十几年如一日孜孜不倦地研究数学呢?张益唐受访时说:"没有什么特别的力量在支持着我,如果真要说有的话,那也仅仅是我对数学纯粹的热爱而已。"

丘成桐：数学界大满贯得主，一生都在做学问，敢于互怼且耿直，被誉为"数学界的国王"

1949年4月4日，丘成桐出生于广东汕头，祖籍梅州，是个客家人。出生不久后，全家移居到香港。父母都受过良好的教育，家庭背景对丘成桐的成长影响很大。父亲丘镇英曾在香港香让学院及香港中文大学的前身崇基学院任教。母亲梁若琳出身书香门第，是梅城最后一位秀才梁伯聪的女儿。父亲经常教丘成桐诗词古文，使得他从小就喜欢古典文学。父亲打算一辈子做学问，而丘成桐也从小立下这个志愿。

丘成桐与父亲

丘成桐有8个兄弟姐妹，虽然家境清贫，但一家人也乐得其中。然而，在14岁那年，父亲意外离世，一家人顿时失去了经济支柱，突如其来的厄运给年幼的丘成桐带来了很大的打击。舅舅提出可以帮助他们家养鸭子谋生，但他还提了一个条件：所有的孩子必须放弃学业。养鸭子这么没追求？！母亲毅然拒绝了舅舅的建议。尽管生活艰难，吃了上顿没下顿，母亲和姐姐决定让家中年幼的孩子继续读书，这个决定悄然改变了丘成桐的一生。

看到母亲的坚强和忍耐，丘成桐在心中埋下一颗种子：必须在学业上出人头地，为自己和家人走出一条康庄大路。不成功的话，就没有前途了。

仅靠政府奖学金的资助无法解决生计，丘成桐在空闲时间还要靠辅导学童挣点外快补贴家用。尽管丘成桐不得不一边学习一边打工，1966年，他仍然以优异成绩考入香港中文大学数学系。丘成桐早在父亲与学生交流

治愈创伤时代的百家争鸣（1918— ）

时就了解到希腊的哲学受到数学很大影响，从此对数学产生了兴趣。

读高中的时候，丘成桐也有过从事中国历史研究的想法，但他的志向是在数学上创造历史，而不仅仅是记录或解释历史。加上由于当时的社会需要，数学家比历史学家更易谋生。1969年，刻苦学习的丘成桐提前修完了大学四年的课程，还阅读了大量的课外书籍。他的突出成绩和钻研精神受到美籍教授萨拉夫赏识，萨拉夫推荐他到美国加州大学伯克利分校攻读博士。之后丘成桐获得IBM奖学金，被在伯克利任教的陈省身教授破格录取为博士研究生。

20世纪70年代的加州大学伯克利分校是世界微分几何的中心，云集了许多优秀的几何学家。1969年香港没有一所研究型大学，而内地正是"文革"时期，相较之下，美国是更好的选择。

学问不是想做就能做的，艰涩难懂的理论常常让人半途而废。有些学生听着听着课就走人了，到最后只剩下一个老师一个学生，而这唯一的学生，就是丘成桐。在导师陈省身的指导下，学习一年后丘成桐就完成了他的博士论文，文中巧妙地解决了当时十分著名的"沃尔夫猜测"。1971年，22岁的丘成桐便获得博士学位。陈省身教授曾这样评价他："21岁（从伯克利）毕业时就注定要改变数学的面貌。"

陈省身与丘成桐

自从1954年意大利著名几何学家卡拉比（Kahlabi）提出了卡拉比猜想（认为在封闭的空间存在没有物质分布的引力场）之后的数十年里，没人能解开这一难题。刚博士毕业的丘成桐对这极具挑战性的难题深感兴趣，开始了没日没夜的研究。走了不少弯路，可迟迟没有成果。

1976年，沉浸在新婚甜蜜中的丘成桐突然灵感迸发，找到了解决卡拉比猜想的方法：他掌握了Kahlabi几何中的曲率的概念，通过求解这个难度极大的偏微分方程证明了卡拉比猜想。虽然灵感迸发只是一瞬，但

芥子领弥：大科学家的小故事

丘成桐前前后后一共研究了五年。对此，他表示"花了真功夫，走的冤枉路都不会冤枉"。这标志着微分几何新时代的到来，一个新的学科随之诞生——几何分析。

这一证明震惊了当时研究卡拉比猜想的数学家，整个数学界亦为之轰动，27 岁的丘成桐一举成名。丘成桐证明了卡拉比猜想，就像习武之人打通了任督二脉，之后他像开了挂一样，马不停蹄地解决了一连串世界级数学难题，成为数学武林的高手。包括史密斯猜想、爱因斯坦猜想、实蒙日 - 安培方程狄利克雷问题、闵可夫斯基问题、镜猜想以及稳定性与特殊度量间的对应性等都一一被他解答。以他的研究命名的卡拉比 - 丘流形在数学与理论物理上发挥了重要作用。

1978 年，他应邀在芬兰举行的世界数学大会上做题为《微分几何中偏微分方程作用》的学术报告。这一报告代表了 20 世纪 80 年代前后微分几何的研究方向、方法及其主流研究。在这之后，他又解决了"正质量猜测"等一系列数学领域难题。解决了这么多世界难题，当然少不了各大奖项的青睐，那几年丘成桐拿奖拿到手软：1979 年，美国加州年度杰出科学家；1981 年，获得美国数学会的维布伦（Veblen）奖——世界微分几何界的最高奖项之一；1982 年，33 岁的丘成桐获得菲尔兹奖，这是世界数学领域的诺贝尔奖。

当年唯一一个坚持在教室上课的人，后来成了最厉害的人。成名后，丘成桐继续进行着大量繁杂的研究工作，并不断取得成就。

丘成桐作为世界微分几何的新一代领导人，出席了 1989 年美国数学会在洛杉矶举行的微分几何大会。1994 年，他获得瑞典皇家科学院为弥补诺贝尔奖没设数学奖而专门设立的国际大奖"克莱福特奖"，这是 7 年一次的世界级大奖，有人称"比诺贝尔奖还难拿"。过了 3 年，美国总统亲自颁发给他美国国家科学奖。有趣的是，丘成桐两个儿子私下聊天说："爸爸平时可能不是在吹牛，他好像还不错，拿了总统奖。"

2010 年，他获得沃尔夫数学奖（被称为"数学家终身成就奖"），以表彰他在几何分析和物理等多个领域的贡献。他也是继自己的导师陈省身之后,第二位获得沃尔夫数学奖的华人。丘成桐囊括菲尔兹奖、沃尔夫奖、克莱福特奖这三个世界顶级大奖,被誉为"数学界的国王"。(数学奖大满贯,人生赢家啊!)

历史上仅有两位数学家囊括这三大奖项,另一位是比利时数学家德利涅(Deligne)。

2010年丘成桐摘得沃尔夫奖

享誉世界的丘成桐这些年不仅持续做研究,也一直关注着中国的数学事业。改革开放后,丘成桐应数学家华罗庚邀请,1979年访问中国,随后他开始从中国招收博士生。

为了帮助发展中国数学教育,丘成桐像钻研数学问题一样,想尽了各种办法。从1993年起,丘成桐在香港中文大学、中国科学院、浙江大学、清华大学相继建立了一批数学研究所,到目前遍布全国多个高校。为了增进华人数学家的交流与合作,丘成桐发起组织国际华人数学家大会。为了激发中学生对于数学研究的兴趣和创造力,培养和发现年轻的数学天才,2004年,丘成桐首先在香港成立了面向香港中学生的两年一届的"恒隆数学奖"。

2008年,丘成桐从两个儿子身上受到启发,效仿美国"西屋奖",在国内设立了"丘成桐科学奖",鼓励研究性学习。

第八届"丘成桐科学奖"颁奖现场

丘成桐是个实诚又耿直的学者,对于看不过眼的做法会实力怼回去,这不可避免地带来了一些非议。而他始终坚持说真话,不在乎外人的看法,追求实实在在的学问。"数学家的道德不好,学问也很难做好。"

徐瑞云：现在用的高数课本都有她的影子！她是中国首位数学女博士，专注教育几十年却没人知道

曾经有一位出生在民国，26 岁就成为副教授，并且带出 3 位院士的奇女子。她就是中国第一位数学女博士——徐瑞云。

1915 年，徐瑞云在上海出生。父亲徐嘉礼是从事针织制袜业的实业家，母亲是虔诚的佛教徒。徐瑞云排行第六，是家中受人疼爱的小女儿。

当时的女性，读完初中，最多读完高中，就会自愿或者被要求出嫁，结婚生子。然而徐瑞云在读完高中之后，对自己的父母说：我还

徐瑞云（1915—1969）

不想嫁人，我要上大学！可能是出于对小女儿的疼爱，父母答应了徐瑞云的要求，放手让她考大学。但是徐瑞云的选择再次让她的父母出乎意料：她要考浙江大学的数学系！要知道，当时浙江大学数学系，徐瑞云那一届只有寥寥十几个人，而他们之前的一届，更是只有五个人！不过这份勇敢也换来相等的回报，徐瑞云顺利地成为苏步青与陈建功的学生。在同届的学生中，她成绩优异，几乎门门课程考试都是满分，碾压身边的男同胞们。

徐瑞云刚入学时还发生了一件趣事：由于当时苏步青才 30 岁，看上去十分年轻，因此徐瑞云的同学中有人认为苏步青是助教，听完一堂课后就不住地赞叹说："想不到助教竟能讲得这么好。"引起知情者一阵哄笑。

毕业后，徐瑞云选择留校担任助教，并且结识了自己的丈夫江希明。结婚三个月后，两人获得了留学德国的亨伯特奖学金，双双乘船漂洋赴德

芥子须弥： 大科学家的小故事

徐瑞云和丈夫江希明在德国慕尼黑的合影

国留学，攻读博士学位。

在留学德国的过程中，徐瑞云凭借勤奋的学习态度和扎实的数学功底，得到了德国著名数学家卡拉西奥多里的欣赏，从众多学生中脱颖而出，成为他的"关门弟子"。卡拉西奥多里是德国著名数学家，发展了变分法，重新研究了变分法与一阶偏微分方程的关系，并应用于解决拉格朗日问题。此外，他还对热力学公理化和狭义相对论有贡献。得到机会的徐瑞云努力学习，她将自己的研究方向放在了三角级数论上。这门学科源于物理学中热传导问题的傅里叶变换分析，是当时国际上研究的热门课题之一，但在中国却是一片空白。

在重现了几乎与浙大一样的完美表现后，1940 年，徐瑞云获得了博士学位，成为第一位中国数学女博士。她的博士论文《关于勒贝格分解中奇异函数的傅里叶展开》于 1941 年发表在德国《数学时报》上。取得博士学位以后，徐瑞云于 1941 年 4 月回到母校，26 岁的她被聘为副教授，正式登上培养人才的讲台。

徐瑞云的教学风格以严格著称。在她开的微积分课上，她将及格线提高了 10 分——也就是学生必须要考到 70 分才算及格。这让当时不少学生

右四为徐瑞云

哀号不已。而其中一个学生,更是在徐瑞云的"压力"之下,考到了90多分——这个学生就是后来中国计算数学的创始人之一——石钟慈。

石钟慈是中国科学院院士,现任中国科学院计算数学与科学工程计算所所长和"科学与工程计算"国家重点实验室学术委员会主任,曾经与华罗庚一同建设中国计算数学学科。除了石钟慈,徐瑞云还教出过另外两位中科院院士。他们分别是王元和胡和生。

王元著有《华罗庚的数学生涯》和《王元论哥德巴赫猜想》,也是世界上首先将解析数论中的筛法用于哥德巴赫猜想证明的数学家(证明了3+4与2+3两个命题)。胡和生则是中国第一位女数学院士,在黎曼空间运动群方面,给出了确定黎曼空间运动群空隙性的一般方法,解决了持续60多年的重要问题。学生们取得这样耀眼的成绩,背后是徐瑞云勤奋的身影。

回国初期,徐瑞云参与组织了陈建功和苏步青创建的函数论和微分几何两个数学讨论班。这种教学相长、遴选英才的科研形式,被1944年前来参观的英国驻华科学考察团团长李约瑟所称赞:"你们这里是东方的剑桥!"

除去前面提到的微积分课,徐瑞云还开设过近世代数、数学分析、复变函数、实变函数等课程,用心程度让同行们暗暗咋舌。

1946年,徐瑞云升任正教授,1952年,徐瑞云被调至浙江师院,任数学系主任。面对建设数学系的艰难任务,徐瑞云用仅仅四年

李约瑟

不到的时间,就将浙江师院数学系建设得初具规模,第一届本科毕业生有接近1/3的人考取了当年的研究生。这在当年引起了无数同行的关注,徐瑞云成为了当时全国同行们眼中的"大腿"。徐瑞云不仅在教学任务上亲力亲为,而且在教材的引进上也不遗余力。在教学生涯中,她先后引进了苏联斯米尔诺夫著的《高等数学教程》,普里瓦洛夫著的《复变函数引论》

等数学论著，甚至亲手将那汤松的《实变函数论》翻译出版。

其中，普里瓦诺夫著的《复变函数引论》现在依然被作为数学高年级本科生和研究生的经典教材使用，而徐瑞云翻译的《实变函数论》，更是国内众多实变函数教材的重要参考书。20世纪60年代，徐瑞云还和王斯雷教授翻译出版了哈代与洛戈辛斯基合著的《富里埃级数》一书。可以说，现在很多数学书籍里面，都有徐瑞云的影子。头顶中国第一个数学女博士的头衔，26岁就成为副教授，教出的学生如此出色，但是徐瑞云的名字却并不为太多人所知。

在2015年浙江大学纪念徐瑞云百年诞辰的讲座上，来听讲座的学生们大多数都不知道徐瑞云是谁，只能够听她的养女，还有她的学生，讲起前面说过的，那些属于她的故事。

或许让她声名不显的原因已经不可再追，可是，将她的成就与那个年代的艰苦和对女性的限制对比起来不难发现，即便徐瑞云的名字不被大多数人所知道，她本身依旧是一个值得被尊敬和铭记的人。

正如中科院院士王元回忆的那样，徐瑞云是一位中国最早撞进"男人世界——数学"的巾帼英雄。在她的成就下，数学，可不仅仅是男人的浪漫。

陶哲轩：拥有当今世界最高智商，从出生就一路"开挂"，获得数学最高奖，却说自己只是个热爱数学的普通人

1975年，陶哲轩出生在澳大利亚，父母均毕业于香港大学，父亲陶象国是一名儿科医生，母亲梁蕙兰是物理和数学专业的高才生，曾当过中学数学教师。

在很小的时候，陶哲轩就展现出了"神童"特质。年仅2岁的小哲轩就已经拿着数字积木在教别人如何用积木计算。于是在他3岁半的时候，父母就送他去上小学了。不过，去上私立小学的小哲轩发现，所有同学都比自己大两岁，只有自己是最矮小、最"幼稚"的那一个，他不懂得如何跟这群哥哥姐姐们相处。母亲见状，只好将小哲轩送回幼儿园，然后自己亲自指导儿子自学小学课程。在幼儿园的一年半时间里，小哲轩不仅自学完了整个小学数学课程，还加入了南澳大利亚天才儿童协会，认识了很多天才小朋友。

终于在小哲轩刚满5岁的时候，在一家公立小学校长"可以为陶哲轩提供灵活的教育方案"的承诺下，父母决定将小哲轩送进这所学校就读。而且，小哲轩是从二年级开始读起，数学课就直接上五年级的课程。

到7岁时，小学的数学课程已经无法满足小哲轩了，于是，学校答应让他每天去附近的一所中学听数学课。在这个时候，小哲轩已经开始自学微积分了！父亲陶象国说："这不是我们逼他学的，是他自己感兴趣。"一年后，小哲轩直接升入高中，跟一群年龄是他两倍的同

幼时陶哲轩

芥子须弥： 大科学家的小故事

学一起学习。据他的高中老师回忆，陶哲轩一直是个既聪明又友善的好孩子，而由于陶哲轩是班里最小的学生，因此每当全班去远足旅行时，老师总会背着这个小朋友走一段路。

而陶哲轩也有调皮的时候。他曾编写了一道 BASIC 程序，可以按使用者的需求而输出斐波纳契数列（又名黄金分割数列）。

$$a_n = 1/\sqrt{5}\left[\left(\frac{1+\sqrt{5}}{2}\right)^n - \left(\frac{1-\sqrt{5}}{2}\right)^n\right]$$

不过，在开试这道程序之前，人们必须先输入一个验证码——数学家斐波纳契（Fibonacci，1175—1250）的出生年份。这时，陶哲轩就开始淘气了：

如果输入正确年份，程序开始运行。

如果输入的年份过早，屏幕上会跳出："对不起，他还没出生呢。"

要是输入的年份太迟，就会出现："不，他已经在天堂了。"

在 8 岁这年，陶哲轩参加了一次 SAT（美国"高考"）数学部分的测试，得了 760 分的高分（800 分为满分）。在美国，十七八岁的学生中只有 1% 能够达到 750 分，而在 8 岁的孩子里面还没有人超过 700 分。

从 9 岁开始，陶哲轩就在距离家不远的弗林德斯大学学习数学和物理。如此早就接触到大学课程，还被格罗斯教授高度肯定："陶哲轩完全有能力在 12 岁生日前读完大学课程，打破当时最年轻大学毕业生的纪录。"

他的父母却认为，仅仅为了一个纪录就让孩子提前升入大学是完全没必要的，他们希望儿子能在科学、哲学、艺术等各个方面打下更坚实的基础。

之后的人生，陶哲轩持续开挂：

10 岁时，陶哲轩第一次参加国际数学奥林匹克竞赛，获得铜牌，成为国际奥数竞赛史上年纪最小的奖牌获得者。次年继续参赛，获得银牌。

在 12 岁第三次参赛时，终于摘取金牌，而"最年轻的国际奥数金牌获得者"的纪录至今仍然由陶哲轩保持着。

14 岁，陶哲轩正式进入弗林德斯大学学习，16 岁获得荣誉理科位，17 岁取得硕士学位；从弗林德斯大学取得硕士学位后，陶哲轩在埃尔德什的推荐下去美国普林斯顿大学师从沃尔夫奖获得者埃利亚斯·施泰因（Elias Stein），于 21 岁获得博士学位。

24 岁，被加州大学洛杉矶分校聘为正教授，成为加州大学洛杉矶分校有史以来最年轻的正教授。

右一为陶哲轩

陶哲轩拿奖也是一路不带刹车的：

2000 年，塞勒姆奖（Salem Prize）；

2002 年，博谢纪念奖（Bocher Prize）；

2003 年，克雷研究奖（Clay Research Award）；

2005 年，美国数学会的利瓦伊·L. 科南特奖（Levi L. Conant Prize）、澳大利亚数学会奖（Australian Mathematical Society Medal）、奥斯特洛斯基奖（Ostrowski Prize）；

2006 年，麦克阿瑟基金（Mac Arthur Foundation）天才奖、拉马努金奖（SASTRA Ramanujan Prize）、数学最高奖菲尔兹奖（Fields Medal），并在国际数学家大会做了一小时报告；

2007 年，被选为澳大利亚 2007 年年度风云人物（Australian of the Year），获得麦克阿瑟奖（Mac Arthur Award）；

2008 年，昂萨格奖章（Onsager Medal）、美国奖励科学家的最高奖

芥子领弥： 大科学家的小故事

艾伦·T. 沃特曼奖（Alan T. Waterman Award）；

2010 年，费萨尔国际奖（King Faisal International Prize）、Nemmers 数学奖；

2012 年，克拉福德奖数学奖；

2013 年，约瑟夫·利伯曼奖（Joseph I. Lieberman Award）；

2014 年，被喻为"豪华版诺贝尔奖"的科学突破奖。

陶哲轩在领奖

菲尔兹奖组委会的颁奖词：陶哲轩是一位解决问题的顶尖高手……他的兴趣横跨多个数学领域，包括调和分析、非线性偏微分方程和组合论。

虽然陶哲轩拥有当今世界的最高智商（230），且从出生到现在就自带光环，一路开挂，但他却是个平易近人的谦谦君子，他的标志性笑容一直感染着很多本以为他是个高冷天才的人。

陶哲轩的妻子这样说："我就喜欢他虽然什么都懂，但是却对人随和的样子。"

陶哲轩父亲一直教育儿子，要时刻保持一颗谦逊的心。他说："即使你已经非常成功，你也要说，'不，我只是个普通人罢了'。"

在 2006 年，陶哲轩得知自己与解决庞加莱猜想的佩雷尔曼齐获"数学诺贝尔奖"——菲尔兹奖时，曾表示："佩雷尔曼对庞加莱猜想所作的贡献是过去 10 年中最重大的成就。与他同时当选菲尔兹奖得主，我真的很惭愧。"

陶哲轩现在被看作世界上最强大的"数学智囊",他是世界公认的调和分析、偏微分方程、组合数学、解析数论、算术数论等接近10个重要数学研究领域里的大师级高手。

陶哲轩是各个失败研究的"救火员",普林斯顿大学的查尔斯·费弗曼教授就曾说:"如果你有一个解决不了的(数学)问题,那么出路之一就是先让陶哲轩对它感兴趣。"

陶哲轩有一种"罕见的能力",他经常召集世界级的团队攻克难题,他与人合作,并不是利用别人,而是激发每一个合作者的才能。

父亲陶象国十分肯定儿子:"哲轩从来没有和别人争执过,他想的都是怎么开开心心地和别人合作,而不是互相指责,争权夺利。"

由于陶哲轩随和无争的性格,一流的数学家都喜欢跟陶哲轩合作,而陶哲轩也喜欢跟别人合作。至今,陶哲轩已经发表了一百多篇论文,其中就有三十多篇是与他人合作完成的。

陶哲轩说:"我喜欢与合作者一起工作。我能够从谐波分析领域出发,涉足其他的数学领域,都是因为在那个领域找到了一位非常优秀的合作者。"

陶哲轩与埃尔德什初次见面

玛丽亚姆·米尔扎哈尼：唯一一位获得菲尔兹奖的女性，却认为自己没有做出很大贡献，40 岁因癌症撒手人寰

玛丽亚姆·米尔扎哈尼（1977—2017）

1977 年，玛丽亚姆·米尔扎哈尼（Maryam Mirzakhari）（以下简称哈尼），出生在伊朗首都德黑兰。哈尼小时候完全是一个"正常"的女孩，并没有打算成为数学家。

她喜欢看书，她的目标就是读完她能找到的每一本书，其中，她尤其喜欢看人物传记。而当她看完居里夫人与海伦·凯勒的电视传记，以及描述梵·高生活的小说《渴望生活》之后，小哈尼就树立了人生理想，长大后成为一位作家，她想让主人公在自己的笔下展现出真实动人的一面。那个时候的小哈尼，每晚做梦自己都是女主人公成为各种厉害的人物，完成伟大的使命。

而最初激发哈尼数学兴趣的是她哥哥，哥哥经常将他在学校学到的知识讲给小哈尼听。而有一次，哥哥讲了大数学家高斯小时候的故事，说高斯只用了几秒时间就算出了 1+2+3+…+100，即（1+100）×50，哈尼第一次感受到数学解法的美妙，开始对数学产生兴趣。

不过，哈尼最爱的还是阅读，中学时期的哈尼，更是沉迷小说无法自拔，数学成绩一度垫底，老师的评语也给了她很大的打击，哈尼曾说："在那个时候，其他人怎么看你非常的重要。""我失去了对数学的兴趣。"

这段低迷的时期，一直持续到高中。哈尼进入女子高中时，遇到了一位十分懂得鼓励学生的老师，哈尼也因此重新"振作"起来。哈尼甚至做起了当年的全国计算机编程比赛选拔试题（选拔国际奥林匹克竞赛的参赛

学生），她发现自己竟然可以解决其中的一些题。于是，哈尼尝试着跟校长要求，女生（可以像男生一样）也可以参与奥数课程。

值得庆幸的是，这位校长是一位性格坚韧的女性，尽管在当时伊朗完全没试过让女生参加奥数比赛，她还是愿意为哈尼争取与男生同等的教育。这位女校长给予哈尼的帮助，不仅仅是这些，更重要的是她积极的信念、乐观的态度深深地影响着哈尼的一生。

"你可以做到这一点，即使你是第一个。"

1994年，17岁的哈尼，进入了伊朗数学奥林匹克竞赛国家队，首次参加国际奥数竞赛，就以差一分满分的优异成绩获得金牌。第二年，哈尼再次参加，并以满分斩获金牌，而经过这两次参赛，哈尼深深被数学吸引。

"为了发现数学的美，你必须花一些精力和努力。"

哈尼彻底变成了一个数学迷。

"一个对发生在她身边的一切数学都感到绝对兴奋的17岁女孩。"

哈尼曾说在某种程度上，做数学研究感觉就像写一本小说："有许多不同的人物，你要试着去更好地了解他们，但随着事情的发展，当你回头看每一个人物时，却与你的第一印象完全不同。"此后，哈尼进入谢里夫理工大学数学系，于1999年取得学士学位之后去哈佛大学攻读博士学位，师从科特·麦克·马伦（Curtis Mc Mullen）。

1998年菲尔兹奖得主麦克·马伦

在哈佛读书期间，哈尼深深迷上了双曲几何，而这也成为她的主要研究方向。导师麦克·马伦对哈尼也是大加赞叹："她有着一种大胆的想象力，她会在她的脑海里构思一个必定可行的虚构的画面，然后来到我的办公室，并描述它。最后，她就转过来对我说，'是吗？'我总是很受宠若惊，因为她以为我会知道。"

2004年，哈尼完成了她的博士论文，在她的论文中，不仅回答了困扰了数学家们许久的关于双曲曲面的一个最简单的问题"双曲曲面上到底有多少给定长度的简单闭测地线"。

"测地线"又称大地线或短程线,是空间中局部最短的连接两点的曲线。在双曲曲面上,有些测地线是无限长的,就像在平面上的直线,而其他的闭合起来成了一个圈,像地球上的经线和赤道。当测地线的长度增长时,给定长度的双曲曲面的闭测地线的数量呈指数级增长。这些测地线大多数在它们光滑封闭前和自己相交很多次,但其中一小部分,称为"简单"测地线,永远不和自己相交。简单的测地线是"解锁整个曲面结构和几何形状的关键"。但是,准确计算它是非常困难的。

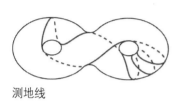

测地线

沿着解决测地线的思路,哈尼神奇地将此与其他两个主流领域联系了起来。一个是"模空间","一给定曲面上所有可能的双曲结构的体积公式",另一个是弦论大师威滕提出的有关模空间的一些拓扑量的猜想。哈尼重新证明了"威滕猜想",这个关于旧猜想的新证明,着实让人震惊。

当初第一个证明这个猜想的马克西姆·康采维奇(Maxim Kontsevich),就因对威滕猜想的杰出贡献获得了1998年的菲尔兹奖。哈尼将以上问题的所有研究成果,最终汇总成了3篇论文,分别发表在3本顶级数学刊物上:《数学年刊》(Annals of Mathematics)、《数学发明》(Inventiones Mathematicae)和《美国数学学会期刊》(Journal of the American Mathematical Society)。

除此之外,哈尼的研究还涉及多个领域,比如微分几何、复分析和动力系统。

"我喜欢穿越人们设置在不同领域之间假想的边界——这将令人耳目一新。"

"有很多工具,但是你不知道哪一个会起作用,我乐于尝试去建立它们之间的联系。"

她那种将看似完全无关的领域联系到一起的能力,已经令导师震惊无

治愈创伤时代的百家争鸣（1918— ）

数次。

就在2006年，哈尼通过用类似于一个撞击走滑型地震的机制，攻克了双曲面的几何形状变形，而在哈尼开始这项工作之前，麦克·马伦曾仅用一行的证明，指出"这个问题完全不可触及"。而最后"她建造了这个完全不清楚的理论和另一个完全清楚的理论之间的桥梁"。

博士毕业后的4年间，哈尼担任克雷数学研究所研究员，以及普林斯顿大学的助理教授。2008年，她受聘斯坦福大学并且直升为数学系教授。从2006年开始，哈尼与芝加哥大学教授A.埃斯金开始合作，解决一个困扰物理学家一个世纪的难题：一个台球在任何多边形形状的台球桌上运动的行为。

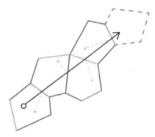

一个台球在任何多边形形状的台球桌上运动的行为

如果你把镜子镶嵌在台球桌的墙壁上，在一面墙壁反弹的台球看起来好像是在镜像世界里沿着一条直线继续走。沿着这条直线球通过一面又一面的玻璃就像碰到更多的墙，经过有限次的反射，你将回到台球出发的那个台球桌世界。经过多年的研究，终于在2013年，哈尼完成了长达172页的论文，这份"宏伟的作品"的影响已经远远超出了台球，是一个"新时代的开始"。2014年，哈尼由于对黎曼曲面及其模空间的动力学和几何学的突出研究而被授予菲尔兹奖，成为菲尔兹奖自1936年创立以来的首位女性获得者。

颁奖词："米尔扎哈尼在数学技巧和数学文化方面有很高造诣，同时兼有超凡技术能力和雄心壮志，富有远见和好奇心。"

韩国前总统朴槿惠为她颁奖时说："我祝贺所有获奖者，尤其是米尔扎哈尼。她的热情和干劲使她成为第一个获得这一奖项的女性。"时任国际数学联盟副主席克里斯蒂安·卢梭也是一位女性数学家，她率先将米尔扎哈尼的获奖与玛丽·居里的荣誉相提并论，并宣称："这是一场女性的庆典。"不过，哈尼却没有认为自己做出非常大的贡献。当她收到获得菲尔兹奖的邮件时，她还以为发送该邮件的账户被黑客攻击了。获奖后，哈尼

芥子须弥： 大科学家的小故事

在斯坦福大学官网上发布了自己的感言："这是一项殊荣，我希望这能激励年轻女数学家和科学家……数学系一向为男性所主宰，有时令女性感到畏惧。对于男性来说，长时间集中精力工作，为科研牺牲掉一些个人生活，相对来说的确是容易一些。但作为女性，我自己从未因为性别而遇到任何麻烦。我深信，在将来几年里，将会有更多年轻女科学家获奖。对我们来说，很重要的一点是，要保持积极和自信。"

哈尼是首位获得菲尔兹奖的伊朗人，然而伊朗媒体在报道这一振奋人心的消息时，还是用尽一切方法不让哈尼露出她的头发，不是给她的照片人为加上头巾或帽子，就是只刊登了一张脸部特写的手绘图。

除此之外，伊朗媒体还谴责哈尼不戴头巾抛头露面。当时伊朗国内民众，似乎更乐意讨论是否戴头巾的问题，甚至已经完全不关心获奖了。自1979年伊朗伊斯兰革命成功以后，伊朗女性就开始被强制在公共场合佩戴头巾，包括电视、报纸、杂志上出现的女性形象都不能裸露出身体皮肤与头发。

直到2017年7月15日，在斯坦福大学官网发布了哈尼因癌症去世（年仅40岁）的消息之后，终于有不少伊朗媒体发布了哈尼没戴头巾的照片，哈尼成为伊朗首位不用戴头巾上头条的女性。当看到这个消息的时候，我们不知是该庆幸还是悲哀。

斯坦福大学校长勒温表示："米尔扎哈尼离开得太早了。不过，她的精神将继续激励着数以千计的女性投入到数学和科学的研究中。"勒温对哈尼一直是给予高度的赞扬："她不仅是一位杰出的理论数学家，更是一位十分谦逊的人。她只会在一种情况下接受奖项，那就是这有可能激励别人跟随她的脚步的时候。她作为学者和榜样的贡献，将被斯坦福大学和世人铭记。"

物理篇

与生活常识的斗争，摒弃了臆想（—1900）

> 创造力最重要的不是发现前人未见的，而是在人人所见到的现象中想到前人所没有想到的。
>
> ——薛定谔

托马斯·杨：反驳牛顿却被骂"疯子"，破译埃及文成果被剽窃，这位百科全书式科学家到底经历了什么

托马斯·杨（Thomas Young），一个被誉为"世界上最后一个什么都知道的人"，不信你看：托马斯·杨一生涉足的领域有医学、光波学、声波学、流体动力学、数学、力学、光学、声学、语言学、动物学……不仅是个工科全才，他还热爱美术，几乎会演奏当时全部的乐器、会制作天文器材、会骑马耍杂技走钢丝，还研究了保险经济的问题、破译了几千年以来无人认识的古埃及文字！

托马斯·杨

1773年6月13日，托马斯·杨出生在英国萨默塞特郡一个富裕的贵格会教徒家庭，家里有10个孩子，托马斯·杨排行老大。有钱人的家庭一般都注重教育，所以托马斯·杨从小就受到了良好教育。像许多小神童一样，托马斯·杨从小就天赋异禀。

他2岁时就开始阅读，对书籍表现出强烈的兴趣；4岁能将英国诗人的佳作和拉丁文诗歌背得滚瓜烂熟；不到6岁已经把《圣经》从头到尾看过两遍，还学会用拉丁文造句；9岁掌握车工工艺，能自己动手制作一些物理仪器；几年后他学会微积分和制作显微镜与望远镜；14岁之前，他已经掌握10多种语言，包括希腊语、意大利语、法语等，不仅能够熟练阅读，还能用这些语言做读书笔记；之后，他又把学习扩大到了希伯来语、波斯语和阿拉伯语等东方语言。

他从小就广泛阅读各种书籍，无所不好还能一目数行。在中学时期，

就已经读完了牛顿的《自然哲学的数学原理》、拉瓦锡的《化学纲要》以及其他一些科学著作，才智超群。

19岁时，受到叔叔（医学博士）的影响，托马斯·杨决定去伦敦学医。由于小时候制作过显微镜和望远镜，托马斯·杨对光学设备非常熟悉。在读过牛顿的著作《光学》后，作为医学生的托马斯·杨将目光放在了人体的光学设备——眼睛上。

托马斯·杨陷入了深思：光学设备是通过改变镜组间距来实现对焦的。人类的眼睛拥有很强的对焦能力，但眼球那么小，似乎并没有空间实现仪器那样的对焦，那它是如何对焦的呢？

1794年，托马斯·杨通过解剖牛的眼睛，发现了晶状体附近的肌肉结构，进一步地研究发现了眼睛的调节机理——肌肉收缩能改变晶状体的曲率。这一发现引起世人的关注，21岁的托马斯·杨入选了英国皇家学会会员。

1795年，托马斯·杨来到德国的哥廷根大学继续学医。由于学习能力极强，一年后便取得了博士学位。之后托马斯·杨又去剑桥的伊曼纽尔学院继续学习，因为才智出众、博学多识，同学们都称他为"奇人托马斯·杨"。虽然上过不少名校，但托马斯·杨还是把自学当作最主要的学习手段。

作为一个医学生，托马斯·杨似乎并不打算当一名专职医生，反而在追寻自己其他兴趣的道路上越走越远。托马斯·杨热爱物理学，在学医之余，他也花了许多时间研究物理。

叔叔离世后，给托马斯·杨留下了一笔不小的遗产（包括房屋、书籍、艺术收藏品和1万英镑现款），经济独立的托马斯·杨更加无后顾之忧，毫无顾虑地追求自己的兴趣，把所有的才智都发挥在他热爱的地方。1800年起，托马斯·杨在伦敦行医的同时也在做科学研究。自从发现眼睛对焦原理之后，托马斯·杨怀着满腔热血一头扎进光学研究中。

牛顿曾在其《光学》的论著中提出：光是由微粒组成的。牛顿认为宇宙中充满均匀的介质"以太"，光粒子在移动过程中会受到以太的引力影响,但由于以太均匀分布,光粒子的总体受力平衡满足自己的第一定律,保持匀速运动。

光从以太进入其他介质时,在两种介质的交界处,当光粒子非常接近例如玻璃这样的介质时,玻璃较大的引力会让光粒子运动方向发生改变,这也是为什么从空气到玻璃,光的折射角总是小于入射角。

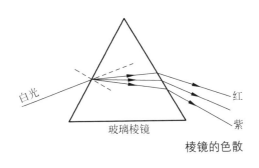

棱镜的色散

托马斯·杨从小喜欢捣鼓乐器,他通过对声振动的深入研究,几乎学会了演奏当时的所有乐器。于是托马斯·杨想:光会不会和声音一样,也是一种波呢?如果是,那么光的不同颜色可能就对应着声音的不同频率。

一次,托马斯·杨观察到水中的两个波纹会互相影响,在对声波进行实验后发现声波也有互相叠加复合的效果。渐渐地,托马斯·杨开始对科学泰斗牛顿的理论产生了质疑。可是,以牛顿为首的光粒子派已经统治学界百年,其间也有人发现粒子说无法解释所有光学现象,但没有人敢质疑这位巨人的论断。于是,托马斯·杨开始着手设计实验来证明自己的观点。经过反复实验,托马斯·杨成功做出了著名的托马斯·杨氏双缝干涉实验,为光的波动说奠定了基础。这个著名的实验现在已经进入中学物理课本:让通过一个小针孔 S_0 的一束光,再通过两个小针孔 S_1 和 S_2,变成两束光。这样的两束光来自同一光源,所以它们是相干的。在光屏上果然看见了明暗相间的干涉图样。

后来,托马斯·杨用狭缝代替针孔,进行了双缝实验,得到了更明亮清晰的干涉条纹。在这个实验中,托马斯·杨首次提出了"干涉"的概念,论证了光的波动说。后来他引入叠加原理,把惠更斯的波动理论和牛

芥子须弥： 大科学家的小故事

顿的色彩理论结合起来，解释了规则光栅产生的色彩现象。

20世纪初，物理学家将托马斯·杨的双缝实验结果和爱因斯坦的光量子假说结合起来，提出了光的波粒二象性，后来又被德布罗意利用量子力学引申到所有粒子上。（当然这都是后话了。）在当时，托马斯·杨的实验结果给学界带来了巨大的冲击。尽管如此，这个理论却没有受到应有的重视，权威学者们否认托马斯·杨的实验结果，称其是"荒唐的""不合逻辑的"，甚至有人笑托马斯·杨是个疯子。当然，顽强的托马斯·杨并没有向权威低头，反而撰写了一篇论文《声和光的实验和探索纲要》，勇敢地反击众人。

托马斯·杨在论文中写道："尽管我仰慕牛顿的大名，但是我并不因此而认为他是万无一失的。我遗憾地看到，他也会弄错，而他的权威有时甚至可能阻碍科学的进步。"但是在当时闭塞保守的科学氛围中，这样的言论是不妥的！这篇论文理所当然地被压制了，无处发表。据说最后印成了小册子，不过"只印了一本"。

这个自牛顿以来在物理光学上最重要的研究成果，在守旧舆论中渐渐沉没，一点一点侵蚀了托马斯·杨对光学研究的信心，失望的托马斯·杨决定不再触碰物理。虽然物理这个爱好研究不下去了，但乐观的托马斯·杨很快又打起精神投入到另一个兴趣中，转行研究古代语言学。

让·弗朗索瓦·商博良（Jean-François Champollion）

早在18世纪末，拿破仑远征埃及时在一个小镇上发现了著名的罗塞塔碑。这块石碑经历了一段曲折的故事，后来被运到了伦敦。

罗塞塔碑据说是公元前2世纪埃及为国王祭祀时所竖，上部有14行象形文字，中部有32行世俗体文字（草书），下部有54行古希腊文字。古埃及文字是人类最早的文字系统，这是一种非常生动的象形文字，比中国的甲骨文早了近两千年。英法两方都想尽快破译石碑上的文字。法国以语言天才商博良为首，认为这种石碑上的世俗体是表意文字；另一派则认为世俗体应该是和拉丁语一样的拼音文字。然而十多年过去了，这两派人的研究都没什么进展。

1813年，托马斯·杨投身到破译工作中，他从石碑中国王名字入手，指出了这是一种表音与表意共存的文字。经过没日没夜的艰苦研究，托马斯·杨破译了王室成员13位中的9个人名，根据碑文中鸟和动物的朝向，发现了象形文字符号的读法，并公诸于世。

古埃及文字母表

不幸的是，因为托马斯·杨所使用的对照材料有抄写错误，导致他误以为自己破译的字母是错的。于是他的破译工作进行不下去了。

可是，商博良在读到托马斯·杨已发表的成果后，茅塞顿开。结合自己对科普特语（古埃及语言的演变）的研究，破解了上部和中部的文字，大家的焦点一下子聚集在商博良身上，而托马斯·杨的突破性发现就这么被掩盖了。

可怕的是，商博良坚称自己的所有成果都是独立研究的。后来，有人公开了商博良以前写给哥哥的一封信，发现信中商博良让哥哥赶紧去看托马斯·杨发表的关键结果。最后托马斯·杨在破解古埃及文字工作中的关键性作用终于得到公认。

除了对光学和文字学的巨大贡献之外，托马斯·杨的许多研究都具有开拓性意义：

他是第一个研究散光的医生。

他最先测量了7种光的波长。

他曾从生理角度说明人的色盲现象。

他吸收了牛顿的色散理论，最先建立了三原色原理：指出一切色彩都可以从红、绿、蓝这三种原色以不同的比例混合得到。这一原理已成为现代颜色理论的基础。

托马斯·杨对弹性力学也很有研究，他定义了材料力学中的弹性模量概念。后人把纵向弹性模量（即正应力与线应变之比）称为托马斯·杨模量，以表彰他的贡献。

晚年的托马斯·杨已经是举世闻名的百科全书式学者，他尽可能地把自己的才智与学识留在世上：为大英百科全书撰写过40多位科学家传记以及无数条目；在一家重要的保险公司担任统计检查官；担任《航海天文历》的主持人，改进实用天文学、提供航海援助。

1829年，托马斯·杨去世。临终前，托马斯·杨还在编写一本埃及字典。人们在他的墓碑上刻上这样的文字——他最先破译了数千年来无人能解读的古埃及象形文字。

托马斯·杨被誉为世界上最后一个什么都知道的人——现在，你知道原因了吧？！

马克斯·普朗克：最帅的物理学家，十项全能还颜值爆表，上帝都看不下去了，只能"赐予"他悲惨的结局

有个人不仅长得帅，还极具音乐天赋，而且是会弹、会唱、会作曲的那种！他会钢琴、管风琴和大提琴，其中，他的钢琴和管风琴的演奏水平已经达到了专业音乐家的水准。他还上过演唱课，曾在慕尼黑学生学者歌唱协会为多首歌曲和一部轻歌剧作曲。据说，小时候普朗克在家里弹琴，邻居们觉得十分动听，于是就称他为"普朗克家的舒伯特"。他就是马克斯·普朗克（Max Planck）。

马克斯·普朗克

普朗克除了音乐方面的天赋以外，还有极佳的文学才能，没事还自己写写诗句什么的。再加上对物理和数学的浓厚兴趣，因此，他在选择大学专业时还纠结了挺久。最后，选择了自己十分擅长的数学，并且打算课余时间搞音乐。

然而，好好的数学才学到一半，普朗克偶然去听了一位物理老师的讲座，之前中学时期对物理的兴趣又被重新点燃，普朗克立马决定开始兼修物理。因为在他中学时期就有位很有趣的物理老师——缪勒。

在讲述能量守恒定律的时候，缪勒为孩子们讲了一个生动的故事：一个建筑工人花费了很多气力才把一些砖块搬到了屋顶上。后来，虽然建筑工人离开了屋顶，但是他所做的功并没有随着他的离开而消失，而是变成一种能量被储存了起来。经过一段时间的风吹日晒，屋顶上的砖块就慢慢地松动了。终于有一天，砖块掉了下来，它们落到了行人的头上或者是砸到了其他物体上，这个过程就是把先前储存的能量释放的过程。

芥子领弥：大科学家的小故事

  这个故事生动地讲述了能量守恒定律，并把一个复杂的原理融入一个充满想象力的故事之中，它也成为普朗克一生中记忆最深的故事。

  于是，普朗克不得不在繁忙的数学课程，和同样需要大量时间的物理，加上大学合唱队的指挥，以及领导乐队的活动中游刃有余地切换着！然而，可能是因为普朗克实在是太完美，上帝看不过眼了，只能给他一个悲惨人生。

  事实上，在普朗克学习物理之初，曾遭到慕尼黑的物理学教授菲利普·约利（Philipp Jolly，1809—1884）的劝说，叫他不要学物理。这位教授认为：这门科学中的一切都已经被研究了，只有一些不重要的空白需要被填补。（这也是当时许多物理学家所坚持的观点。）但是普朗克坚持学习物理：我并不期望发现新大陆，只希望理解已经存在的物理学基础，或许能将其加深。然而，他的这种坚持却成了他人生苦难的开始。

  1877年，普朗克来到了柏林大学。在著名物理学家赫尔曼·冯·亥姆霍兹、古斯塔夫·罗伯特·基尔霍夫以及数学家卡尔·魏尔施特拉斯手下学习。本来以为有这几位导师，自己的学业应该没问题了，不料，亥姆霍兹与基尔霍夫上课都十分无趣，有时还会讲错……最后普朗克只能选择自学。

  关于亥姆霍兹，普朗克曾这样写道：他上课前从来不好好准备，讲课时断时续，经常出现计算错误，让学生觉得他上课很无聊。关于基尔霍夫，普朗克写道：他讲课仔细，但是单调乏味。临近毕业，普朗克根据自学的内容，写了一篇论述"熵增加原理"以及"热力学定律"的论文。终于熬到了博士论文答辩，离毕业就只差那一小步了。普朗克带着他精心准备的论文，信心满满地参加答辩。

  然而，这篇学术价值如此之高的博士论文，并没有得到当时教授们的认可，他们完全不相信普朗克的理论。好在他平时的表现很优秀，尤其是他在学校实验室出色的工作，教授们让他通过了答辩，获得了博士学位。其实，从博士论文开始，普朗克就一直关注并研究热力学第二定律，发表了诸多论文。

与生活常识的斗争，摒弃了臆想（—1900）

从柏林大学毕业后，普朗克回到慕尼黑大学当讲师，一边授课，一边做研究。大约从1894年起，普朗克开始研究黑体辐射问题，发现了普朗克辐射定律，他提出的能量子概念和常数 h（普朗克常数）成为此后微观物理学中最基本的概念和极为重要的普适常量。1900年12月14日，在德国物理学会的例会上，普朗克作了《论正常光谱中的能量分布》的报告。在这个报告中，他激动地阐述了自己最惊人的发现。

他说："为了从理论上得出正确的辐射公式，必须假定物质辐射（或吸收）的能量不是连续地而是一份一份地进行的，只能取某个最小数值的整数倍。"这个最小数值就叫能量子，辐射频率是 v 的能量的最小数值 $\varepsilon=hv$。其中 h，普朗克当时把它叫做基本作用量子，物理常数，它标志着物理学从"经典幼虫"变成"现代蝴蝶"。

从此，量子论诞生，新物理学革命宣告开始，很快量子论就得到公认。但是，在之后的十几年，人们始终对他的"量子论"将信将疑，以至于普朗克屡屡与诺贝尔奖擦肩而过。终于，在普朗克被提名多次以及陪跑了十几年之后，才获得早该属于他的诺贝尔物理学奖。这还不是最惨的，甚至可以说学术上的不公只是他遭遇到的最小的不幸。

1909年，普朗克第一任妻子因结核病去世（留下了四个孩子）。紧接着，在第一次世界大战期间，普朗克的大儿子卡尔死于凡尔登战役，二儿子埃尔温在1914年被法军俘虏。没多久，普朗克的两个女儿又分别于1917年和1919年双双死于难产。

普朗克平静地经受了这些打击，普朗克两个女儿格雷特和埃玛的孩子存活了下来，普朗克为她们取名格雷特和埃玛——继承她们各自母亲的名字。在第一次世界大战结束后，伤心欲绝的普朗克投身于反法西斯的活动中。1933年，纳粹党党魁希特勒正式成为德国元首，诸多科学家受到迫害，特别是犹太科学家。尽管当时普朗克没有受到纳粹的迫害，但是把科学当作生命的普朗克表示：无法眼睁睁地看着昔日同僚被迫害。于是，他跑去找希特勒说理了。结果显而易见，希特勒勃然大怒！他们"精确"计算出普朗克有1/16的犹太人血统，说普朗克是"白色犹太人"。于是，纳粹就关了普朗克的研究所，把他的理论打成异端邪说（黑体辐射公式被污蔑为"只是初等数学的推导"），并逼迫普朗克辞去柏林科学院院长的职务。

虽然普朗克经历了这么多苦难，他依然不放弃学术研究，还是会四处演讲。不过，苦难也随之而来。在一次讲学途中，普朗克遇上了轰炸，导致他在避弹壕里躲了几个小时，甚至差一点就被活埋在下面。

1944年，一场前所未有的空袭炸平了普朗克的居所区，他所有的手稿、日记、书籍和讲义以及其他全部个人用品，均毁于一旦，没能留下一样东西。1945年，普朗克的二儿子埃尔温（仅剩的一位）因参与暗杀希特勒未遂而被纳粹杀害。至此，普朗克与第一任妻子所生的4个孩子全都去世。这无疑给了普朗克致命打击。此时80多岁的他已经疾病缠身，行动也不便，还要继续承受白发人送黑发人的痛苦。

1947年3月，普朗克做了他人生中最后一次演讲——《精密科学的意义和范畴》，在经历了几十年残忍的折磨之后，普朗克只是在演讲中无比平静地说："值得我们追求的唯一高尚的美德，就是对科研工作的真诚，这种美德是世界上任何一股力量，都无法剥夺的，这种幸福是世界上任何一种东西，都无可比拟的。"笔者不得不佩服普朗克坚强的意志力，在经历了如此多精神与肉体的磨难后，还能笑对人生。

1947年10月4日，普朗克在哥廷根大学医院中去世，威廉皇家学会为了纪念他，改名为"马克斯·普朗克学会"。人们把普朗克葬在了哥廷根的公墓里，在他的墓碑上，除了他的名字，只有一行短短的墓志铭，那是以他名字命名的物理学常数：普朗克常数 $h=6.63\times 10^{-34}$ J·s。

爱因斯坦在写给普朗克的悼词里是这样说的：一个以伟大的创造性观念造福于世界的人，不需要后人来赞扬，他的成就本身就已给了他一个更高的报答。

普朗克，一个明明可以靠脸的人，却偏偏要靠才华；一个明明可以靠才华美满一生的人，却遭受了几十年非人的磨难。上帝欠他一个美满人生！

保罗·狄拉克：理工闷骚男鼻祖，一生贯彻沉默是金，然而，爱情来临之后一秒变话痨

一家伦敦报纸曾这样评价保罗·狄拉克（Paul Dirac）："像羚羊一样害羞，如女王仆人一样谦逊。"

1933年，因为"发现了在原子理论里很有用的新形式"（即量子力学的基本方程——薛定谔方程和狄拉克方程），狄拉克和薛定谔共同获得了诺贝尔物理学奖。然而，刚开始狄拉克却对好友卢瑟福说想拒绝这个荣誉，因为他讨厌名声，讨厌公众媒体的大肆议论和宣传。此时，卢瑟福就对他说："如果你这样做，你会更出名，人家更要来麻烦你。"最终，狄拉克像要出嫁的姑娘一样，羞答答地走上了诺贝尔奖领奖台，并发表《电子与正电子的理论》的获奖演说。

保罗·狄拉克

1902年，狄拉克出生在英格兰西南部的布里斯托，父亲是一个法文老师，母亲是布里斯托中央图书馆的一名图书管理员。狄拉克还有一个哥哥和妹妹。狄拉克的童年生活并不愉快。他父亲是一个十分专制的人，反对孩子参加一切社交活动就算了，还一直强迫狄拉克三兄妹只能说法语。

然而，狄拉克觉得用法语无法表达他想要说的话，于是有时候只能选择保持沉默。而且，狄拉克的父母也不懂得关爱自己的孩子。这还让小小的狄拉克产生了一种错误的认知：爸妈是不需要照顾孩子的，他们根本不在乎自己的孩子。1925年，狄拉克在得知哥哥自杀让父母非常痛心之后，非常惊讶地表示："我不知道他们这么在乎……我从来不知道父母应该照顾自己的孩子，但自从这件事后，我了解这件事了。"

芥子须弥： 大科学家的小故事

事实上，由于父亲的专制、偏执，狄拉克与父亲的关系一直不太好，甚至可以说是关系紧张。所以，在父亲去世后，狄拉克有种解放了的感觉："我觉得我更自由了，我要做我自己。"不过，狄拉克的沉默寡言也造就了他强大的独立思考能力。狄拉克在主教路小学就读的时候，天才的数学天赋就已经显现，无论老师布置多难的课后习题，他都会在下课前就做出来。后来，已经没有数学老师可以教他了，只能让他与另外一位学霸待在一个房间里自学。悲惨的是，这位学霸表示和狄拉克待在一起的那一年让他开始怀疑人生！

毕业后，狄拉克去了父亲所在的考瑟姆学校就读，学习了丰富的理工科知识。这所大学强调技术课程，如瓦工、制鞋、金属工作和现代语言。在当时仍然主要致力于经典文学的英国中等教育里，这是一个不寻常的安排。后来狄拉克曾对这些安排表示感激。之后，狄拉克又去到了布里斯托大学学习电机工程。尽管狄拉克最喜欢的是数学，但是，狄拉克表示工程教育才是对他影响最大的。

"原先，我只对完全正确的方程感兴趣。然而我所接受的工程训练教导我要容许近似，有时候我能够从这些理论中发现惊人的美，即使它是以近似为基础……如果没有这些来自工程学的训练，我或许无法在后来的研究中作出任何成果……我持续在之后的工作中运用这些不完全严谨的工程数学，我相信你们可以从我后来的文章中看出来……那些要求所有计算推导上完全精确的数学家很难在物理上走得很远。"

1923年，21岁的狄拉克进入剑桥大学。起初，狄拉克想要研究他一直以来都十分感兴趣的相对论，不过，在拉尔夫·霍华德·福勒（Ralph Howard Fowler）的指导下，狄拉克慢慢接触到原子理论，开始研究量子力学，并且用了不到3年的时间，就跻身进入到量子力学一流研究者的行列之中，可以与众多前辈"大神"玻尔、泡利、海森堡等相提并论了。

1926年，狄拉克发表了论文《量子力学》，并获得博士学位。随后，他便在福勒的建议下去哥本哈根的玻尔研究所，继续进行量子力学的研究，同时也开始研究辐射理论，并且将两者结合起来，引发了一个新的物理课题——量子场论。

在哥本哈根待了几个月后，狄拉克又到了哥廷根，结识了赫尔曼·外尔、马克斯·玻恩、罗伯特·奥本海默等人。当时量子物理研究的黄金三角是哥本哈根、慕尼黑和哥廷根。1928年，狄拉克把相对论引进量子力学，建立了相对论形式的薛定谔方程，也就是著名的狄拉克方程，并因此于1933年荣获诺贝尔物理学奖。

拉尔夫·霍华德·福勒

有趣的是，在获得诺贝尔奖之后，面对记者的采访，狄拉克竟然说："我的工作并没有实用价值。"记者以为狄拉克只是开个玩笑，便继续追问："但它可能具有实用价值吗？"狄拉克十分淡定地回答："那我不知道。我想不会有吧？！"记者此时内心应该是崩溃的。

在父亲去世后，狄拉克表示要做自己，然而，这从小就形成的性格却不是说改变就改变得了的。不过，狄拉克沉默寡言的性格，有时候却有类似于泡利毒舌的威力，可以说是"不鸣则已，一鸣惊人"啊。有一次，一位法国物理学家拜访狄拉克，这位法国人用蹩脚的英语与狄拉克交流。

过了一会儿，狄拉克的妹妹走进房间，用法语问狄拉克一些事情，狄拉克也以流利的法语作了回答。来访者立即就愤怒了，大声问道："为什么不告诉我你能讲法语？"狄拉克简捷地回答说："你也从来没有问过我呀。"

还有一次，狄拉克在美国威斯康星大学讲课，一名听众提问说："黑板右上方的那个方程我不懂。"然而，几分钟过去了，狄拉克却一言不发。主持人为了打破这个尴尬的局面，对他说："请您回答一下刚才那个问题吧。"狄拉克却说："刚才那个不是问题，是一句评论。"

其实，上面的两段故事已经算好的了，最起码狄拉克有在用句子回答，下面这几位的遭遇就没有那么好了。

天体物理学家席艾玛作为狄拉克的学生，当然会经常去问狄拉克问题，应该是与狄拉克混得很熟的了。然而，有一次，席艾玛兴奋地冲到狄拉克的办公室，想要跟导师分享他的发现："狄拉克教授，我刚想出一种关于研

芥子须弥： 大科学家的小故事

究宇宙学中恒星形成问题的方法，可以告诉你吗？"狄拉克回答："不！"

1947年，荷兰物理学家派斯曾因有其他事做而拒绝狄拉克的晚餐邀请，这段发生在研究所走廊的对话让派斯记忆犹新。当时，狄拉克说："我妻子问你能否和我们一起共进晚餐？"派斯确实是有事，然后回答说："很抱歉，我另有安排。"狄拉克潇洒地说："再见。"派斯瞬间有种被拒绝的尴尬之感。

著名的狄拉克表格情书

不过，狄拉克对待他的妻子曼茜的时候，可不是这样一副生人勿近的模样！（虽然刚认识曼茜的时候也是十分高冷。）陷入爱情的狄拉克完全释放自我，简直是"基因突变"，总是拉着曼茜说这说那（和之前说多一个字就会死人的那副样子判若两人），各式情书信手拈来，连曼茜都觉得这样的变化有点惊悚，说狄拉克几乎展现出了拜伦式的才能。

狄拉克曾深情地说："你让我成了有血有肉的人。就算我在今后的工作中什么成绩也没有，和你生活在一起我也能过得幸福。"

埃尔温·薛定谔：情场老手，一边科研一边谈情说爱，俘获一众女生芳心还获得诺贝尔奖，与妻子白头到老

薛定谔这位仁兄不是中国人！薛定谔全名埃尔温·薛定谔（Erwin Schrödinger），是奥地利物理学家，波动力学的创始人。

了解薛定谔的人可能不多，但听过"薛定谔的猫"的人一定不少。

1887年，薛定谔出生在奥地利维也纳附近的埃德伯格。薛定谔从小就是个天才，就是那种典型的、人神共愤的、不学习还比你高分的人，他没上过小学却以高分考上中学。1906年，成

薛定谔

绩优秀的薛定谔顺理成章地考上了维也纳大学物理系。别人读四年本科毕业，薛定谔读四年就拿到了博士学位。毕业后，薛定谔在维也纳大学第二物理研究所工作，之后也在维也纳大学任教。

在维也纳大学的前几年，他主要研究有关热学的统计理论问题，写了许多热力学以及统计等方面的论文。他还研究过色觉理论，他对有关红-绿色盲和蓝-黄色盲频率之间的关系的解释为生理学家们所接受。

1913年，薛定谔与R.W.F.科尔劳施合写了关于大气中钋（Po）含量测定的实验物理论文，为此获得了奥地利帝国科学院的海廷格奖金。

1925年底到1926年初，薛定谔在爱因斯坦关于单原子理想气体的量子理论和德布罗意的物质波假说的启发下，从经典力学和几何光学间的类比出发，提出了对应于波动光学的波动力学方程（薛定谔方程），奠定了波动力学的基础。

薛定谔不仅建立起波动力学的完整框架，系统地回答了当时已知的实

验现象，而且证明了波动力学与海森堡矩阵力学在数学上是等价的，震惊了整个物理学界，并由此与狄拉克同获 1933 年诺贝尔物理学奖。

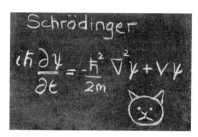

薛定谔方程

1927 年，薛定谔接替马克斯·普朗克（Max Planck，德国著名的物理学家，量子力学的重要创始人）担任柏林大学物理系主任，并成为普鲁士科学院院士。薛定谔不认同当时以玻尔为首的哥本哈根学派对量子理论中的二元解释以及统计解释，1935 年，他提出了一个实验——薛定谔的猫，试图证明量子力学在宏观条件下的不完备性。

"薛定谔的猫"是被作为质疑量子力学的极端例子提出来的，但围绕着它的一系列量子力学基本问题的研究，都具有深刻意义。

一方面，它为我们提供了从量子力学过渡到经典力学的范例，使人们充分领略到退相干过程的基本物理含义，并寻求比量子力学更基本的底层理论。另一方面，由于人们能够在特殊的条件下，制备出各种各样薛定谔猫态，使得量子力学适用的领域，从微观直接延伸到宏观，其进一步应用有可能发现新的、更宜于实际实现的量子信息载体。薛定谔的猫衍生出更深刻的问题——关于原子、分子所构成的生物与微观粒子遵从的量子力学规律之间的关系，于是作为物理学家的薛定谔"不安分"地从物理学闯入生物学。

1944 年，薛定谔写了《生命是什么》一书，试图用热力学、量子力学和化学理论来解释生命的本性。

这本书让许多青年物理学家开始注意生命科学中提出的问题，引导人们用物理学、化学方法去研究生命的本性，薛定谔成为蓬勃发展的分子生物学的先驱。

此外，薛定谔对哲学也有浓厚的兴趣，写过不少书，被当代著名物理学家西蒙尼认为"是 20 世纪的物理学家中最为引人注目的哲学家"。他曾先后写作了《科学与人文主义》《大自然与希腊人》《科学理论与人》《心与物》《我的世界观》以及死后出版的《自然规律是什么》等哲学论著和文集。

薛定谔的研究初衷其实是恢复微观现象的经典解释，结果不小心为革命性的量子力学作出了基础性的贡献。而薛定谔本人也坦承他的科学工作很多都不是他个人独创的。但他总能敏锐地从前人的理论中发现创新的观点，经过自己的思考和突破，从而构成第一流的理论：波动力学来自德布罗意，《生命是什么》来自玻尔和德尔布吕克，"薛定谔的猫"来自爱因斯坦。

受当时政局动荡和纳粹迫害的影响，薛定谔一生辗转过多个地方，最终于1956年返回维也纳大学物理研究所。1961年1月4日，薛定谔在奥地利的阿尔卑巴赫山村病逝，他的墓碑上刻着薛定谔方程。如今，量子力学成为理论物理学和高科技的基础，但如何解释和理解量子力学的成果，至今依然是学术界的热门话题。

爱因斯坦认为"薛定谔的猫"最好地揭示了量子力学的通用解释的悖谬性。"薛定谔的猫"是个有关猫既是死的又是活的著名思想实验，它描述了量子力学的真相：在量子系统中，一个原子或者光子可以同时以多种状态的组合形式存在，而这些不同的状态可能对应不同的甚至是矛盾的结果。

实验是这样的：在一个封闭的盒子里装有一只猫和一个与放射性元素释放控制装置。在一段时间之后，放射性物质有可能发生原子衰变，通过继电器触发元素释放控制装置，放出毒气，也有可能不发生衰变。因此依据常识，这只猫可能是死的，也可能是活的——你要打开盒子才知道。

而依据量子力学中通用的解释，波包塌缩依赖于观察，在观察之前，这只猫应处于不死不活的叠加态，这显然有悖于人们的常识，从而凸显出这种解释的困境。

"薛定谔的猫"本是用来解释量子力学的，反而给机智的网友带来了"把妹"的灵感。"薛定谔把妹法"中心思想是：事件在被观察以前，一直处在一个所谓"概率云"的状态下，一旦受到观察，则坍缩为实体。通俗

芥子须弥： 大科学家的小故事

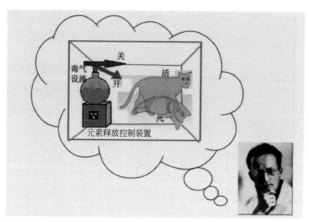

薛定谔的猫装置

一些，就是要给妹子神秘感。

说到"把妹"，薛定谔本人就是个不折不扣的情场高手，他认第二，怕是也没人敢认第一了。薛定谔作为独生子，生在一个多是女性的家庭，从小就悟出了讨好女性的要领。加上才华横溢，魅力非凡，风流倜傥，俘获了无数女友（大写加粗）的芳心。舞台剧编导、纽约剧作家马修韦尔斯特意写了个舞台剧——《薛定谔的女朋友》，讲述薛定谔一生的情感纠葛。至于薛定谔到底交过几个女朋友，怕是只有他本人知道了。这位物理大师的爱情道德观显然跟普通人不一样，他的出格古怪行为也一直被人们热议。

在维也纳大学教书的时候，学生安妮对他疯狂迷恋，薛定谔当然把持不住，两人就交往了。1920年，33岁的薛定谔隆重迎娶了安妮。在他遇上安妮之前，薛定谔总共爱上过4个女孩。1912年，他差点为了喜欢的一个女孩放弃学术改行经营自己的家庭公司——当然那只是年少轻狂。

婚前自由恋爱当然没问题，可是婚后拈花惹草就不对了吧。大概是因为"婚姻是爱情的坟墓"？结婚不到一年，薛定谔就出轨了。别人出轨都藏着掖着，他出轨还大大方方跟太太坦白了。然而，安妮一点都不生气，因为她跟薛定谔最好的朋友之一赫尔曼·威尔（Hermann Weyl）好上了。可怕的是，赫尔曼自己的老婆却又迷上了另一个男人。两人讨论过离婚，但由于安妮的天主教信仰和昂贵的手续费没离成。所以，他们就白头偕老了。《薛定谔的女朋友》一剧中调笑说："到底是波-粒子的二象性难一点呢，还是老婆-情人的二象性更难？"

赫尔曼曾说："在他（薛定谔）生命中姗姗来迟的性激情迸发时，他做出了伟大的工作。"就是说，他在搞外遇的时候，还成就了一番大事业。薛定谔于1926年提出波动方程时已39岁，比起量子力学史上的其他大牛们，可以说是大器晚成了。发表他们的第一篇成名论文时，爱因斯坦26岁，玻尔28岁，海森堡24岁，泡利25岁，狄拉克24岁，约当23岁。

1925年圣诞节，薛定谔与情人幽会，在两人卿卿我我你侬我侬时薛定谔突然迸发了创造激情，犹如黄河泛滥一发而不可收。在短短不到五个月时间里，一连发表了六篇论文。（就是后来得了诺贝尔奖的论文。）在获得了诺贝尔物理学奖之后，薛定谔被邀请到牛津大学工作。他邀请了阿瑟·马奇（Arthur March）来做他的助手，原因竟然是……看上了他的老婆希尔德·马奇（Hilde March）。在薛定谔一拨接一拨的情书轰炸下，希尔德答应跟他一起了。不久后希尔德就怀孕了，给薛定谔生下了一个女儿。

令人跌破眼镜的是，原配安妮母爱泛滥，十分乐意地照顾这个毫无血缘关系的"女儿"。于是薛定谔和这两个女子公开同居，过着"一妻一妾"的生活。这种行为受到众人非议，也违背道德，在牛津大学各个有学识的教授看来实在是"辣"眼睛。尽管有诺贝尔奖加持，薛定谔在牛津大学还是待不下去了。后来他去了普林斯顿，结果也一样。

尽管如此，作为纵横情场多年的老手，当然不会轻易停车。之后薛定谔还撩了一大拨妹子，其中有女学生、演员、白领，还留下了一堆私生子……如果站在薛定谔角度看，也许他是多情，不是花心……薛定谔虽然有过数不清的情人，但他跟她们交往并非是单纯的发泄欲望，他内心里有着强烈的罗曼蒂克式的冲动。他对每个情人都是掏心掏肺真心实意的，还写过许许多多真诚动人的情诗。

不过，最令人跌破眼镜的是，这样一个风流情种的婚姻后来却得到了完美的结局。尽管经历了风风雨雨，他和安妮最终白头到老。真正像在誓

芥子须弥： 大科学家的小故事

薛定谔与太太安妮

言中所说的那样："To have and to hold, in sickness and in health, till death parts us."（不离不弃，生死相依。）

在薛定谔生命的最后时期，两人互相不计前嫌重归旧好了。安妮说："在过去41年里的喜怒哀乐把我们紧紧结合在一起，这最后几年我们也不想分开了。"薛定谔临终时，安妮守在他的床前紧紧握住他的手，薛定谔说："现在我又拥有了你，一切又都好起来了。"

不管之前经历了什么，一切又都好起来了。

劳伦斯·布拉格：曾是最年轻的诺贝尔科学奖得主，25 岁得奖，却被指全靠"拼爹"，在各种偏见中逐渐前行，成为传奇

一直以来，外界都很喜欢对"90 后"贴上各种标签，而且大多都是"不靠谱"一类的标签。倘若某个"90 后"甚至"00 后"获得了某些杰出的成就，首先出现的便是各种质疑之声，意思大概都是：你这个成就不是你这个年纪该有的。

有一个人，25 岁便拿下诺贝尔物理学奖，同样承受着各种质疑、偏见。这如果放在当下，应该就是"第一批 90 后已经开始拿诺贝尔奖了"的震惊程度，又恰巧他是跟父亲一起拿的奖，"拼爹"嫌疑尤其重，质疑的声音就更多了。然而，事实却是，这位 25 岁的诺贝尔奖得主本身就是一个传奇，人家确实是凭实力拿的诺贝尔奖。他就是英国物理学家劳伦斯·布拉格（Lawrence Bragg）。

劳伦斯·布拉格

1890 年，劳伦斯·布拉格出生在澳大利亚阿德莱德，父亲是物理学家亨利·布拉格，此时正是阿德莱德大学的数学物理教授。亨利·布拉格（Henry Bragg）曾经是英国剑桥数学系的高材生，年仅 23 岁的他于 1885 年大学毕业后，被澳大利亚阿德莱德大学聘为教授，从此漂洋过海远赴他乡，经过二十余年他从一位热衷数学的青年科学家，慢慢转为一位擅长自己制作实验仪器的物理学家。

也许是受到父亲的影响，在很小的时候，小布拉格便已表现出对科学和数学的兴趣。5 岁时，小布拉格就被送到圣彼得学院接受早期教育。

芥子须弥： 大科学家的小故事

亨利·布拉格

1904年，年仅14岁的他便进入阿德莱德大学就读，系统学习了数学、化学、物理，并于1908年，以优等成绩获得数学学位。

同年，父亲老布拉格收到了英国利兹大学物理学教授的聘书，并决定回到故乡工作。而小布拉格也刚好准备去当时世界科研最前沿——剑桥大学深造，全家就这样愉快地决定搬回英国生活。

回到英国之后，小布拉格便开始准备剑桥大学的入学考试，不幸的是，在考试之前，他患上了肺炎。不过，在病床上的小布拉格仍然坚持参加了考试，并且以优异成绩获得艾伦奖学金，进入剑桥大学三一学院学习。

剑桥大学三一学院是剑桥大学中学术成就最顶尖的学院，因拥有众多著名的毕业生而声名显赫，到目前为止该学院共培养出了32名诺贝尔奖得主，著名的毕业生包括了牛顿、培根、拜伦、怀特海、罗素和维特根斯坦等人。

在三一学院，小布拉格完成数学方面的学习后，转而学习物理，并在1912年的自然科学考试中取得优等成绩，成为物理系的研究生，师从大名鼎鼎的约瑟夫·约翰·汤姆逊教授（Joseph John Thomson）。

也就是在这一年，德国科学家马克斯·劳厄（Maxvon Laue）发现用X光照射晶体时，会形成格子状点阵。那个时候，科学家们相信X射线是一种电磁波，这种现象是晶体中的原子对X光的衍射造成的，但仍然有很多人对"X光到底是什么"认识不足，认为X光是粒子，然而，劳厄的实验结果却无法用粒子假说来解释。

约瑟夫·约翰·汤姆森，电子的发现者，1906年诺贝尔物理学奖获得者

与生活常识的斗争，摒弃了臆想（　—1900）

此时已经对 X 光研究了多年，并且坚信 X 光是粒子的老布拉格，得知了劳厄的研究结果之后，立马开始设计实验，想要从实验中发现更多的东西推翻劳厄的理论。为此，他设计了 X 射线分光计，并用它来研究 X 射线的谱分布、波长、普朗克常数、发射体和吸收体的原子量等物理量之间的关系。得知父亲的想法之后，小布拉格也开始研究 X 射线，经过几个月的反复探索，小布拉格发现，父亲的理论是不对的，X 光确实是一种电磁波。很快，小布拉格便完成了基于 X 光是波动在晶体的原子三维矩阵中产生衍射的理论，这个理论后来被称为"布拉格定律"（Braggs law）。

得到研究结果的第一时间，小布拉格就去告诉了父亲，精通物理学理论和实验的老布拉格立刻心领神会，意识到儿子的理论确实是对的，于是，他鼓励儿子将这个成果向剑桥哲学学会报告。

到 11 月份的时候，小布拉格在《剑桥哲学学会学报》上发表了这个成果的第一篇论文《晶体对短波长电磁波的衍射》。而老布拉格在利兹大学一直致力于 X 光的研究，建立了一流的 X 光研究实验室。此后的两年间，小布拉格经常于剑桥和利兹之间往返，与父亲组成了"最佳拍档"，一系列卓越的研究成果，也源源不断地从这对父子的大脑中流淌出来。1915 年，因"开展用 X 射线分析晶体结构的研究"，布拉格父子两人共同获得诺贝尔物理学奖，是世界上唯一一对同时获得诺贝尔奖的父子。

小布拉格、老布拉格

而这一年，小布拉格才 25 岁，成为史上最年轻的诺贝尔科学奖得主——小布拉格简直就是将"年轻有为"做到了极致。本来这应该是最值得庆贺的事情，然而，就因为小布拉格太小，加上有个厉害的父亲，并且还是同时拿的奖，本来"年轻有为"的画风就变成了"拼爹"。似乎所有人，都忽略了这位优秀的年轻人。

芥子须弥： 大科学家的小故事

早在1913年10月，世界物理学界在布鲁塞尔召开关于"物质的结构"会议时，就邀请了老布拉格发言，小布拉格没有受到邀请。在这个会议之后，小布拉格收到了一张署有包括居里夫人、爱因斯坦、卢瑟福等大牛科学家的签名的明信片，各位前辈都不约而同将小布拉格当做是一个有出息的后辈来鼓励，并没打算将他看作是自己的某个合作者。

1915年初，布拉格父子获得由美国哥伦比亚大学设立的Barnard科学奖章，这时，作为老布拉格的一个亦师亦友的存在，卢瑟福得知小布拉格得奖后，给予的不是夸赞，而是一句意味深长的话："你家孩子获得这种认可实在是太早了。"

至于1915年诺贝尔奖的评选过程，对于授予布拉格父子诺贝尔物理学奖，是否经历过激烈的争论，笔者就无法得知了，只知道获得诺贝尔奖之后，小布拉格得到了一个身份——永远是父亲的陪衬。

可怕的是，这个身份一直伴随了小布拉格50年，甚至更久。事实上，布拉格父子获得诺贝尔奖，最主要的原因是布拉格定律，就是因为小布拉格发现了这个定律，才改变了父亲原来的错误认知，后来的研究才得以走向正确的方向，布拉格定律是后续很多实验发现的基础。而老布拉格也曾多次在公开场合说儿子才是布拉格定律的首创者，却仍旧无法改变外界的看法，对小布拉格当年获诺贝尔奖是沾了父亲的光的疑虑和种种谣言一直如影随形。

尽管后来小布拉格成为曼彻斯特大学物理学教授，成为剑桥大学卡文迪什实验室主任，为实验室开辟了许多新的研究方向，他大力扶持固体物理学，鼓励发展生物物理学、天体物理学等边缘学科。其中，在他的带领下，实验室首次用X光来研究生物，直接促成了用X光发现DNA的双螺旋结构这项研究的成功（沃森和克里克于1962年获得诺贝尔奖）。然而，明显是得益于小布拉格的远见的沃森，在写其著名的"双螺旋"自传体回忆的时候，竟然也说小布拉格是占了老布拉格的便宜。难以想象为这本自传写了序言的小布拉格当时看到的感受，是激动地想去指正，还是已经习以为常，只能无奈接受。

尽管后来小布拉格获得马泰乌奇奖章、休斯奖章、皇家奖章、科普利奖章，当选为皇家学会院士，以及成为美国、法国、瑞典、中国、荷兰和比利时等国科学院的名誉院士或外籍院士，这些统统都抵不过老一辈科学家的"经验""执念"甚至可能是"阴谋"，外界流传的仍然是小布拉格"拼爹"。

以致在诺贝尔奖委员会为小布拉格举办的获奖50年庆祝会上，小布拉格不得不再次澄清自己的确是布拉格定律的首创者。诺贝尔奖官方网站也在1915年诺贝尔奖者一栏中刊登了一篇题为"父辈的陷阱"(The Parent Trap)来特别澄清这段让人尴尬的历史。

对此，笔者想说，每一个诺贝尔奖得主的研究成果，都离不开一些出色的合作者，只不过，小布拉格的合作者是父亲而已。可贵的是，在这段历史里，小布拉格始终保持初心，在学术界勤奋耕耘，终成大家都心服口服的大师。也许，这就是传说中长得帅、有背景，还努力的人吧。

路易·德布罗意：传说中的宇宙最水诺贝尔奖得主，本科历史学，却凭借"一纸"博士论文摘取诺贝尔物理学奖，出道即巅峰

路易·德布罗意

关于路易·德布罗意（Louis Broglie，1892—1987），有个流传非常广的故事。

德布罗意是一个出身贵族的纨绔子弟，脾气暴躁，在大学学习历史的时候，突然喜欢上物理，然后拜师朗之万。

在读博期间，德布罗意完全没把学习放在心上，毕业的时候为了能拿到博士学位，东拼西凑地完成了只有一页多纸的论文，而导师朗之万碍于德布罗意显赫的家庭背景，不敢明目张胆地批判德布罗意的论文，只好将它交给了鼎鼎大名的爱因斯坦。

不料，爱因斯坦却对德布罗意的论文大加赞叹，说它"揭开了大幕的一角"，后来，德布罗意简直是走了狗屎运，因此论文而获得了诺贝尔物理学奖。不过，故事归故事，真实的德布罗意到底是怎样的？真的像谣传的那样毫无真才实学，只靠家庭背景吗？

1892年，德布罗意出生在法国的名门望族，祖父曾担任法国总理，同时也是一位杰出的历史学家。

德布罗意家族在17世纪40年代就以功勋显赫于法国历史。1742年，F.M.德布罗意被封为公爵，子孙世袭；其后，这个家庭为法国提供了至少一位总理、一位国会领袖、三员上将、一位外交部部长、一位教育部部长和两任驻英大使。

与生活常识的斗争，摒弃了臆想（—1900）

可幸的是，如此显赫的家庭学术氛围也是非常浓厚的，他家里有私人实验室和图书馆等，德布罗意从小就沉迷历史和文学（其实应该是各种书籍都有涉猎），希望长大后能够继承祖业。于是，中学毕业后，德布罗意进入巴黎索邦大学学习历史，并于1910年获文学学士学位。

获得学士学位后，德布罗意又专攻了一年法律，后来又被科学哲学吸引，读了好多科学书籍，尤其是看完庞加莱的《科学的假设》和《科学的价值》之后，深受启发，再加上当时刚好听到作为第一届索尔维物理讨论会秘书的莫里斯谈到关于光、辐射、量子性质等问题的讨论，德布罗意突然发现物理十分有趣，决定转学物理。

事实上，德布罗意的哥哥就是一位实验物理学家，X射线方面的专家，拥有设备精良的私人实验室。之前他还一直担心弟弟"摇摆不定"，现在，终于走上了"正轨"。

哥哥莫里斯·德布罗意

1913年，德布罗意获巴黎大学理学硕士学位。毕业后，正值第一次世界大战即将爆发，德布罗意就去参军了，然后在军队里连续搞了六年无线电设备。战后，德布罗意在哥哥的实验室研究X射线。在哥哥的实验室里，德布罗意了解到了很多原子结构的知识，更重要的是，他发现了一个难以用理论解释的现象：X射线时而像波、时而像粒子。为了让自己观察到的现象有个合理的解释，德布罗意于1920年回到巴黎大学，重新开始研究理论物理，攻读物理学博士，师从著名物理学家朗之万（也是哥哥之前的导师）。

保罗·朗之万（Paul Langevin，1872—1946）

在读博期间，德布罗意发表了好几篇高质量的物理论文。1922年，他发表了两篇论文，一篇被认为是玻色统计的先导（运用热力学、分子运动论和光量子假说导出了维恩定律和普朗克定律）。另一篇是关于黑体辐射的能量涨落。1923年9~10月，他连续在法国科学院的会议周报发表了3篇关于物质波的论文，创立了物质波理论，分别为《波与量子》《光量子、衍射和干涉》《量子、气体动力理论和费马原理》。所以，那些说德布罗意在读博期间一事无成的已经可以走开了。

在法国科学院发表完3篇论文后，德布罗意投入到博士论文的撰写。1924年，德布罗意终于完成了题为《量子理论的研究》(*Recherchessurla Théoriedes Quanta*)的博士论文。这篇论文包括了德布罗意近两年取得的一系列重要研究成果，全面论述了物质波理论及其应用。

他从相对论出发思考玻尔原子模型的问题，根据普朗克量子计算方程与爱因斯坦质能方程得出电子的内在频率，从理论上证明电子运动时伴随有相波，后人称其为德布罗意波，其波长公式为：$\lambda=h/mv$。

到11月答辩的时候，德布罗意的这篇论文让在场的四位答辩委员（包括朗之万在内）目瞪口呆，他们对德布罗意提出的理论非常震惊，同时也提不出任何理论上的反驳。因此，答辩委员会主席只问了一句："如何用实验证明这些波呢？"德布罗意信心满满地回答："通过电子在晶体上的衍射实验，应当有可能观察到这种假定的波动效应。"最后，虽然德布罗意的论文获得了通过，但是，几位委员都还没有完全认同的勇气，所以，朗之万还是将一份论文副本寄给了爱因斯坦，希望这位大拿能给予评价。

爱因斯坦看完后，同样大为震惊，说这是一篇十分罕见的论文，是绝无仅有的，"对玻尔-索墨菲量子规则作了很值得注意的几何解释"，是"天才的一笔""揭开了伟大帷幕的一角"！除此之外，爱因斯坦还根据德布罗意所提出的理论写了一篇论文，并提交给了柏林科学院，在文中，爱因斯坦强调了德布罗意论文中基本思想的重要性，进而演绎出很多推论。爱因斯坦的这一举动让德布罗意非常感激，正是有了他的肯定，德布罗意的理论才引起科学界的注意。

德布罗意回忆道:"1924年我将我的博士论文提交给巴黎大学,在论文中我提出了关于波动力学的新思想。(导师)朗之万将我的论文送给了爱因斯坦。稍后,1925年1月,这位伟大的科学家向柏林科学院递交了一篇论文,在文中他强调了我的博士论文中的基本思想的重要性,进而演绎出许多推论。爱因斯坦的这篇论文引起了科学家们对我工作的注意,而在这之前我的工作鲜为人知。"值得强调的是,德布罗意的博士论文并不是传说中的只有一页多纸,实际上是一百多页(英语译本72页,德语译本120页)。至于为何会有这种传言,可能是因为在这篇论文中,德布罗意推导出最后的物质波(德布罗意波)的公式只用了两页纸,而剩下的内容全都是在讨论为何会有这一理论以及一些潜在的理论。

后来,薛定谔看了德布罗意的这篇论文,深受启发,并于两年后,在《物理学年鉴》上发表了论文《作为本征值问题的量子论》,提出了薛定谔方程,从此开启了量子力学的新纪元。薛定谔曾十分明确地表示:"这些考虑的灵感,主要归因于德布罗意先生独创性的论文。"

德布罗意的博士论文让他获得1929年的诺贝尔物理学奖,同年,他也获得了法国科学院亨利·庞加莱奖章,并受聘为彭加勒学院理论物理教授,从事教学研究工作直至退休。1930—1950年间,德布罗意的研究工作主要是波动力学的推广,他的研究取得了许多成果,发表了大量评论和论文。1951年以后的一段时间,德布罗意研究了粒子和波之间的关系,目的是通过研究用经典的空间和时间概念对波动力学作出因果解释。

德布罗意一生的研究成果颇丰,仅著作就达25本之多。而他一生中也获得了诸多荣誉,除了前面说到的庞加莱奖章和诺贝尔物理学奖之外,德布罗意还获得了马克斯·普朗克奖章、摩纳哥阿尔伯特一世奖、联合国教科文组织授予他一级卡琳加奖,1933年当选法国科学院院士,1942年开始担任数学科学常务秘书,同时,他还是华沙大学、雅典大学等六所著名大学的荣誉博士,是欧、美、印度等18个科学院院士。

而关于德布罗意是一位脾气暴躁的纨绔子弟的说法,也是毫无根据!

芥子须弥： 大科学家的小故事

事实上，德布罗意是一位贵族绅士，从来不会发脾气。他喜欢简朴的生活，一生未婚；在 1960 年后，他甚至还卖掉了贵族世袭的豪宅，住到了一间平民小屋；他是个标准的工作狂，他喜欢步行，不用私人汽车。

谁还会认为德布罗意是最水的诺贝尔奖得主呢？

在宏观低速的水平上研究这个世界（1900—1918）

> 提出正确的问题，往往等于解决了问题的大半。
>
> ——海森堡

沃尔夫冈·泡利：物理界的喷子王，看中哪个怼哪个，爱因斯坦、海森堡、费曼都被他喷过

沃尔夫冈·泡利

沃尔夫冈·泡利（Wolfgang Pauli）与实验"不相容"的一系列非物理的现象被称为"泡利效应"（Pauli effect）。尽管无法深究"泡利效应"这个名称是何人何时开始采用的，但是，这一效应在当时物理界还挺出名的。

泡利是20世纪少有的天才之一，在理论物理方面有极高的天赋，然而，他的实验才能简直惨不忍睹。因此，"泡利效应"就产生了。

泡利的朋友斯特恩（Otto Stern，1943年的诺贝尔物理学奖得主）就曾因为担心泡利效应影响自己的实验，对泡利下达了封杀令，禁止泡利进入自己位于德国汉堡的实验室。还有，泡利效应是具有"超距作用"的。有一次，实验物理学家弗兰克位于哥廷根大学的实验室仪器突然失灵。而这次泡利并不在这里，于是弗兰克写信给泡利，很欣慰地告诉他说你总算无辜了一回。

后来过了不久，泡利回信很诚实地"自首"：我虽不在第一现场，但事发当时自己乘坐的从苏黎世到哥本哈根的火车却恰好在哥廷根的站台上停留了一会儿！据说弗兰克在总结这次实验失败的原因时，还一本正经地在其中加了一个备注：泡利经过此地。泡利效应还有一个很有趣的特点，就是泡利效应绝不会损害到泡利本人，不仅不会损害，甚至在关键时候还会"拯救"泡利。

泡利的助手派尔斯和韦斯科夫就曾在自己的自传中提到过这样一个故事：有一次，泡利要参加一个学术会议，参加会议的年轻物理学家们决定

在宏观低速的水平上研究这个世界（1900—1918）

跟泡利开个玩笑，他们在会议厅的门上做了一个触发式的机关，只要泡利一推门就会发出类似爆炸的响声，而且他们都已经调试过 N 次了，设备都是没问题的。

然而，在泡利推门而入的一刹那，机关却突然"卡壳"了！什么动静都没有！泡利效应通过破坏"实验装置"而成功地"拯救"了泡利。

泡利出生在一个医学博士的家庭里，父亲是维也纳大学的物理化学教授，教父是著名物理学家恩斯特·马赫（Ernst Mach）。

恩斯特·马赫

这位马赫大师可是对"相对论"都一脸不屑的人，可以说，泡利日后的傲娇劲儿大部分是"继承"了他的教父。1918 年，泡利中学毕业，他带着父亲的介绍信到慕尼黑大学访问著名物理学家 A. 索墨菲（A. Sommerfeld），那时 18 岁的泡利刚见到索墨菲就"狮子大开口"，说："我觉得我不需要读大学，可以直接跳级当您的研究生。"

尽管索墨菲一脸蒙，不过他并没有马上拒绝泡利，而是想着观察观察再说。就在不久之后，索墨菲发现泡利天资着实不错，完全可以直接念研究生！于是，泡利就成为慕尼黑大学最年轻的研究生。

索墨菲是目前为止教导过最多诺贝尔物理学奖得主的人

18 岁就在慕尼黑大学读研究生的泡利，并没有给父亲丢脸，而且还开启了开挂模式！

刚入学的那一年（1918 年），泡利就发表了他的第一篇论文，是关于引力场中能量分量的问题。第二年，泡利看到了 H. 韦尔（H. Wegl）的引力理论觉得挺有趣，就开始琢磨。一琢磨，泡利便发现了韦尔的引力理论有一个错误，为此，泡利写了两篇论文，以独到的眼光、成熟的论点，对韦尔的错误进行了批判。这在当时学术界也引起了不小的风波，大家都对

芥子领弥：大科学家的小故事

这两篇论文竟然是出自一个不到 20 岁的青年之手表示震惊。其实，在泡利的"毒舌"生涯中，怼韦尔根本不算什么。

1921 年，泡利为德国的《数学科学百科全书》写了一片长达 237 页的关于狭义和广义相对论的词条，该文到今天仍然是该领域的经典文献之一。爱因斯坦曾经这样评价：任何该领域的专家都不会相信，该文出自一个仅 21 岁的青年人之手，作者在文中显示出来的对这个领域的理解力、熟练的数学推导能力、对物理深刻的洞察力、使问题明晰的能力、系统的表述、对语言的把握、对该问题的完整处理和对其评价，任何一个人都会感到羡慕。

就连爱因斯坦都如此夸赞这位年轻小伙子，那泡利必定是天赋过人的，由此，泡利一下子名声大噪。然而，面对"大神"的夸赞，泡利却不屑一顾，还专门跑去爱因斯坦的讲座上怼他，一点儿都不给人家面子。当时，泡利坐在了最后一排，认真地听爱因斯坦讲完之后，站起来向爱因斯坦提出了 N 个刁钻犀利的问题，吓得爱因斯坦直冒冷汗。这还导致了爱因斯坦以后再上台讲话的时候，都要先看看台下有没有泡利，或者留意泡利的表情如何，才能安心地继续讲下去。

不过，爱因斯坦还是泡利心中的"帝王"。因此，在后来去听爱因斯坦讲座的时候，泡利当着所有人的面，说了一句代表他认可爱因斯坦的话："我觉得爱因斯坦并不完全是愚蠢的。"泡利曾对费曼说："惠勒是永远都做不出那个超前推迟势的量子力学推广的。"后来果然他没做出，费曼惊呆了。泡利对"大神"都这么毒舌，对他的学生那就更不用说了。做泡利的学生实在是太可怜了。泡利曾经批评学生的论文"连错误都算不上"，还有他对一篇文章最好的评价就是："这章几乎没有错。"

他的学生克罗尼格，受到泡利不相容原理的启发，提出了电子自旋的概念，并写了一篇论文。不过，当他拿着论文去找泡利时，被泡利痛骂了一顿，泡利还指出论文中的计算不符合相对论，吓得克罗尼格都没敢发表这篇文章。

更惨的是，仅仅在半年后，电子自旋就被其他人证实了。克罗尼格欲哭无泪啊。海森堡作为泡利的师弟，也没少挨骂，就算是得了诺贝尔奖以后，也还经常被他骂得狗血喷头。

　　做泡利的同事、朋友，可以说是无时无刻不在承受泡利的毒舌。有一次泡利外出，事先向一个同事问路。第二天那同事问他路途是否顺利，泡利如此回答："嗯，在不讨论物理的时候，你的脑子是清楚的。"还有泡利的一个朋友在论文中犯了一个错误，白纸黑字写着，已经无法进行更改，痛不欲生。于是，泡利前去安慰，说："没关系，不可能每个人都像我一样，写论文滴水不漏。"后来，有人这样说："泡利死后，来到天堂见到上帝。上帝把他关于宇宙的设计给泡利看。泡利看了半天，挠了挠头，说：'居然找不到什么错。'"

　　重要的是，泡利虽然为人刻薄，说话刁钻，但这并不影响他在同时代物理学家心目中的地位。在那个天才辈出，群雄并起的物理学史上最辉煌的年代，英年早逝的泡利仍然是夜空中最耀眼的几颗巨星之一。

　　以致在他死后很久，当物理学界又有新的进展时，人们还常常想起他，"不知道如果泡利还活着的话，对此又有什么高见。"因此，对于泡利夺得物理界"喷子王"这个称号，笔者是服气的。

沃纳·海森堡：爱因斯坦死对头，一生钟情于数学，阴差阳错学了物理，却一举改变了整个物理世界

沃纳·海森堡

有一位量子力学最早的建立人，他就是爱因斯坦和普朗克的晚辈，玻尔、玻恩和索墨菲的学生，泡利的好兄弟，薛定谔和狄拉克的好友兼竞争者，费米的和奥本海默的朋友兼对手——沃纳·海森堡（Werner Heisenberg，1901—1976）。

1901年，海森堡出生于德国乌兹伯格市的一个书香世家，他父亲是慕尼黑大学的一名精通希腊语的古文史教授，他外祖父曾任马克希米廉斯中学（慕尼黑的名校）的校长，海森堡的母亲也有良好的古语文学修养。

5岁那年，海森堡就进入乌兹伯格市的小学就读，学习成绩非常好，除了本身的天赋以外，他父亲也有很大一部分功劳。由于父亲是位老师，在他眼里容不得自己的孩子学习成绩比别人差，所以，父亲一直严格要求他们两兄弟，并经常拿他们两个来比较，互相竞争。这样，海森堡与他哥哥的成绩就一直名列前茅，而他哥哥后来成了一名化学家。

1911年，海森堡来到外祖父曾任校长的学校——马克希米廉斯中学。在这里，海森堡显现出了极强的数理方面的天赋，学校的课程对他来说似乎毫无难度。于是，他便有了很多时间去学习钢琴，后来，他经常会演奏大师们的名曲，妥妥的一名业余的优秀演奏家。

海森堡对音乐的解释是：音乐如同语言，极具个性化；而物理研究也如同作曲，古典物理犹如巴赫的交响曲。当然，海森堡更多的时间是去自

学更高级的数学和物理了。

13岁时,海森堡就学会了微积分运算,也研究过椭圆函数和数论,他被数学中的严谨、理性深深吸引,沉迷其中。16岁的时候,海森堡辅导过一个考化学博士的女大学生的数学,辅导完之后,他还开心地对别人说:"我不知道她懂了没有,我自己学懂了。"

后来,海森堡的自然科学老师一直在课堂上介绍汽车、飞机和电话等的发明,终于将沉迷于数学的海森堡稍微拉出来一点开始研究物理,甚至还开始自学爱因斯坦的相对论。在同学和老师眼中,海森堡无疑是一位自信、帅气的优等生。

在1920年的毕业考试中他也取得优异的成绩,还因此获得了著名的马克西米良基金会的奖学金。老师们是这样评价海森堡的:"他能看到事物的本质,而不仅仅拘泥于表象和细节。""他在数学物理领域的独立工作,远远超出了学校的要求。"

大学入学考试之后,海森堡本想与朋友们一起去法国徒步旅行,结果却得了一场重病,不得不卧床休养。不过,在这段无聊的休养时间里,海森堡阅读到了著名数学家韦尔的著作《空间、时间与物质》,这本书学术水平非常高,一般学生都是看不懂的,而海森堡不仅把它看懂看透彻了,还被韦尔深刻而抽象的数学表达和哲学思想深深迷住了,于是便下定决心到慕尼黑大学专攻纯数学。

1920年秋,海森堡终于正式入学慕尼黑大学。本来,按照海森堡的本意,肯定是要进入数学系的,然而海森堡父亲当时正在慕尼黑大学教中古与近现代希腊语,知道儿子想要学数学,便让海森堡去拜会数学系著名的林德曼教授。此时的林德曼已经年事已高,不太喜欢有人来打扰,而且那天海森堡去见他时,正值他身体不太舒服的时候。

于是在得知海森堡想要进入自己的研讨班时,林德曼便不耐烦地问:"你最近读些什么书啊?"海森堡很得意地回答:"前段时间刚读完韦尔的《空间、时间与物质》。"结果,林德曼却认为海森堡的兴趣不是纯数学,决断地拒绝:"那你就根本不能学数学了!"

芥子须弥：大科学家的小故事

最后，海森堡就只能跟着索墨菲（就是那位培养出 N 多诺贝尔物理学奖获得者，而本人却没得过的物理学家）去研究物理了。当时，索墨菲手下就有两个非常著名的学生，一个叫沃尔夫冈·泡利（Wolfgang Pauli），一个叫彼得·德拜（Peter Debye）。泡利跟海森堡一见如故，像找到知音一样，经常跟这位小师弟大谈物理学。海森堡与泡利交谈时，经常会有"听君一席话，胜读十年书"之感，就这样，两个人很快成了好朋友。

有趣的是，海森堡不知是受泡利的影响还是自己本身就不喜欢物理实验，对平常的物理实验课总是敷衍了事，可以说是对实验仪器方面从来没精通过，在这方面，他和泡利真是"天生一对"。

索墨菲的引导加上这些优秀的同学们，海森堡很快就了解到当时物理界的最前沿信息，凭着他出色的理论物理方面的才华，刚入学就开始着手研究量子论的相关问题，一年后便发表了第一篇论文——《对反常塞曼效应的初步量子论分析》。索墨菲非常欣赏海森堡的才华，但是看着海森堡平常只学习他自己感兴趣的课程（尤其是量子物理），缺乏对系统知识的了解，于是便决定加强海森堡的基础训练，让海森堡研究水流中的涡漩问题（流体力学中最困难的问题），并将此作为他的博士论文题目。

关乎到自己的博士毕业，海森堡只好从量子物理中抽身出来，千赶万赶，终于完成了博士论文，并且还得到了导师索墨菲的强烈赞扬。索墨菲曾写信给海森堡的父亲称赞道："你的家庭出了一位物理学与数学奇才。"本来以为轻轻松松拿个"A"就可以毕业的，半路却杀出个威廉·维恩（负责海森堡的实验课）。

海森堡的物理实验能力实在是不忍直视，因此，在答辩的时候，对于维恩平常都讲到烂的问题，海森堡都不会回答，这让维恩十分气愤，坚决判定海森堡答辩不及格！最终，海森堡仅仅得了个及格（来自索墨菲最高分和维恩最低分的平均），勉强毕业。好在，哥廷根大学物理教授马克斯·玻恩（Max Born）并没有在意海森堡的分数，他看中的是海森堡的实际水平，于是便让海森堡过来当他的助手。

其实，在 1922 年，索墨菲带着海森堡去参加了"哥廷根玻尔节"，从而见到了玻尔"大神",而且,玻尔也对海森堡这位年轻小伙照顾有加,并且还想要海森堡到哥本哈根大学玻尔研究所当他的研究助手。

所以,在1923年至1927年,海森堡来往于哥廷根和哥本哈根之间,不断汲取两地的学术营养,这是海森堡学术生涯的第一个巅峰期。1925年,海森堡的论文《论解释运动学和力学相互关系的量子理论》发表,确定了矩阵形式的量子理论,奠定了量子力学的基石。1927年,他又发现了不确定性原理。海森堡对量子力学及其应用上的重大贡献,使得他荣获了1932年诺贝尔物理学奖,成为继爱因斯坦和玻尔之后的世界级伟大科学家。不过,尽管海森堡提出的不确定性原理被认为是物理学的一个基本定律,却得不到爱因斯坦的认同。

早在1926年,海森堡到柏林做一个量子力学的报告时就与爱因斯坦进行了初次的会面,海森堡还去爱因斯坦的房间里私聊。然而,过程并不愉快,爱因斯坦无法认同海森堡对量子力学的诠释。在1927年的索尔维会议期间(在海森堡提出了不确定性原理之后),爱因斯坦完全不认同这个不确定性原理,几乎每天早上都会想出一个反例来否定它。不过,一到晚上,海森堡、玻尔和泡利就会证明这个反例实际上与不确定性原理并不矛盾。

爱因斯坦可是海森堡心中最为尊敬的"大神",海森堡表示非常想要得到爱因斯坦的认可。于是,在未来的几十年间,海森堡先后 N 次拜访、会面爱因斯坦,直到1955年,爱因斯坦去世,依旧无法改变他对不确定性原理的立场。

尼尔斯·玻尔：哥本哈根学派创始人，不会踢足球的物理学家不是一个卓越的教育家，与爱因斯坦相爱相杀

尼尔斯·玻尔

1885年，尼尔斯·玻尔（Niels Bohr）生于丹麦的哥本哈根，父亲是哥本哈根大学的生理学教授，母亲出身于一个富有的犹太人家庭，玻尔还有一个弟弟（后来成为剑桥大学的数学教授）。父亲为两个儿子的教育可谓是操碎了心，他经常约一大堆朋友来到家里，一起讨论关于科学、哲学、文化甚至是政治的一些有趣的问题，希望在这样的熏陶下，儿子们能从小就热爱自然科学。除此之外，父亲也十分重视儿子的体质，培养他们的体育兴趣。

从童年时代开始，玻尔就是一个优等生，做事专心，成绩一直名列前茅，特别是数学和物理。同时，玻尔爱好足球、乒乓球、帆船和滑雪等。他和弟弟从少年时代就成了著名足球运动员，后来还打进了国家队，两兄弟（一个主力门将，一个主力前锋）称霸丹麦足坛。1908年，玻尔兄弟作为丹麦国家代表队去参加了伦敦奥运会，不过，非常遗憾的是，哥哥玻尔只能作为后补，没有上场。而弟弟作为主力前锋，为丹麦夺得了足球银牌。至于玻尔为什么被列为后补，估计是因为他在之前参加的一场对战特维达队的比赛中不够专心，德国人外围远射时，玻尔却倚在门柱边思考数学题，赛后人们发现，这个门柱被写满了各种公式。

玻尔除了学习成绩好、体育好，动手能力也是极强的。父亲为了培养玻尔的动手能力，为他购置了车床和工具。玻尔很快就熟练地掌握了金工技术，并且会动手修理一切损坏了的东西，比如家里的钟表或自行车。

1903年，玻尔中学毕业，以优异的成绩考入哥本哈根大学数学和自然科学系，专攻物理。其实，后来成为享誉世界的物理学家的玻尔常常调侃说："后悔放弃足球而选择入了物理这个'坑'。"刚开始，玻尔沉迷实验，总是待在学校实验室做实验。后来，丹麦皇家科学院举办了一次优秀论文竞赛，玻尔以有关水的表面张力的论文获得金奖以及一笔奖学金，也正是有了这笔奖学金，玻尔后来才有机会去到剑桥大学的卡文迪许实验室深造。

1911年，玻尔获得哥本哈根大学哲学博士学位，随后便到英国剑桥，跟着当时最有权威的物理学家汤姆逊学习。就像很多天才一样，玻尔与汤姆逊的第一次见面就直言不讳，指出了汤姆逊的一篇论文的错误之处。汤姆逊表示有点介意玻尔如此年少轻狂，因此并没有重视对玻尔的指导。玻尔也觉得他跟汤姆逊谈不来，便转而去到了曼彻斯特大学的卢瑟福实验室，从此与卢瑟福结下了深厚的友谊。

虽然玻尔仅仅在卢瑟福实验室工作了4个多月，但是收获却是巨大的，不仅结识了一大群青年才俊（盖革、马考瓦、马斯登、埃万斯、拉歇尔、法扬斯、莫寒莱、查兑克、达尔文等），还了解到当时实验室研究的最前沿的问题，更重要的是卢瑟福的个人魅力、治学方式让玻尔为之折服。

1912年9月，玻尔回到哥本哈根大学担任编外副教授，开始了他的教学生涯。

玻尔的教学风格深受卢瑟福的影响，无论是多难理解的问题，他都会十分耐心地给学生讲清楚，并且还会将内容讲得十分有趣。与此同时，玻尔开始研究原子辐射问题，并于1913年发表了具有划时代意义的长篇论文——《论原子和分子的结构》，提出了量子不连续性，成功地解释了氢原子和类氢原子的结构和性质，构建了原子结构的玻尔模型。这篇论文由卢瑟福推荐在伦敦皇家学会的《哲学杂志》分三部分发表，人称"玻尔三部曲"。

玻尔的声望越来越高，1914年玻尔应邀去到曼彻斯特大学任副教授。到1916年，玻尔正式成为哥本哈根大学物理学教授，接着在1917年，

芥子须弥：大科学家的小故事

又被评选为丹麦皇家科学院院士。1918 年，卢瑟福专门设置了一个哲学博士职务，想要邀请玻尔来担任，不过，玻尔正在为发展丹麦的物理学研究而努力，计划筹建哥本哈根理论物理研究所，便婉言拒绝了卢瑟福的邀请。

1920 年 9 月，哥本哈根理论物理研究所（即玻尔研究所）终于建成。这个研究所吸引了无数热爱物理的年轻人以及世界知名物理学家前往。海森堡、克拉迈尔斯、狄拉克、泡利、赫韦希、哈尔特列、朗道、派耶尔斯等无数位杰出物理学家都曾来到这里进行学术研究。

在研究所里，玻尔完全没有作为领导人的架子，不会对学生们进行干涉，任由他们发挥。在这样平等、自由、团结的学术研究氛围下，很多物理学最深奥的问题都得以解决，就这样慢慢形成了"哥本哈根学派"，哥本哈根大学也成为世界主要科研中心。

而当别人问玻尔是如何做到将这么多有才华的青年团结到一起的时候，玻尔如此回答："因为我不怕在年轻人面前承认自己知识的不足，不怕承认自己是傻瓜。"1922 年，玻尔因对研究原子的结构和原子的辐射所做得重大贡献而获得诺贝尔物理学奖。然而当时丹麦报纸普遍采用的标题是这样的：《著名足球运动员尼尔斯·玻尔被授予诺贝尔奖》。

玻尔与爱因斯坦相识于 1920 年的柏林，初次见面，相安无事。

从此以后，他们两个便围绕关于量子力学理论基础的解释问题开始了终身论战，只要一见面，就会唇枪舌剑，辩论不已。而"玻爱之争"的主要战场就是在索尔维会议，其中十分重要的三个回合分别是在 1927 年、1930 年以及 1935 年的索尔维会议上。

1927 年的第五届索尔维会议，众星云集，可谓是前无古人后无来者的物理盛会。

爱因斯坦举着相对论大旗，头顶光电效应的光环，玻尔高举着他的"氢原子模型"，玻恩口口声声念叨着"概率"，德布罗意骑着他的"波"，康普顿西装上印着"效应"二字，狄拉克夹着一个"算符"，薛定谔挎着他的"方程"，身后还藏了一只不死不活的"猫"，布拉格手提"晶体结构"模型,海森堡和他的同窗好友泡利形影不离,两人分别握着"不确定性原理"和"不相容原理",埃伦费斯特也紧握他的"浸渐原理"大招牌,还有居里夫人"镭和钋"、洛伦兹的"变换"、普朗克的"常数"、朗之万的"原子论"、威耳逊的"云雾室"等。

1927年第五届索尔维会议与会科学家合影

这次会议分成两派,一派是以爱因斯坦为首的理论物理学家(薛定谔、德布罗意等),一派是玻尔掌门的哥本哈根学派(海森堡、泡利等),两边人数、实力旗鼓相当。海森堡提出的不确定性原理被认为是物理学的一个基本定律,而在这次索尔维会议上,玻尔基于不确定性原理作出了大胆的推论:粒子运动的轨迹是不确定的。玻尔认为在原子世界测量会影响到被测物体。"关键一点在于我们无法分清所看到的到底是原子本身的行为,还是原子与测量仪器之间的作用,在观察存在的伟大舞台上,我们既是观众,又是演员。"

玻尔的这个推论就像一个重磅炸弹,完全颠覆了传统物理关于"实在"的认识,立即在物理界引起了轩然大波。然而,爱因斯坦完全不认同海森堡的不确定性原理,他认为一个完备的物理理论应该具有确定性、实在性和局域性。于是,对于玻尔的推论,爱因斯坦马上举了一个α射线粒子的例子来反击:"很抱歉,我没有深入研究过量子力学,不过,我还是愿意谈谈一般性的看法。"

芥子须弥：大科学家的小故事

不过，玻尔很快就想出了另一个例子来证明爱因斯坦所举的例子与他的推论并不矛盾。在 1930 年的第六届索尔维会议上，爱因斯坦提出了著名的思想实验——光子盒。在这个实验里，时间和能量可以做到同时准确测量，因此，不确定性原理是不成立的。玻尔也不甘落后，在第二天就通过爱因斯坦自己的相对论证明了这一个思想实验是有缺陷的。这时，尽管爱因斯坦被玻尔震惊到，但还是"嘴硬"，他说："量子论也许是自洽的，但却至少是不完备的！"

不过，用爱因斯坦的广义相对论回击了光子盒实验的玻尔，心里也是不踏实的，因为他自知这是自己投机取巧所得到的推论，其中还有很多严格的概念需要澄清。玻尔因此一直耿耿于怀，直到 1962 年去世，人们发现玻尔实验室的黑板上还留着爱因斯坦光子盒的图。玻尔与爱因斯坦的长期论战并不妨碍他们建立深厚的友谊，他们互相关心，互相尊重。

玻尔曾为爱因斯坦迟迟不得诺贝尔奖而担忧，生怕自己在爱因斯坦之前获奖。因此，在 1922 年得知将 1921 年的诺贝尔物理学奖补颁给爱因斯坦，而自己获得 1922 年的诺贝尔奖时，非常激动，便写信给爱因斯坦，谦虚地说："我之所以能够取得这些成绩，是由于您做出的奠基性工作。"

爱因斯坦收到玻尔的信之后，也非常开心，当即回了信："我在日本启程之前不久收到了您热情的来信。我可以毫不夸张地说，它像诺贝尔奖一样，使我感到快乐。您担心在我之前获得这项奖金。您的这种担心我觉得特别可爱——它显示了玻尔的本色。"对于这场发生在 20 世纪最伟大的两位物理学家身上的争论，众多物理学家都给予了高度的评价。

美国物理学家约翰·惠勒（John Wheeler）就曾这样说过："没有矛盾和佯谬，就不可能有科学的进步。绚丽斑驳的思想火花往往闪现在两个同时并存的矛盾的碰撞切磋之中。"而当事人玻尔认为这场争论是自己"许多新思想产生的源泉"。

爱因斯坦也对玻尔给予了极高的评价："作为一位科学思想家，玻尔之所以有这惊人的吸引力，在于他融合了大胆和谨慎这两种难得的品质；

很少有谁对隐秘的事物具有这一种直觉的理解能力，同时又兼有这样强有力的批判能力。他不但具有关于细节的全部知识，而且还始终坚定地注视着基本原理。他无疑是我们时代科学领域中最伟大的发现者之一。"

爱因斯坦："上帝是不掷骰子的！"

玻尔："不用你告诉上帝该做什么。"

玛丽亚·格佩特-梅耶：最后一位问鼎诺贝尔物理学奖的女科学家，一直被质疑是花瓶，担任教授30年，却从没领过一份薪水

众所周知，一直以来，获得诺贝尔奖的女性数量是少于男性的，而当笔者今天仔细查看了一下数据之后，仍然是震惊了！

居里夫人

诺贝尔奖得主中"阴衰阳盛"现象的严重程度绝对超乎你想象。在100多年来，超过200位的物理学奖获得者中，女性仅仅是占了3个席位。而这3位女性的其中一位，就是大家所熟知的居里夫人。

居里夫人于1903年获得诺贝尔物理学奖，是世界上第一位获得诺贝尔物理学奖的女性。然而，在居里夫人获得诺贝尔物理学奖后的半个多世纪里，诺贝尔物理学奖依旧保持高冷，没有奖励过其他任何一位女物理学家。

直到1963年，玛丽亚·格佩特-梅耶（Maria Goeppert-Mayer）因发展了解释原子核结构的数学模型而问鼎诺贝尔物理学奖，成为继居里夫人之后的第二位女性诺贝尔物理学奖得主。此后，直到2018年，唐娜·斯特里克兰（Donna Strickland）用在激光物理学领域的奠基性工作获得2018年诺贝尔物理学奖，由此成为有史以来第三位获得诺贝尔物理学奖的女性。

不过，与居里夫人相比，这位同样夺得诺贝

玛丽亚·格佩特-梅耶

在宏观低速的水平上研究这个世界（1900—1918）

尔物理学奖的传奇女子却显得"低调"许多，以至于很多人都不知道物理界还有这号人物。

1906年，玛丽亚·格佩特-梅耶出生于德国小镇卡托维兹（现属波兰），是家中独女。

1910年，父亲被任命为哥廷根大学的医学教授，于是，举家迁往哥廷根。

彼时，她父亲已经是他们家族中的第6代教授，而出生在科学世家的玛丽亚，从小就被一大堆大学里的学生、教授以及其他学者包围着，其中甚至还包括了之后获得诺贝尔奖的恩里科·费米、维尔纳·海森堡、保罗·狄拉克和沃尔夫冈·泡利。

看到这里，也许你会觉得，这就是典型的"赢在起跑线上"啊，接下来就是玛丽亚一生顺遂，直至获诺贝尔奖。然而，身为女性，玛丽亚的一生却并没人们想象中的顺遂，甚至是在各种不公待遇中艰难前行。

20世纪初的哥廷根是世界公认的理论物理研究中心，是科学的圣地。尽管如此，女孩子还是无法获得与男孩子同等受教育的权利。那个时候，偌大一个哥廷根，竟然只有一所私立学校是接收女孩子的，玛丽亚便来到了这里学习，准备将来考进哥廷根大学。

然而，好景不长，玛丽亚在这所学校学习了两年之后，学校莫名倒闭了，玛丽亚就这样"被"提前毕业了。好在天资聪颖的她还是以优异成绩通过了哥廷根大学的入学考试，成功进入这所世界顶尖学府。起初，出于自己的兴趣，玛丽亚打算专攻数学。不过，不久之后，玛丽亚便转学物理了，原因很简单，毕竟那时比较流行学物理。事实上，在20世纪初，量子力学作为一门新兴学科，正在蓬勃地发展，各种新的思路和观点都异常活跃，这些都深深吸引着玛丽亚，她也想要解开量子力学的秘密。于是，玛丽亚便跟着德国著名物理学家马克斯·玻恩

1954年诺贝尔物理学·奖得主马克斯·玻恩

(Max Born)学习,正式踏进量子物理领域。

1930年,24岁的玛丽亚便顺利从哥廷根大学博士毕业,当时她的博士论文是研究原子的双光子吸收可能性,并计算出了两个光子同时发射或吸收的概率。不过,由于这个概率非常之小,当时无法观测到,直到30年后,激光发明出来,这一现象才终于被证实。而为了纪念玛丽亚在这个领域的贡献,双光子的吸收截面单位被命名为GM(Groppert-Mayer)。

毕业之后,玛丽亚随丈夫、化学家乔瑟夫·梅耶(Joseph Mayer)移居美国。她的丈夫先后任职于约翰·霍普金斯大学和哥伦比亚大学,玛丽亚也在这两所学校继续研究物理。不过,玛丽亚的待遇就没有丈夫的那么好了,她留在学校里做物理研究纯属是靠自己的兴趣支撑。她的求职申请屡屡被拒,只因她丈夫是这里的教授,无论她多优秀都没用。玛丽亚说:"没有一所大学会考虑雇佣一名教授的妻子。"

最后,为了能继续自己的物理研究,她只好提出她不会拿一分钱报酬,自愿留在约翰·霍普金斯大学工作。于是,她被安排在一个阁楼中办公,当一位物理系教师的助手,协助这位教师同德国通信联系。

然而在外人看来,玛丽亚却成了"妻凭夫贵"的典型——她就是一个花瓶,借着丈夫是教授而留在大学里混日子。最值得庆幸的是,那段时间,玛丽亚可以使用学校实验室里的各种科研设备,还可以见到很多同行,并与他们进行学术交流。再加上玛丽亚的刻苦学习,潜心研究,很多高质量论文也由此产生。

1935年,她提出了双β衰变理论,并计算出了原子核的双β衰变过程,在当时引起了不小的轰动,很多科学家也因此对她刮目相看。不过,玛丽亚的待遇不仅没有因此而好转,反而在不久之后,夫妻俩双双被解雇。之后,丈夫受聘哥伦比亚大学化学系,玛丽亚也谋得了一个教师职位,只不过仍然是没有薪水的。

1946年,夫妻俩又来到了芝加哥大学,玛丽亚这次得到了一个"志愿"教授的职位,依然没能领到一分钱。好在不久之后,邻近的阿贡国家实验室成立,玛丽亚在那里的理论物理组找到了一份兼职工作。

在宏观低速的水平上研究这个世界（1900—1918）

经历过诸多不公待遇的玛丽亚表示早已习惯了，她最大的满足就是能继续探索量子物理的秘密，与其他优秀物理学家们探讨问题。此时玛丽亚的兴趣范围也扩大到原子核物理，并直接盯上了违背当时主流知识的原子核的"壳层模型"。在那个时候，人们对原子的核外结构已经有了比较清晰的理解，早已知道电子在球形壳中绕着原子核运转。

但是对于原子核本身的结构可以说是仍然是一个谜，尽管已经知道原子核由质子和中子构成，也知道当质子数和中子数为某个特定数值或两者均为这一数值时，原子核的稳定性会变大，这些数值被称为"幻数"。并且在1933年之前，科学家就已发现了2、8、20、28、50、82和126等幻数的存在。

然而，在此之后，关于"幻数"存在的证明就没有任何进展了，因为证实了"幻数"就等于证实了当时的一个猜想"核壳层模型"，这意味着要挑战当时的权威，即著名物理学家尼尔斯·玻尔于1935年提出的"原子核液滴模型"。

当时，很多与玛丽亚合作的科学家都说她疯了，竟然敢有与大师玻尔的原子核模型完全相反的想法！不过，玛丽亚才不管这些，她一直坚持她自己的想法，认为原子核本身肯定具有质子与中子的稳定封闭壳层，它们便围绕着共有的质心运转，就像原子内电子围绕着原子核运转一样。

后来，在费米的建议下，玛丽亚研究了"自旋-轨道耦合"理论，首次用此来试图解决"幻数"问题，并于1949年提出了原子核壳层结构的数学模型，于1955与物理学家汉斯·杨森（Hans Jensen）共同出版了《原子核壳层结构的基础理论》一书，彻底解释了"为何特定数量的核子使原子核特别稳定"这个困惑物理学家许久的问题。

玛丽亚将她的这个理论比作"跳华尔兹"：礼堂中的所有夫妇都沿着同一方向绕圈起舞，这就是轨道，而每对夫妇都在舞步中旋转，便是自旋。原子核中也是同样道理，质子和中子彼此按照一定的轨道环绕的同时旋转，就像舞厅中跳华尔兹的一对对伴侣，形成像洋葱那样一层层的构筑路径。因此，玛丽亚的核壳层理论也被称为"洋葱理论"，连"毒舌之王"

芥子须弥：大科学家的小故事

泡利都要尊称其一声"洋葱女神"。

1963年，已经57岁的玛丽亚，凭借着她的原子核壳层模型，站上了诺贝尔物理学奖的领奖台上，成为世界上第二位问鼎诺贝尔物理学奖的女性，她盛装出席了当年的颁奖典礼。

那一年，玛丽亚成为全世界最闪耀的那颗星，诺贝尔奖公布后她收到了近1000封祝贺信以及无数的小礼物，还有各大媒体无尽的采访，所有人的敬意。然而，却没几个人知道，身为女性的玛丽亚，从小到大经历过多少歧视，遭遇过多少不公，直到得诺贝尔奖的3年前，玛丽亚才获得了加州大学圣迭戈分校（UCSD）的正教授职位，终于拿到了几十年来的第一份报酬……

1964年，玛丽亚曾在一次面对400名高中女生的演讲中表示，她所认识的那些在婚后继续从事科学事业的女性，都是跟科学家结婚的，但是女性从事科研总体上还是有很好的机会的，并敦促她们好好学习科学知识。她说："成为一个受过良好教育的女性，力所能及地推动对科学的认知。""我们的国家需要你们。我这一代人已经做出了我们的贡献，现在轮到你们继续下去了。"

列夫·朗道：作为一名科学家，帅过当代"鲜肉"，却生不逢时，然而一生中还是没有什么事是不成功的

1908年1月22日，列夫·朗道（Leu Landau）出生在里海之滨巴库的一个知识分子家庭，这是一个在俄罗斯帝国时期少有的充满科学氛围的家庭。

当时正处于第一次世界大战以及苏俄内战，学校的正常教学秩序无法得以保障，因此，在很大程度上，学生们要依靠自学来获取知识。不过，这对朗道来说，也许是一件幸运的事情。朗道在班上年龄最小、个子最矮，很少跟同学们玩，他喜欢自己一个人研究数学书上的数字

列夫·朗道

和几何图形。朗道有极高的数学天赋，7岁就学完了中学数学课程，12岁就已经学会了微分，13岁学会了积分。因此才有了"数学思维几乎成了他的本能"这样的说法。

1921年，13岁的朗道就中学毕业了，他的父母担心他上大学还太小，而且他父亲希望他选择偏实用的专业，于是，朗道就遵从父亲的意愿，跟着姐姐一起到经济技术学院学习财经。然而，朗道对财经并不感兴趣，憋屈地在那里待了一年之后，就转到了巴库大学学习数学、物理学和化学。

1924年，在巴库大学毕业后，朗道来到了列宁格勒大学继续学习物理，这是朗道学习物理的一段黄金时期。因为当时苏联的很多著名的物理学家如约飞、福克、夫伦克耳等人都在这所大学授课。从他们那里，朗道接触到了最前沿的物理知识，比如当时处于形成阶段的量子理论。科学的

美，人类智慧的神秘，这些都让朗道沉迷于学习之中，无法自拔。有的时候身体累到极致却还是无法入睡，因为脑子里不停地盘旋着各种公式。朗道入迷地演算海森堡、薛定谔、索墨菲和狄拉克的量子力学，尤其热衷于"时空弯曲"和"不确定性原理"。

1927 年，19 岁的朗道发表了第一篇学术论文，处理了双原子分子的光谱问题。就在同一年，他在用波动力学处理韧致辐射的论文中，提出了密度矩阵的概念，这在后来的量子力学和量子统计物理学中起了重要的作用。从列宁格勒大学毕业后，朗道成为苏联科学院列宁格勒技术物理研究所的研究生。

1929 年，经过数次申请，朗道终于获准出国，先后在德国、瑞士、荷兰、英国、比利时和丹麦进修访问。在这期间，他几乎见到了当时所有的量子物理学家。

而对于自己没出生在量子力学建立的关键时期，朗道曾酸溜溜地表示："漂亮姑娘（量子力学）都和别人结婚了，现在只能追求一些不太漂亮的姑娘了。"因此，有人就有了这样的感叹："朗道生不逢时。"如果他早生十几年，就正赶上了物理学的革命时期（相对论、量子论的草创阶段），以他的才华，对人类知识的贡献，一定可以比肩爱因斯坦、玻尔等世界级大师。

朗道是一个"眼睛里容不得一粒沙子"的人，他对自己和学生们要求都十分严格。他要求自己的论文每篇都有基本的重要性，从来不理会那些无关宏旨的烦琐题目。他看不起那些华而不实的学术"论文"，说那只是"废话"和"空气中的振动"！

而他的学生们根本不必担心要问朗道什么样的问题，因为任何问题在朗道看起来都是愚蠢的。朗道要求他的学生每年所写的文章不能超过 10 页，因为在朗道看来，他们的创造力每年最多只有 10 页。

在研究所的时候，朗道还给同事、上级的工作能力都打了分数，并且张贴了大字报。那时，几乎所有人都生活在恐惧之中，他们每天上班的第一件事情就是去朗道的办公室前面看看今天有没有自己的名字。而对于爱因斯坦、玻尔这些前辈，朗道也是很不给面子。有一次，玻尔想到一个假说，当他跑去问朗道有什么想法的时候，朗道直接回了一个字："Quatsch（垃圾）。"

还有一次，爱因斯坦演讲结束后，主持人问大家有什么问题向演

朗道喜欢的工作姿势

讲者提问的时候，年轻气盛的朗道从座位上站起来说道："爱因斯坦教授告诉我们的东西并不是那么愚蠢，但是第二个方程不能从第一个方程严格推出。它需要一个未经证明的假设，而且它也不是按照应有的方式为不变的。"而爱因斯坦用心地听完朗道所说的问题，对着黑板思索片刻后，对大家说："后面那位年轻人说得完全正确。诸位可以把我今天讲的完全忘掉。"

朗道曾在教室黑板上方悬挂一幅"牧人吹笛羊群吃草"的油画：朗道坐在讲台上，长着一对天使翅膀，头上绕着光环（那光环似乎是用量子力学波函数 Ψ 组成的），下面的学生则个个长着长长的驴耳朵，恭恭敬敬地聆听教诲。

朗道本人解释说："他是牧人，学生是羊，他只不过是'对羊吹笛'。"（也就是成语"对牛弹琴"的意思。）

据说有一次朗道去苏黎世做演讲，而苏黎世是泡利的"老巢"，并且朗道去做演讲的时候泡利刚好在现场！然而，一向狂傲的朗道却藏起了他的"天使翅膀"，还收起了"Ψ光环"，演讲完后还破天荒地作绵羊状，谦虚地说："我自己刚才讲的东西有可能是错的。""噢，绝对不是。"泡利安慰他说，"你讲的东西是那样乱作一团，我们根本弄不清哪些是对的，哪些是错的。"

在朗道眼中，费米是一位不可多得的"全能物理学家"，而在费米逝世以后，朗道感叹："现在我就是最后一位全能物理学家了。"也许你会觉得朗道狂妄自大，但是事实上，他的这种看法并非自夸自赞，而是有着不

容置疑的真实根据的。

朗道对理论物理学的许多方面有所贡献，在国际物理学界享有很高的声望。莫斯科物理问题研究所所长卡皮查就曾这样评价："朗道在整个理论物理学领域中都做了工作，所有这些工作都可以用一个词来描述——卓越。"

1958年，苏联原子能研究所为了庆贺朗道的50寿辰，送了他一块大理石板，板上刻了朗道平生工作中的10项最重要的科学成果，把他在物理学上的贡献总结为"朗道十诫"：

1. 量子力学中的密度矩阵和统计物理学（1927年）

2. 自由电子抗磁性的理论（1930年）

3. 二级相变的研究（1936—1937年）

4. 铁磁性的磁畴理论和反铁磁性的理论解释（1935年）

5. 超导体的混合态理论（1934年）

6. 原子核的几率理论（1937年）

7. 氦Ⅱ超流性的量子理论（1940—1941年）

8. 基本粒子的电荷约束理论（1954年）

9. 费米液体的量子理论（1956年）

10. 弱相互作用的CP不变性（1957年）

1962年，朗道由于对液氦理论的研究而获得了诺贝尔物理学奖。不过，朗道当时由于身体原因，不能前往国外领奖，结果诺贝尔奖基金会打破了惯例，历史上首次不是在瑞典首都由国王授奖，而是在莫斯科由瑞典大使授予了朗道这一物理学研究的最高荣誉。以至于朗道在1968年4月1日临终时还说了这句话："我这辈子没有白活，总是事事成功。"

朗道一生的著作多达120余部，可以说涉及当时物理学的各个领域。朗道已经出版的高等学校教科书以及他关于理论物理学的专著，都是以论述精确和科学资料丰富为特征，写得深入浅出、立论明确、叙述扼要、结论清楚。其中，朗道与他的学生栗弗席兹合著的九大卷理论物理学教程，不仅培育了整整一个富有成果的苏联物理学派，也教导了全世界一代又一代的物理学生。

约翰·巴丁：史上唯一两获诺贝尔物理学奖的传奇人物，却称自己只是懂点物理的平常人

1908年5月23日，约翰·巴丁出生在美国威斯康星州麦迪逊市的一个大家庭里，父亲是威斯康星大学医学院的院长和解剖学教授，母亲从事室内装饰设计，他在五个孩子中排行老二。

小巴丁是个注意力高度集中的孩子，自幼便显示出超乎常人的智慧。加上他性格有点内向，不喜欢说话，跟身边的小朋友都玩不到一起。

虽然妈妈发现了巴丁的天赋，但还是想让他接受正常的教育。她把6岁的巴丁送进小学学习一段时间后，发现小学知识对巴丁来说实在是太容易了。妈妈思前想后，觉得不能埋没巴丁的天赋。于是在巴丁9岁时，妈妈让他直接从小学三年级跳级到初中一年级，成了班上年龄最小的学生。年纪小小的巴丁感觉跟身边的大哥哥大姐姐们格格不入，变得更加内向了。

连跳三级之后，巴丁依然是班上的学霸，尤其在数学上，第二年就参加了麦迪逊市的代数竞赛，还拿了奖！到了1922年，14岁的巴丁已经完成了大学预科的学业。

虽然智商超前，但作为老二，超老大太多好像不太好。于是，他陪着哥哥多读了一年高中，主修物理和数学课程。一年之后，15岁的巴丁成了美国著名的威斯康星大学的大一新生。虽然巴丁在物理和数学上很有天赋，但他却选择了电气工程专业。

在这里，身边进进出出的都是学霸跟教授，巴丁终于找到一些能和他愉快聊天的人。1929年获得硕士学位后，他跟随着最喜欢的教授李欧·彼得斯（Leo Peters）去了匹兹海湾研究所实验室工作。很快，巴丁凭借自己的天赋和毅力，发现了勘探石油的一种新的电磁学方法，大大提升了勘探效率。也许是按捺不住体内躁动的学霸之魂，在实验室待了三年之后，

芥子须弥： 大科学家的小故事

巴丁想要继续进修，打算到普林斯顿跟随爱因斯坦学习物理。

然而，命运似乎早有安排。当巴丁到了普林斯顿时，爱因斯坦已经不在那里了。于是，巴丁转而师从尤金·保罗·维格纳（Eugene Paul Wigner）教授学习数学物理。对巴丁来说，普林斯顿真是一块福地，事业爱情双丰收。在那里，巴丁不仅扎进了固体物理学这个让他获得两次诺贝尔奖的"坑"，更重要的是，他遇到了此生挚爱——妻子麦克斯韦。

巴丁夫妇

1938年，两人喜结连理。婚前，巴丁的工作是做各种研究；婚后，巴丁的主业变成了照顾妻子儿女，副业才是做研究。视老婆如命的他，就算实验室的工作再多再忙，全家的饭菜也都是他一个人包揽。"二战"结束后，在朋友的推荐下，巴丁到贝尔实验室半导体物理组工作，研究固体物理。与著名物理学家肖克利、布拉顿成为同事。

1947年11月，因为仪器进水，巴丁在清洗过程中偶然发现：如果仪器浸泡在电解液中，会观察到更强的光电效应。有一天，他和两位同事正在试图用半导体晶体把声音信号放大时，突然发现他们制造的器件不仅放大了声音信号，还可以对电流有控制作用。这个发现实在太偶然了，他们自己都不敢打包票。经过一周的验证之后，他们确信可以重复才向上级进行了演示。

就这样，对后世产生重大影响的晶体管诞生了。

那天，巴丁回家有点晚，他悄悄走进厨房对他老婆说："亲爱的对不起，今天我发明了一样东西，所以回来得有点晚。"然后自觉地从老婆手里接过了锅铲继续做饭……

1956年11月1日，满世界都知道

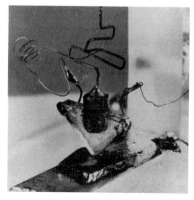

世界上第一个晶体管

了巴丁和肖克利、布拉顿因晶体管技术获得当年的诺贝尔物理学奖。而此时的巴丁一无所知,像平时一样在厨房为家人煎鸡蛋。

小女儿兴冲冲地跑进厨房大喊:"爸爸你获得了诺贝尔奖!"

巴丁吓了一跳手一抖,锅和鸡蛋"啪"地掉在了地上。

得知获奖消息之后,巴丁在给朋友的信中写道:"我怀疑委员会中的很多人都不确信这项技术值得获奖。我自己也感到怀疑。"

这个获得诺贝尔物理学奖殊荣的发明有多伟大?

当时的半导体器件耗电很大,功率却很小,很大程度上限制了电子领域的发展,以至于那个年代的电子产品都很水。而晶体管凭借自身优越的性能,开创了全新的电子领域,成为与印刷术、汽车和电话相提并论的伟大发明。

世界上第一个晶体管获奖的消息,让巴丁身边的人们开始关注这个沉默低调的男人。有天晚上,一群物理学家和夫人自发组织拿着手电筒当火炬高歌祝贺巴丁,巴丁赶紧制止他们,"你们轻一点,别吵到我太太睡觉"。

巴丁的"妻管严"是出了名的,连报纸的头版头条都是:"本地一女子的丈夫获得诺贝尔奖"。晶体管取得成功后,这位宠妻狂魔并没有停下自己研究的脚步,他又开始跨界捣鼓起了超导现象。

当时世界上很多著名的科学家,像爱因斯坦和费曼这些大拿,都在试图解释超导现象。很多人都接近成功,但还是没有人能够真正解释。

1957年,也就是获得诺贝尔奖的一年后,巴丁和库珀、施里弗共同创立了BCS理论,对超导电性做出了合理的解释,震惊了整个物理学界。他们完整地解释了有些材料在一定温度下电阻可以变为0的原因,为之后制造更精密的实验仪器、坐上磁悬浮列车奠定了理论基础。

1972年10月20日清晨,一个来自瑞典的越洋电话吵醒了熟睡的巴丁,因为超导性研究,巴丁再次获得诺贝尔物理学奖。巴丁也成为第一位获得两次诺贝尔物理学奖的科学家。

巴丁不仅低调,还非常谦逊。因为两次获奖都是与他人共同分享的,

芥子领弥： 大科学家的小故事

巴丁领奖现场

所以巴丁曾开玩笑说，自己其实只是获得了 2/3 的诺贝尔奖。

领完奖后，巴丁依旧当作什么都没发生。每天默默做着自己的研究，打打高尔夫球、看看橄榄球比赛，给妻子儿女做饭，偶尔和邻居一起野炊烧烤聚餐……巴丁觉得自己不过是一个平常人，一个懂点物理，希望与老婆白头偕老的平常人。

苏布拉马尼扬·钱德拉塞卡：20 岁就取得诺贝尔奖级别的成果，却惨遭导师手撕论文、学界猛烈抨击，含冤 50 年后终获诺贝尔奖被认可

1910 年 10 月 19 日，苏布拉马尼扬·钱德拉塞卡（Subrahmanyan Chandrasekhar）出生在英属印度的旁遮普地区（现在的巴基斯坦）的一个名门家庭，家境优渥。父亲是印度会计暨审计部门的一名高级官员，同时也是一名音乐爱好者，会演奏卡纳蒂克音乐以及撰写音乐著作；母亲是一位知识分子，曾将亨利

苏布拉马尼扬·钱德拉塞卡

克·易卜生的剧作《玩偶之家》翻译成泰米尔语；叔叔拉曼（Raman）因光散射方面的研究工作和拉曼效应的发现而获得 1930 年的诺贝尔物理学奖，是第一位获得诺贝尔物理学奖的亚洲科学家。

起初，钱德拉塞卡只是在家里学习，直到 12 岁才去清奈的高中就读。在学校里，钱德拉塞卡是一个出类拔萃的学生，数学才华尤其突出，在当地有神童之誉。出于对数学的兴趣，钱德拉塞卡了解了印度数学家拉马努金，并把他作为自己的偶像，立志成为数学家。

不过，在父亲的坚持下，钱德拉塞卡转而学习物理，并于 1925 年进入清奈院长学院物理系学习。数学天赋好，物理自然上手也快，再加上钱德拉塞卡本身勤奋好学，钱德拉塞卡很快成为物理系的佼佼者，并开始在著名的学术期刊上发表论文。

1928 年，著名物理学家索墨菲到院长学院访问，一眼便相中了钱德拉塞卡，还把自己将要发表的关于费米 - 狄拉克统计的论文送给了钱德拉塞卡，幸运钱德拉塞卡是世界上首批阅读此论文的人之一。事实上，在索

芥子须弥： 大科学家的小故事

墨菲来访之前，钱德拉塞卡就做足了功课，勤奋的他将索墨菲的经典教材《原子结构和谱线》已经完全弄懂了，并且敢于在索墨菲面前介绍自己。

亚瑟·斯坦利·爱丁顿

就在这一年，经常去图书馆学习的钱德拉塞卡，偶然间看到了英国物理学家福勒（Fowler）的《论致密物质》以及爱丁顿的《恒星的内部结构》，他被论文中的内容深深吸引，开始了解白矮星，从此便一发不可收地爱上天文物理。白矮星是演化到末期的恒星，体积小、亮度低，但密度高、质量大，据说像一粒黄豆那么一点大就已经有了一吨的重量。由于钱德拉塞卡的成绩异常突出，印度政府专门为他设立了奖学金，资助他去英国深造，而这正是钱德拉塞卡所希望的，因为英国剑桥有他喜爱的福勒和爱丁顿。

1930 年，19 岁的钱德拉塞卡大学毕业即被剑桥大学录取，并于 7 月 31 日登上去英国的轮船。在那个时候，从印度去英国需要长达 18 天的海上航行，勤奋的钱德拉塞卡表示绝不能就这样白白浪费掉这十几天，便带了偶像爱丁顿的《恒星的内部结构》解解闷，并且打算重新计算福勒的推论（电子是非相对论性的粒子并遵循牛顿定律，白矮星的密度同它的质量的平方成正比），试图将因相对论所引起的变化加入到福勒理论中，期望求出福勒理论一个简洁的、相对论性推广。

轮船上，当其他人都沉浸在美酒、音乐和舞蹈的狂欢中时，钱德拉塞卡沉迷于他的演算，算着算着，竟然发现了一个惊人的结论！在当时，恒星的白矮星阶段被认为是一切恒星演化过程的最终阶段，但是此时此刻的钱德拉塞卡通过计算，发现并不是所有恒星都能演化成白矮星，当恒星质量超过某一上限时，它的最终归宿将不会是白矮星！并且钱德拉塞卡初步计

福勒

算出这个上限就是 1.44 倍的太阳质量！（后来称为"钱德拉塞卡极限"。）

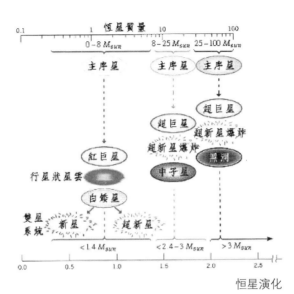

恒星演化

钱德拉塞卡深知这个发现会引发一场天文物理的革命，便满怀激动的心情将这些相关计算记录下来。钱德拉塞卡的这一发现被认为是 20 世纪天体物理学领域最重要的一项研究成果。到达剑桥大学之后，钱德拉塞卡十分幸运地跟着他的偶像福勒一起进行研究工作。刚开学的时候，钱德拉塞卡就把他在来英途中所算出的结果给福勒看，希望得到福勒的认可。

然而，福勒对钱德拉塞卡算出的结果表示强烈怀疑，也不同意资助钱德拉塞卡的文章在皇家学会发表。无奈之下，钱德拉塞卡只好将文章改投美国《天体物理学报》杂志。结果，该杂志将文章交给了完全不懂天文学的地球物理学家卡尔·埃卡特审阅，一年之后，终于将钱德拉塞卡的文章发表了，并没有引起任何关注。

后来，钱德拉塞卡又将关于白矮星质量上限的计算递交给自己的另一位偶像——爱丁顿。爱丁顿代表的是当时天文学界的绝对权威，"爱丁顿所说的都是对的！"非常幸运，爱丁顿表示非常认可钱德拉塞卡的研究成果，鼓励钱德拉塞卡继续去完善他的发现，经常来跟钱德拉塞卡聊天，确认研究进展，甚至还将学院唯一的一台手摇计算机借给了钱德拉塞卡。后

芥子须弥：大科学家的小故事

来还帮钱德拉塞卡争取到皇家天文学会会议的发言权！

爱丁堡的重视让钱德拉塞卡有点受宠若惊，但同时也鼓舞了之前屡屡受挫的钱德拉塞卡。钱德拉塞卡埋头苦干了四个月，终于完成了白矮星的完整理论，并将此写成论文，随时准备着发表。1935年的英国皇家天文学会会议上，钱德拉塞卡进行了长达30分钟的演讲（在爱丁顿的强烈建议下，皇家学会终于同意给这位年轻人的时间由之前的15分钟增加到30分钟），踌躇满志地将自己关于白矮星的发现公布于众！

然而，在钱德拉塞卡作完报告后，爱丁顿走上讲台，立马将钱德拉塞卡的讲稿撕成两半，宣称这完全是谬论！"这几乎是相对论性简并公式的一个谬论，我认为根本不存在相对论简并。也许可能会有各种偶然事件介入拯救恒星，但是绝不会是钱德拉塞卡博士所说的方式，我认为应该有一个自然定律阻止恒星以如此荒唐的方式运动。"这突如其来的打击让钱德拉塞卡瞬间一脸懵，而台下此起彼伏的笑声让钱德拉塞卡尴尬得无地自容，刚想要反驳，会议主席就出声阻止了，让钱德拉塞卡下台后好好感谢爱丁顿的建议。

从此，钱德拉塞卡就与爱丁顿产生了不可调和的矛盾，而当时人们对爱丁顿的话深信不疑，在这场关于恒星演化的争论中，都毫不犹豫地站在爱丁顿这边。爱丁顿的权威无法忽视，就连量子力学的几位大拿玻尔、狄拉克、泡利尽管私底下认可钱德拉塞卡的理论，但也不愿公开声明支持钱德拉塞卡。黑洞物理学研究就因为这样而停滞了30年。被爱丁顿公开抨击多次之后，钱德拉塞卡已经无法在英国立足，只好到美国芝加哥大学另寻出路，并且决定放弃关于白矮星的研究课题。

至于为何离开自己一直研究的领域，钱德拉塞卡是这样说的："我发觉自己同天文学的领袖人物处于一场争论之中，我的研究工作完全受到整个天文学界的怀疑。我必须下决心究竟做什么。我的余生应继续斗争下去吗？……我真的认为不断唠叨地反复讲已做过的某些事是无效果的。对我来说，更好得多的是改变感兴趣的领域和研究别的问题。如果我是对的话，那么它终究会被人知道是对的。……我并没有必要留在那里，所以我就离开了它。"

1939年，钱德拉塞卡出版了《恒星结构研究导论》总结了自己之前的研究，结束了对恒星结构的研究；然后转向了恒星动力学领域，并于1943年以一部《恒星动力学原理》的著作结束了在这个领域的研究；接着又把研究兴趣转向了辐射转移领域，于1950年出版了专著《辐射转移》；还有磁流体稳定性与流体动力学、黑洞的数学理论、引力波碰撞的课题等，并发表著作《等离子体物理》《流体动力学和磁流体力学的稳定性》《平衡椭球体》等。

如今这些著作都成了各个领域内的经典。还有他含辛茹苦连续19年主编的《天体物理学报》，从一本校级刊物办成一本国际性著名学术刊物，如今能否在《天体物理学报》上发表文章成为衡量一位天文工作者水平高低的重要标志。就是因为爱丁顿的打压，让钱德拉塞卡意识到，一个人不能总在一个领域霸占权威，因为没有几个人能够做到在功成名就之后，还能长久保持谦虚好学的精神，甚至还会阻碍一个年轻人的发展。从此，钱德拉塞卡便形成了每当在一个领域做出成绩之后就毫不犹豫地放弃，转而去研究另一个领域的作风。

在芝加哥大学任教初期，由于爱丁顿等英国天文物理权威人士的抨击，尽管钱德拉塞卡教学严谨，板书讲稿整洁优美到可以拿去印刷出来，还是没有几个人去听他的课。而当时令钱德拉塞卡经常不惜几百英里的车程去芝加哥大学上课的两位学生，就是中国的杨振宁和李政道（两人于1957年获得诺贝尔物理学奖）。1983年，钱德拉塞卡因对"恒星结构和演化中物理过程重要性的理论研究"获得了诺贝尔物理学奖。（没错，就是53年前钱德拉塞卡在赴英的旅途中所计算出的"钱德拉塞卡极限"。）

此时的钱德拉塞卡已经年过七旬，两鬓斑白，颤抖着手，接过了这个迟到了53年的荣誉——他终于得到认可。

钱伟长：史上最强偏科生，身高149厘米却称霸跨栏界与足坛，高考物理5分，却成了世界力学大师，与爱因斯坦合出文集

1912年，钱伟长出生在江苏无锡七房桥村的一个书香家庭，父亲是一名教师，四叔钱穆是国学大师，六叔诗词、书法信手拈来，八叔则擅长小品以及笔记杂文。

在这样的氛围下，钱伟长很自然地也迷上了文学，还没开始上学就已经读遍《春秋》和《左传》等名著。7岁时，钱伟长就被送去村里的小学读书，不料，没读几天，村子就被一场大火烧得面目全非，不得不转学。转学之后，又碰上军阀战乱，他先后进过荡口镇的3所小学。13岁时，钱伟长随父亲到无锡，先后就读于荣巷公益学校、县立初中、国学专修学校（苏州大学前身）。

这根本就不是上学，而是在逃避战乱，不是在停学逃难，就是在失学在家。更不幸的是，在16岁的时候，父亲因病去世，接着，钱伟长的一个弟弟和三个妹妹先后夭亡，这让钱伟长深受打击。

此后，他就跟随四叔钱穆一起生活，并在四叔所在的苏州中学就读，学习了数理化和西洋史。不知是不是叔父是自己老师的原因，钱伟长的文史成绩始终名列前茅（文学课的老师就是钱穆），不过，数理一塌糊涂，英语惨不忍睹。

因此，在1931年高考的时候，如此偏科的钱伟长为了提高被录取的机会，在短短的一个月里，连续报考了五所大学（清华大学、上海交大、中央大学、武汉大学、浙江大学）。结果，钱伟长以文史双百的优异成绩

被这五所大学同时录取了！

在考清华的时候，语文题目是著名哲人陈寅恪出的，题目是《梦游清华园记》。钱伟长不到45分钟就写出了450字的赋！没错，就是四大文体（诗词曲赋）中最难写的那个！更厉害的是，钱伟长写的这首赋简直完美到无可挑剔，阅卷老师只能服气地给了满分100分。

历史考的是《二十四史》，诸如回答名字、作者、出自多少卷、注者这些让人"吐血"的题，很多人都拿了零分，而钱伟长却毫不费力一字不差写完，拿了100分！

所以，钱伟长这两个科目就已经一分不失拿了200分，然而，这场考试钱伟长的总成绩仅仅是225分！那宝贵的25分分别来自：化学+数学=20分，物理5分，英语0分（没学过）。并且，当时还没"发育"完全的钱伟长身高只有149cm，差1cm才能达到清华录取的标准。

最终，钱伟长以惊人的文史成绩被清华大学破格录取了。而在面对这五所名校的录取，钱伟长听叔父钱穆的建议，决定选择清华大学历史系，成为"清华历史上首位身高不达标的学生"。结果，在进入清华大学历史系的第二天，即1931年9月18日，日本发动了"九一八"事变，当钱伟长从收音机里听到这个消息时，立刻坐不住了，他决定弃文从理，加入国家"制飞机大炮"的队伍中！而当他急匆匆地跑到物理系主任吴有训的办公室时，发现不仅仅是自己这么想，办公室门口简直是人山人海，大排长龙！当时清华至少一半的学生都想要进入物理系学习，制炮救国！

钱伟长怀着激动的心情，排了很久的队，终于到自己的时候，没想到只说了一句话就被拒绝了！

吴有训："你高考物理几分？"

钱伟长："5分，但是……"

吴有训："下一个！"

除此之外，吴有训还"吓唬"这位瘦小羸弱的学生："这位同学，你要根据个人的条件选择，目前物理系每年都会有近一半的同学受不了学业负担而转系，这对学校和个人都是损失。请你慎重考虑！"

不过，钱伟长表示不会轻易放弃，经过一个多星期的软磨硬泡、死缠烂打（每天从早上6点就守着物理系主任办公室，还不去历史系报到），终于打动了吴有训，允许钱伟长先在物理系学一年。

吴有训要求钱伟长在这一学年结束的时候，物理和微积分的成绩都要超过70分，同时选修化学，另外还要加强体育锻炼。钱伟长当然二话不说就答应了，从此，顶着随时被转系的压力，钱伟长开始了艰辛的学理生活。每天除了上正课以及做实验之外，钱伟长还要自己补习英文以及中学时的数学知识，可谓是夜以继日地苦读。

在这期间，吴有训给予了极大的帮助，他告诉钱伟长："物理不像学中文，不要追求文字的记忆硬背，而要体会其严格的概念，要学通，通就是懂了，懂了才能用，用了自然就记得了。"终于，功夫不负有心人，经过一年的努力，钱伟长的各科成绩均在70分以上（当时考核成绩非常严格，得70已经十分困难，得90分的更是少之又少），终于如愿留在了物理系。

1935年，钱伟长以优异成绩从物理系毕业。经过四年的学习，钱伟长从入学5分的物理"学渣"一跃成为物理系的第一名。然而，后来钱伟长回忆起这段时光，十分谦虚地表示："那是因为当年和我一起改学物理的都没坚持下来。"

在清华，除了流传着钱伟长废寝忘食学渣变学霸的光辉历史之外，还有就是"清华体育五虎将"。大二的时候，仅有149厘米的钱伟长，在面对106厘米的跨栏时，毫无畏惧，一举拿下全国大学生运动会跨栏季军，简直生猛得一塌糊涂！除此之外钱伟长还十分擅长踢足球，他是清华足球队的主力左前锋，后来还加入国家队，参加了在菲律宾举行的远东运动会，完虐日本队。"那场比赛，我踢进了一个球，还穿了对方守门员一个裤裆。"体育如此厉害的钱伟长，当然少不了平时的锻炼，而就是因为他勤于锻炼，终于在毕业的时候，身高达到了166厘米！两年后，又长高了3厘米！

本科毕业后，钱伟长选择留在学校读研，1940年，他又考取了公费留学生，远赴加拿大多伦多大学，主攻弹性力学，师从辛吉研究板壳理论。1942年,钱伟长仅仅用了50天,就完成了他的博士论文《弹性板壳的内禀理论》,发表在世界导弹之父冯·卡门的60岁祝寿文集内,被一起收录的还有爱因斯坦的论文。爱因斯坦对钱伟长的论文也是大加赞叹:"这位中国青年解决了困扰我多年的问题。"这篇论文让钱伟长在世界科学界崭露头角。

获得多伦多大学应用数学系博士学位后,钱伟长去美国加州理工学院担任美国国家喷射推进研究所研究总工程师,师从

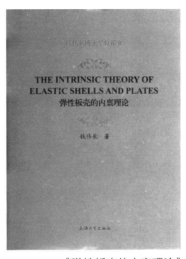

《弹性板壳的内禀理论》

冯·卡门从事航空航天领域的博士后科学研究。1946年,钱伟长与冯·卡门合作发表了《变扭率的扭转》,这是世界上第一篇关于奇异摄动理论的论文,成为该领域公认的奠基人。

冯·卡门

后来,钱伟长又参与了人造卫星的规划和研制工作,在"二战"期间还通过研究德国导弹的射程射点,成功拯救了伦敦,令丘吉尔大赞:"这美国青年真厉害!"然而,他并不知道,这不是美国青年,而是中国青年钱伟长!在美国工作的钱伟长,领着8万美元的年薪,在高大上的实验室工作,看上去别提有多惬意了。

不过,事实是,钱伟长心里一直挂念着祖国,学有所成的他一直在争取回国,特别是在得知抗日战争胜利后,更是多次向冯·卡门提出回国的要求,但是冯·卡门始终不点头,美方也多次阻挠。最后,钱伟长以思念家人为由,美方终于同意他回国探亲。1946年5月,34岁的钱伟长终于搭上回国的轮船,去实现当年弃文从理,为祖国制导弹的梦想。

回忆起美国的生活,钱伟长如是说:"老实说,在国外的生活是非常

芥子须弥： 大科学家的小故事

舒适的，领导着大的工程师队伍，就是做'洋官'的人，当然我是'技术官'。可我不稀罕这个，我当时是为美国做事，做出来的导弹火箭都是美国用的，我干吗，我要回来就回来了。"

回国后，钱伟长应聘为清华大学机械系教授，兼北京大学、燕京大学教授。在清华，钱伟长继续变身工作狂，一个星期至少上17节课（一般教授都是只上6节课的），一个月的工资却只够买两个热水壶。1948年，钱伟长又收到美国喷射推进研究所的邀请，但前提得忠于美国，钱伟长断然拒绝了，选择继续留在祖国。

在当时异常艰苦的条件下，钱伟长开创了我国大学里第一个力学专业——北京大学力学系，出版了中国第一本《弹性力学》专著，开设了我国第一个力学研究班和力学师资培养班，培养出一大批中国从事力学研究的领军人物，为我国的机械工业、土木建筑、航空航天、军工事业建立了不朽的功勋，被后世人称为中国近代"力学之父""应用数学之父"。

1954年，钱伟长和学生叶开沉合著的科学专著《弹性圆薄板大挠度问题》出版，在国际上第一次成功运用系统摄动法处理了非线性方程。"钱伟长法"被力学界公认为是最经典、最接近实际而又最简单的解法，并于1955年获得国家自然科学奖。钱伟长杰出的工作也大大加速了我国"两弹一星"的成功。

不过，很不幸的是1957年钱伟长在《人民日报》上发表的一篇文章《高等工业学校的培养目标问题》，主张教授治校、理工合校、培养通才，与当时学校的教育理念有所冲突，经过长达3个月的辩论之后，钱伟长被打成"右派"，降级并撤销一切行政职务！不仅如此，他的子女也受到牵连，无法上大学。而被下放到农村的钱伟长，仍然坚持自己最初的理想，开始悄悄研发"高能电池"，这种电池给坦克装上能使它发动2000次。1964年，钱伟长曾独立推得广义变分理论，并投递给《力学学报》，但由于当时身份问题而惨遭退稿。

钱伟长首先从最小位能原理和最小余能原理出发，把约束条件利用拉格朗日乘子引入泛函数，从而先放松条件，得到相应广义化的变分原理。

在变分中可以把待定的拉氏乘子确定下来，这是对建立广义变分原理的泛函提出合乎逻辑的数学方法，无疑是一个重要成果。直到 1977 年，钦科维奇在他出版的《有限元法》中明确论述后，这一方法才被人们所熟知，不过，这比钱伟长的工作已经晚了 13 年。

被打成"右派"后的 8 年间，他为各方提供咨询解决技术难题 100 多件，推导了 12000 多个三角级数求和公式，这其中的实用价值也是无可估量的！

1968 年，已经 56 岁的钱伟长还被下放到北京特殊钢厂炼钢车间，当一名炉前工。当时的一根铁棒就有 52 千克重，一般人都是拿不起来的，不过，这可难不倒钱伟长。他把铁棒的一头放在一个和炉子一样高度的铁架子上，再去另一头把铁棒抬起来，这样就轻而易举地将铁棒"变成"26 千克！一时间，钱伟长成了发明家，后来还建立了热处理车间，设计出当时北京最好的液压机床！

这段苦日子一直持续到 1972 年，钱伟长被周恩来点名加入国家科学家代表团，访问英国、瑞典、加拿大和美国，才得以恢复工作以及安心做科学研究。

1979 年，中央终于撤销了把钱伟长判为"右派"的决定，一年后，钱伟长被恢复为中国科学院学部委员，担任全国政协常委、中国文字改革委员会委员，后来又被任命为中文信息学会理事长、《应用数学和力学》杂志主编。1984 年，他提出汉字宏观字形编码，简称"钱码"。1986 年，在国家标准局组织的全国第一届汉字输入方案评测会上，在 34 种方案中，"钱码"被评为 A 类方案，单人输入速度第一。

钱伟长一生中发表了 100 多篇论文，其中横跨多个专业，他在科学、政治、教育领域的成就都是常人不能及的，而钱伟长所做的这些，都只有一个目的——为了祖国！

"我没有专业，国家需要就是我的专业；我从不考虑自己的得与失，祖国和人民的忧就是我的忧，祖国和人民的乐就是我的乐。"

理查德·费曼：科学界的一股"泥石流"，20世纪最聪明的物理学家，搞笑时让你捧腹，深情时让你落泪

年轻时期的费曼

1918年，理查德·费曼（Richard Feynman，1918—1988），出生于美国纽约皇后区小镇的一个俄罗斯移民犹太裔家庭。

有人说，费曼后来能取得如此大的成就，离不开他父亲（以下称"老费曼"）的教育。事实上，在费曼出生之前，老费曼就对妻子说："要是个男孩，那他就要成为科学家。"于是，当小费曼还坐在婴孩椅上的时候，老费曼就开始教他序列了。有一次，老费曼带回家一堆小瓷片，让小费曼把它们叠垒起来，弄成像多米诺骨牌那样，并且让小费曼将它们推倒。接着，又叫小费曼将小瓷片重新堆起来，并且要按照"两白一蓝，两白一蓝……"这样的要求。

这时，小费曼的妈妈终于看不下去了，说："唉，你让小家伙随便玩不就是了？他爱在哪儿加个蓝的，就让他加好了。"然而，老费曼却很严肃地说："这不行。我正教他什么是序列，并告诉他这是多么有趣呢！这是学习数学的第一步。"

老费曼认为：小孩长大后，要自己找到一个栖身之地，做个对社会有贡献的人。因此，他尤其注重小费曼科学思维的培养。有了父亲良好的启蒙教育，费曼在11岁的时候，就在家里设立了自己的实验室：在一个旧木箱内装上间隔，外加一个电热盘，很多时候费曼会倒些油在盘子里，炸些薯条来吃。

除此之外，费曼还自制了一个灯座（此时的费曼已经完全懂得了电路

的串联跟并联的知识），研究灯泡在不同电流电压下的亮度。他还在线路中安装了一个保险丝，在保险丝上外接一个小灯泡，当保险丝烧断时，原来的电流就转移到小灯泡上，把它点亮。

这样还不够，费曼把小灯泡装在了电键板上，在它前面放了一张咖啡色的糖果包装纸（当背后有亮光时，包装纸看起来是红色的），这样的话，如果出了什么状况，只需要看看电键板，当看到一大团红光时，就表示保险丝烧断了！

费曼尤其喜欢收音机，每天晚上都会戴着耳机，边睡边听。而他爸妈就担心他睡着了忘关收音机，每天深夜都会进他房间帮费曼拿下耳机。本来这应该是一个温馨的画面，但是，调皮的费曼为此制作了一个防盗铃，只要爸妈一推开房门，就会铃声大作。

有一次，费曼把邻居小妹妹叫到家里来，准备好好炫耀一下自己的聪明才智。他先偷偷地将自己的手放到水里，然后再将自己的手放进看着和水没什么区别的苯里面。接着，费曼的手"一不小心"地碰到了火焰，他的一只手立马就烧了起来，于是连忙用另一只手去拍打已着火的手，这时两只手都烧起来了！手并不会受伤，因为苯会烧得很快，而水又具有冷却作用。小妹妹哪里承受得住这些，吓得大哭大叫喊妈妈了。

费曼"调皮捣蛋"的事迹远不止这些。在德洛克威读高中时，费曼看到一本数学入门书《实用算术，实用代数》，觉得非常吸引人，于是便一口气看完了。后来，学校成立了校际代数联盟，费曼也是其中的佼佼者。

对于数学，费曼会自己编题目和定理，还会和课本的答案斗智斗勇，看看谁的答案才是最聪明的。甚至当看到不喜欢的数学符号时，还自己创造新的数学符号。关于自创数学符号，费曼本人是这样说的："我觉得'$\sin\theta$'很像 s 乘 i 乘 n 乘 θ！因此我另外发明了一套符号。我的符号跟平方根有点类似，正弦用的是希腊字母 Σ 最上的一笔拉出来，像伸出一条长手臂般，f 就放在手臂之下。正切用的是 T，顶端的一笔往右延伸。至于余弦，我用的是 Γ，但这符号的坏处是看起来很像平方根的符号。那么，反正弦的符号便可以用同样的 Σ，不过左右像照镜子般颠倒过来，换句话说，长手臂现在伸向左边，函数 f 放在下面。这才是反正弦呀！我觉得教科书把反正弦写成 $\sin^{-1}\theta$ 的方式简直是发神经！对我来说，那是 1 除以 $\sin\theta$ 的意思；我的符号强多了。我很不喜欢 $f(x)$，那看起来太像 f 乘以 x 了。我更讨厌微分的写法：dy/dx，这令人很想把符号中的两个 d 互消掉，为此我又发明了一个像'&'的符号。对数（logarithm）比较简单：一个大写 L 下面的一笔往右延伸，函数放在手臂上便成了。"不过，后来费曼意识到这样无法跟别的同学交流，才放弃使用自己的符号。

费曼在工作

如此搞怪的费曼在面对自己的爱人时却是一副深情款款的模样，他与阿琳的爱情故事曾让很多人潸然泪下。

费曼和阿琳从高中时候就开始相恋，并且订婚。高中毕业后，费曼考入了麻省理工学院，于是费曼与阿琳便开始了一段漫长的异地恋。1942年，费曼获得物理学博士学位后，终于得以与阿琳重逢。不幸的是，小两口刚开始过上一小段幸福的生活之后，阿琳就被查出患了淋巴结核，这在当时是绝症，并且具有传染性，然而，费曼坚持要和阿琳结婚，并且说越快越好，因为："这件事（指和阿琳结婚）和所谓的高贵的情操无关。我也不觉得这件事是这个时候唯一正确诚实体面的事情。我也不是为了 5 年前的誓言，而不愿意反悔。要结婚这个决定，是现在的决定，而不是 5 年前的决定。我要和阿琳结婚，因为我爱她，也就是说我要照顾她。事情就是这么简单，我爱她，我要照顾她。"

费曼当时已经是绝密性质原子弹项目的"曼哈顿计划"的小组成员，需要集中在基地工作，但是费曼还是担心妻子的身体，于是，便在附近找了家医院，让阿琳住在那里，费曼每个周末都会来探望阿琳。一周中的其他日子，他们就靠书信来往。

在其中一封信中，费曼如此深情地写道："亲爱的，你就像是溪流，而我是水库，如果没有你，我就会像遇到你之前那样，空虚而软弱。而我愿意用你赐予我的片刻力量，在你低潮的时候给你抚慰。"

然而，阿琳却不清楚费曼到底在做什么工作。每次看到丈夫那瘦削的脸庞，知道丈夫工作压力大，总会心疼地问："亲爱的，能不能告诉我，你到底在做什么工作？"每次，费曼总是一笑："对不起，我不能。"离试爆越来越近了，阿琳的病情恶化得更厉害。1945 年 6 月 16 日，她永远地闭上了眼睛，那时他们结婚才 3 年，离第一次核爆炸试验只有一个月。

弥留之际，她用微弱的声音对费曼说："亲爱的，可以告诉我那个秘密了吗？"费曼咬了咬牙，还是那句话："对不起，我不能。"而忙于保密工作的费曼，甚至连哭泣的时间都没有，只能奋力继续工作着，直到几周之后，他路过了一家商店，看到了一件连衣裙，突然想到阿琳穿上一定很美，眼前浮现了阿琳教他欣赏艺术和倾听音乐的身影，费曼才悲从中来，失声痛哭。

1945 年 7 月 16 日清晨，一片由烟雾和爆炸碎片构成的黑云冲天而起，渐渐地形成了蘑菇云。这时，费曼喃喃自语道："亲爱的，现在我可以告诉你这个秘密了⋯⋯"不过，阿琳已不在人世，泪水夺眶而出。

这段凄美的爱情故事，也被拍成了一部电影——《情深我心》（*Infinity*）。阿琳去世后，费曼变得十分忧郁，为了摆脱这种消极情绪，他想起了阿琳生前的爱好——绘画和音乐。于是，便开始学画画，并且还画得不错，甚至到后来他可以像真正的画家那样卖掉自己的作品，而且还没有人知道这些画竟是出自一位著名的物理学家之手。

不听音乐不画画的时候，他就给阿琳写信。跟以前不同的是，每一封信后面都加上了一句让人心酸的话：亲爱的，请原谅我没有寄出这封信，因为我不知道你的新地址啊。

阿琳去世一年后，费曼在写给她的信中写道："我发现自己很难解释，在你去世后，我为什么还这么爱你。我仍想照顾你，让你安适。现在这种感觉更清晰也更真实，现在你不能再给我任何实质的东西了，可是我还是这么爱你。你让我无法自拔，不能再爱任何别人了，可是我甘之如饴。你虽然死了，却比任何活着的人更美好。我挚爱的伴侣，我真的深深爱你。请原谅，我没有寄出这封信。我不知道你的新地址啊。"

随着年龄的增长，费曼渐渐从忧郁中解脱出来，并且将自己全身心投入到科学研究中。

1965年，他因在量子电动力学方面做出的卓越贡献（可以说是重新发明了量子力学）获得诺贝尔物理学奖。在接受采访时费曼说："我要感谢我的妻子……在我心中，物理不是最重要的，爱才是！爱就像溪流，清凉、透亮……"

小柴昌俊：为差生代言，从成绩倒数第一的"搅屎棍"到拿诺贝尔奖，他估计是全世界最有文化的"流氓"了

小柴昌俊从小就极其不安分，非常喜欢搞恶作剧，正宗"搅屎棍"（捣蛋王）。加上他练过剑道，简直是看什么不爽，就开始砸、打、摔……

小学一年级的时候，他就曾打碎区政府办公室的玻璃。后来小柴昌俊是这样回忆的："因为看到那些玻璃过于整齐

小柴昌俊

规范地立在那里，不知怎么的就和朋友半开玩笑地瞄准了它们。"这次的打碎玻璃事件，虽然因年纪太小没受到实质性惩罚，但他也因此在日常表现的"操行"一栏中，被打了个最低分"丙"。当时的小柴昌俊各科成绩还过得去，就这个"丙"太碍眼了，为了让这个"丙"不碍眼，小柴昌俊想到了一个好办法，就是让所有成绩都变成"丙"……小柴昌俊想着：反正我的梦想不是当什么大科学家，我只要练好剑道，长大后当一名超酷的军人就可以了。

刚进中学的时候，小柴昌俊就已经开始专心准备陆军学校的考试了。然而现实总是如此残酷，突如其来的小儿麻痹症，让小柴昌俊落下了右臂残疾，他的军人梦就此破灭。不过，就在他住院期间，班主任送了他一本爱因斯坦的书，从此小柴昌俊就慢慢喜欢上了物理。但是，在高中时期，小柴昌俊成绩还是一如既往的差。尤其物理更是经常不及格。这段时间小柴昌俊是十足的叛逆，当时家里太穷，小柴昌俊作为家里的老大，必须出去兼职赚钱养家。

然而这却导致小柴昌俊跟着一些"社会人士"，染上了各种不良习惯。

芥子须弥： 大科学家的小故事

逃课、抽烟，甚至还想去文身，加入黑道，最终由于不太灵活的右臂，惨遭黑道的人嫌弃。就这样，当其他同学都在认真准备大学入学考试的时候，小柴昌俊还是优哉游哉，当时他非常喜欢德国文学，并且这科成绩还不错，于是小柴昌俊决定报考德文专业。

然而有一天在澡堂，小柴昌俊听到有人在议论他："小柴君准备考哪个系？""小柴君的成绩不行啊，不管他要报什么专业，反正肯定不会是物理，哈哈哈……"后面回答的那个人就是小柴昌俊的物理老师。听到老师嘲笑的语气，这一刻小柴昌俊觉得无比丢脸、气愤，便下定决心发愤图强坐等老师"打脸"。

回到宿舍后小柴昌俊立马拉着同宿舍的学霸朽津耕三（后来成为东京大学化学系教授），恳求他教自己物理："我想进东大物理系，打死都要进去！"此后，小柴昌俊没日没夜地学习，历尽千辛万苦，终于考上了日本最高学府东京大学的物理系。

山内恭彦

然而，上了大学后的小柴昌俊，从来没正经地上过一节课，他几乎将全部精力都放在了打工赚钱养家上，一不留神就到了大四，他看着自己惨不忍睹的成绩以及残疾的右臂，也许毕业就意味着失业。这时小柴昌俊就只剩考研这条路了，他找到从事物理理论研究的山内恭彦教授，说："我想要到先生的研究室来学习。"

说起来，山内恭彦也是够神奇，竟然一口答应了这位差生的请求，并且后来通过自己的好人缘，为小柴昌俊申请了奖学金。当时小柴昌俊得知研究生院有一个诱人的汤川奖学金。1949年诺贝尔物理学奖得主汤川秀树为了纪念自己获诺贝尔奖而设立的奖学金制度，针对学习成绩优秀的人，给予每年4万日元的奖励。

有了这笔钱，自己研究生的学费就不用愁了，于是小柴昌俊就强迫自己写了他人生中唯一一篇理论物理论文《μ粒子的核相互作用》，在山内恭彦的指导下经过多次计算错误、退稿、修改终于获得了通过。事实上，小柴昌俊还是挺幸运的。这不,又来了个朝永振一郎教授给他送上了美国罗彻斯特大学的录取通知书。

也许是得到了之前不认真学习,到头来都要痛苦地临时抱佛脚的教训,小柴昌俊这次终于开窍,认真对待。1955年,小柴昌俊仅仅用了一年零八个月就拿到了罗彻斯特大学的博士学位。

毕业之后,小柴昌俊到了芝加哥大学,在著名物理学家马歇尔·肖恩手下工作,后来小柴昌俊还成为宇宙射线国际合作的负责人。眼看着小柴昌俊在美国混得风生水起,然而,在1958年他选择了回国,因为他感觉用英文跟这边的科学家交流起来很费劲。

1965年诺贝尔物理学奖获得者朝永振一郎

回国后,小柴昌俊就一直在东京大学原子核研究所任副教授,毕生致力于寻找中微子。中微子,轻子的一种,是组成自然界的最基本的粒子之一,质量非常轻,不带电,以接近光速运动,可自由穿过地球,与其他物质的相互作用十分微弱,号称宇宙间的"隐身人"。

1978年,小柴昌俊向政府提议建造大型中微子探测器——神冈探测器。

小柴昌俊亲自带领着工作人员,历时5年,终于在一座深1000米的废旧砷矿井建成了这个巨型圆桶,并立即投入使用。

"神器"是有了,但是等待此"神器"发挥"神功",却是令人焦虑的。这个耗费巨资建成的"神器",几年过去了依然毫无动静。而小柴昌俊也已经60岁,他看着离退休日期越来越近的自己,慢慢开始失落。他深知这是一个诺贝尔奖级别的成果,如果在他退休后这个检测器检测到了中微子诺贝尔奖也不会颁给他。

有时候就是这样,你等到死上帝眼都不会眨一下,当你开始失望了,幸运就会悄悄来临。就在小柴昌俊退休前一个月的某天下午,神冈探测器突然"雷声大作",距离地球16万光年的超新星大爆发释放出大量中微子。估计有1亿亿个中微子穿过了神冈探测器,而真正被神器"捕获"到的中微子仅有 11 个。

但是，这 11 个中微子就足以让小柴昌俊乃至全世界沸腾了，因为这是人类第一次探测到来自太阳系之外的中微子，也是世界上第一次准确记录了中微子发生的时刻、运动方向和能量分布。

所有人都认为这个成果绝对是诺贝尔奖级别的，小柴昌俊自己也是这么认为的。于是从 1987 年观测到中微子开始，每年诺贝尔奖公布前小柴昌俊都会穿着礼服，坐在家里和媒体的记者们一起等着好消息，然而十几年过去都是在看别人领奖。

日本有个独特的"诺贝尔奖文化"：那时诺贝尔奖对于他们来说是天大的事，每年他们都会评估出一份有可能得奖的名单，上面有人名、家乡、单位、所做工作甚至毕业的小中大学的各种详细信息，做好了全部准备，只等瑞典那边一公布获奖名单，日本这边临时特别节目就立即出来，内容还特别充实。

直到 2002 年 10 月 8 日，像往常一样小柴昌俊正在家里跟一些熟悉的记者闲聊。傍晚的时候，家里电话铃声突然响起，76 岁的小柴昌俊终于等来了诺贝尔基金会的理事长的电话："祝贺您！由于您在探测宇宙中微子方面做出的开拓性贡献，我们决定授予您诺贝尔奖。"在场的三十多位记者瞬间爆发热烈的掌声。

在获得诺贝尔奖后召开的一次记者会中，小柴昌俊表达了对东京大学的感激之情。他亮出了他大学时的成绩单，其中 16 个科目只有两项获得了"优"，而且还都是那种只要去上课就能拿优的实验科目。

小柴昌俊说："我是以倒数第一的成绩毕业的，但东京大学却接受我当了讲师、教授，我非常感谢东京大学的知遇之恩。"

默里·盖尔曼：物理是他最讨厌的学科，却被父亲逼迫弃文从理，后来一人拿下年度诺贝尔物理学奖

1929年，默里·盖尔曼（Murray Gell-Mann）出生在纽约的一个犹太家庭，父亲曾就读于维也纳大学和海德堡大学，在第一次世界大战之后从奥地利移居美国，是一位语言老师，同时也精通数学、天文学和考古学等。

默里·盖尔曼

盖尔曼有个比他大9岁的哥哥，从小盖尔曼就像个"跟屁虫"一样，哥哥去哪儿，他就跟着去哪儿。他们或一起观察鸟类、各种小动物，或一起读历史、参观博物馆、学习各种语言。于是，小小年纪的盖尔曼就已经非常博学，成为红遍街区的小神童，同学们都称他为"会走路的百科全书"。8岁的时候，盖尔曼由于出色的成绩而获得了一笔奖学金，同时也从本来的地方公立学校升入了纽约的一所高级学校。

说到这里，估计很多读者都会以为，盖尔曼是一个热爱学习的好学生。然而，事实上，盖尔曼十分厌恶学校的生活，学校太单调乏味了，尤其是物理最让人讨厌了。所以，秉着"赶紧读完书，然后离开这无聊学校"的想法，盖尔曼一路跳级，不到15岁便考上了顶级学府耶鲁大学。

不过，在选择专业的时候，盖尔曼与父亲差点要吵起来了。

当父亲问盖尔曼想学什么的时候，盖尔曼很诚实地回答了："只要跟考古或语言学相关就好，要不然就是自然史或勘探（反正就是文科）。"当时美国经济状况仍然不理想，父亲听到儿子的想法后，反应激烈："这样的话，你以后会饿死的！你给我学工程去！"还不到15岁的盖尔曼看到父亲竟然如此激动，只好乖乖点头。然而，尴尬的是，经过能力测试，盖尔曼被认为是适合学习除了"工程"以外的所有学科。不过，父亲仍然不死心，他还是不想让儿子学历史、语言那些，便说："我们干吗不折中一下，学物理呢？"就这样，别无选择的盖尔曼只好在入学表格上填了物理专业。

事实上，盖尔曼父亲跟天下大多数父母一样，都是有私心的。这并不是仅仅的"退而求其次选物理"，其实还有一个很重要的原因，那就是：盖尔曼父亲本来就非常喜欢物理，他的偶像便是爱因斯坦，他经常会把自己锁在房间里研究广义相对论，尽管他自己几乎从没弄懂过。

1944年9月15日，刚好盖尔曼15岁生日这天，盖尔曼正式开始了他的大学生活，开始学习他曾经最讨厌的科目。刚开始的时候，盖尔曼仍然认为物理是没有意思的，还一直在研究他喜欢的语言学、历史学。直到遇到了物理教授亨利·马耿诺。这位老师尽管在科研上的成绩不突出，但是在教书育人方面的技术可谓是一流，盖尔曼就是因为上了他的课，才燃起了对物理的热情。尤其是接触到量子物理之后，更是一发不可收拾地爱上了物理。

凭着过人的天赋，顶着几乎为零的学业压力，盖尔曼于1948年获得了耶鲁大学物理学士学位，并拿下了麻省理工学院的研究生奖金进而成为那里的研究生，师从著名物理学家韦斯柯夫。也就是从这时开始，盖尔曼才真正了解到物理学家的工作，时不时就去参加一些学术讨论会，这也使他慢慢产生了对科学发起挑战的欲望。于是，在确定博士论文选题的时候，盖尔曼选择了难度极高的大一统理论，尤其是主要研究了中间耦合理论，并于1951年初获得了博士学位。

大一统理论：是关于强相互作用和电弱相互作用统一的一个理论，希

在宏观低速的水平上研究这个世界（1900—1918）

望能借由单一个理论来解释强相互作用、弱相互作用和电磁相互作用导致的物理现象。现有的研究成果和观测发现可以在理论上阐释强相互作用、弱相互作用、电磁相互作用的统一，但仍然无法将万有引力纳入该系统中。由于盖尔曼在研究生时期的突出表现，被"原子弹之父"奥本海默推荐到普林斯顿高级研究院继续博士后工作，并且接触到了父亲的偶像——爱因斯坦。一年后，盖尔曼又到了芝加哥大学核研究所（即后来的费米研究所）当讲师，第二年被升为助理教授。

在这里，盖尔曼研究了困扰人们许久的奇异粒子（通过强相互作用产生，却通过弱相互作用衰变的粒子）问题，于1952年提出了著名的"奇异量子数"的概念，首次发表了有关奇异数的重要论文《同位旋和新的不稳定粒子》。

奇异数方案的提出，不仅解释了奇异粒子的行为，而且还预言了一些新的奇异粒子，这些粒子后来陆续被实验所证实。它不仅建立了基本粒子与相互作用之间的一个逻辑、简明的关系，而且为后来强子分类的研究工作奠定了基础。奇异数守恒已成为粒子物理学中的一个基本原则。于是，不到24岁的盖尔曼便成为粒子物理学界的重要人物。

盖尔曼（右）

不过，关于奇异数的想法，是出自盖尔曼的一次口误。起初，盖尔曼试图用同位旋I=5/2来描述奇异粒子的行为，并于1952年在普林斯顿高级研究院做了一次报告。报告过程中，估计是觉得终于可以解释奇异粒子的"古怪"行为了，一激动，便将本来要讲的5/2，错误说成了1……结

芥子须弥：大科学家的小故事

束报告回家之后，神奇的盖尔曼竟然一直在思考这次的口误，想着想着，便产生了奇异数的想法。

1955年，盖尔曼接受了加州理工学院物理学副教授的位置，并于次年升为教授，成为加州理工学院最年轻的终身教授。随后的研究，盖尔曼仍然是放在粒子物理上，在奇异数的基础上，建立了正确描述弱相互作用的V-A理论，提出了"八重法理论"（一个强作用对称性的理论，指将八个粒子联合一起形成一个稳定的状态），对大量粒子进行了分类。

1964年，在他的强子分类八重法的基础上，提出了更为复杂的夸克模型，认为中子、质子这一类亚原子粒子是由更基本的单元——夸克（quark）组成的，"夸克"是构成宇宙中几乎一切物质的亚微粒子。1964年2月，盖尔曼在欧洲《物理快报》上发表了关于夸克模型的论文《重子和介子的一个简略模型》。

尽管这篇论文只有两页长，且极少公式，但却成为了物理界的一个重要里程碑，从此粒子物理学迈进了一个全新的领域，盖尔曼也因此被称为"夸克之父"。

在粒子物理领域，盖尔曼是当之无愧的权威人物，每一次重大突破的理论都是他提出的，有人甚至认为他是爱因斯坦的继承人之一。在1966年的一次国际高能物理会议上，会议组织者准备请几位专家分别作各个方面的进展报告。当对请谁来作报告而产生争议时，有人提出了一个令人鼓舞的建议：让盖尔曼一个人将所有的事全包下来。

然后，在90分钟的讲演中，盖尔曼权威地对整个领域作了评述。由于在粒子物理学的开创性贡献，盖尔曼获得1969年诺贝尔物理学奖，除此之外，盖尔曼于1959年获得了美国物理学会的丹尼·海涅曼奖，1966年获美国原子能委员会颁发的E.O.劳伦斯物理学奖，1967年获费城富兰克林学院的富兰克林奖章，1968年获美国科学院的J.J.卡蒂奖章，也被很多大学授予荣誉科学博士。

事实上，盖尔曼在提出夸克模型的时候，并没有祈求要让物理界接受，便起了个幽默的名字，出自他少年时期读过的一篇小说《芬尼根的守灵夜》,"夸克"是指苏格兰的一种野鸭的叫声,原文是 Three quarks for Muster Mark!(向马克三呼夸克!)而质子和中子刚好由三个夸克组成,对应了小说中的三呼夸克——在盖尔曼的理论里,每个夸克还有它各自的"颜色"和"味道"。

盖尔曼在给自己新理论起的名字,都是出了名的稀奇古怪,比如出自培根名言"没有任何极致之美,在其结构中不会呈现任何奇异性"的"奇异数",源自佛教中八种免除人生痛苦的劝说的"八重法",甚至还有"小牛肉和野鸡"。也许这都是源于盖尔曼本身的博学多才吧,尽管在物理学里面成果丰硕,但他一直都没有放下儿时的爱好,在语言学方面,除了会讲法语、德语等六七种语言之外,盖尔曼还熟知几百种语言的特点。

盖尔曼的爱好还包括研究鸟类及其他野生动物、收集古董、管理牧场、考古学、自然历史、有关创造性思维的心理学等。盖尔曼已经在世界各地观察了超过 4000 种的鸟,对鸟类的分类知识连鸟类专家都自愧不如。

他还是个环保主义者,四处奔走,极力宣传保护野生动物,保护生态,保护自然和文化的多样性,保护环境,防止盲目发展。这样的盖尔曼,在别人眼里无疑是天才中的天才,是"拥有 5 个大脑的人"。遗传运算法则创始人约翰·赫兰(麦克阿瑟天才奖获得者)称盖尔曼是"真正的天才";1977 年诺贝尔物理学奖获得者菲利普·安德森曾说盖尔曼"现存的在广泛的领域里拥有最深刻学问的人";1979 年诺贝尔物理奖获得者斯蒂文·温伯格说"从考古到仙人掌再到非洲约鲁巴人的传说再到发酵学,他(盖尔曼)懂得都比你多"。然而,盖尔曼却不认为自己是天才,只不过是对学习有一些体会而已。

罗纳德·德雷弗：创建 LIGO 却被无理"踢"出团队，得知测到引力波时已老年痴呆！没等到诺贝尔奖，就已去世

罗纳德·德雷弗

他与 2017 年诺贝尔物理学奖获得者，吉普·索恩（Kip Thorne）、雷纳·韦斯（Rainer Weiss），共同创建了激光干涉引力波天文台（Laser interferometer gravitational wave observatory，LIGO）。后来却被无理"踢"出团队，不准再踏入 LIGO 办公楼半步。等到 2016 年，LIGO 公布成功测得引力波信号时，他已经深患阿尔茨海默病（老年痴呆症）。2017 年 3 月 7 日，罗纳德·德雷弗（Ronald Drever）病情迅速恶化而去世，彻底无缘诺贝尔奖。

1931 年，德雷弗出生在苏格兰的一个小村庄，他的前半生可以说是相当平淡了，按部就班地在苏格兰的格拉斯哥大学从本科读到博士，后来又直接留校从事博士后研究。直到 1969 年，美国物理学家约瑟夫·韦伯（Joseph Weber）在著名的物理学期刊《物理评论快报》上发表了一篇文章，宣称他放置在不同地方的两个韦伯棒同时探测到了引力波。

韦伯棒：即棒状引力波探测器，是最早的一种引力波探测器，采用铝质实心圆柱，长 2 米，直径 1 米，用细丝悬挂起来。这样的圆柱具有很高的品质因子（阻尼系数的倒数），振动时的能量损失率很小，本征频率在 1000 赫兹以上。当引力波照射到圆柱上时圆柱会发生谐振，继而可以通过安装在圆柱周围的压电传感器检测出来。这篇文章瞬间引发全球轰动，来自世界各地的科学家，开始疯狂制造类似韦伯棒的实验装置，想要一睹

在宏观低速的水平上研究这个世界（1900—1918）

"引力波"真容。

德雷弗也不例外，引力波的探测引起了他的强烈兴趣，立马拉着学生詹姆斯·霍夫说："来，跟我一起建造一个更强的韦伯棒吧！"不过，经过好几年的探索，德雷弗都没发现任何引力波存在的迹象，同时，他也意识到了韦伯棒的无用，便开始尝试研究其他方法。

激光干涉法很快引起了德雷弗的注意，他开始着手研究激光干涉，比如通过谐振腔来控制稳定的激光频率的方法。几乎同一时间，麻省理工学院的教授雷纳·韦斯，也在研究激光干涉，并且确信这个方法能测得引力波，并且造了一个臂长1.5米的激光干涉仪。只不过，由于当时很多著名物理学家都还是不相信黑洞的存在，导致韦斯在申请探测引力波项目经费的时候举步维艰。

雷纳·韦斯

1975年，韦斯在一次学术会议上，机缘巧合之下结识了加州理工学院教授基普·索恩，两人进行了彻夜长谈之后，只懂理论物理、对实验完全不擅长的索恩成功被韦斯"洗脑"，也加入了探索引力波的队伍当中。还有更神奇的是，索恩的经费申请竟然很快就通过了，两人就这样愉快地决定一起去探测引力波了。

基普·索恩

而在这段时间，远在格拉斯哥大学的德雷弗又有了新的进展，他造出了一个臂长10米的激光干涉仪。很快，索恩就注意到了德雷弗的研究成果，并于1981年成功将德雷弗挖来加州理工学院，主要负责建造激光干涉仪的相关工程问题。

德雷弗是个技术型天才，有了他的加入，干涉仪的很多关键技术都得以解决，并且很快就在加州理工造出了一个臂长40米的干涉仪。从此，加州理工与麻省理工在引力波探测项目上的竞争正式形成，时不时就"抢"一下经费什么的。

不过，到 1984 年，美国国家科学基金会（NSF）表示终于受不了了，为了节省经费，直接下令让他们俩合并了！这便形成了 LIGO 的雏形。至此，LIGO 三人组正式汇合，共同担任 LIGO 的第一任最高决策人。

从左到右为：德雷弗、索恩、韦斯

而在 LIGO 的设计上，德雷弗的方案最终压倒了韦斯的方案，成为了最终方案。激光干涉引力波探测仪的基本思路：两条长度相同的探测臂呈 L 形放置，在 L 中间的拐点处放置激光源，沿两条管子各发射一束激光，而在两臂的末端放置一面镜子来反射激光。在真空中，两条同时发射的光束应该同时返回中间拐点相逢，在干涉作用下，光束不会抵达光电探测器。但如果有引力波穿过探测仪，两条真空管中的空间会出现微小的拉伸与压缩，两条光束就会出现光程差，从而外泄到光电探测器上。

然而，正在他们着手建造 LIGO 的时候，NSF 又来找茬了，不仅不通过他们的经费申请，还表示不喜欢他们三人共治的方式，强行插入了一个新的项目主管——加州理工学院教务长罗克斯·沃格特。

从左至右为：索恩、德雷弗、沃格特

在宏观低速的水平上研究这个世界（1900—1918）

很快，德雷弗与沃格特之间就出现了严重分歧，在研究路线和领导思路上都是南辕北辙，两人的矛盾也慢慢变得不可调和。德雷弗主张循序渐进，他认为LIGO在短期之内设备灵敏度达不到标准，建议先建造一个臂长200米的缩小版干涉仪。而沃格特却好大喜功，说要直接建造一个臂长40千米的大型探测仪，所需经费高达2.5亿美元！

就这样，好好的LIGO就分裂成两个阵营，作为新负责人的沃格特也使了各种阴招，想要赶德雷弗出局。到1992年7月，已经被LIGO团队冷落了一年多的德雷弗，还被沃格特威胁，阻止他参加当时举行的两场有关引力波探测的学术会议。

而德雷弗完全无视沃格特的威胁，还是去阿根廷参加了一场会议，并且在会上作了演讲。

这一次，德雷弗终于被沃格特抓住了"把柄"，在德雷弗结束会议返程的短短几个小时里，LIGO全体成员都收到了来自沃格特的邮件，说德雷弗已经被开除。他将在LIGO成员的监督下，去办公室拿走他的私人物品，从此禁止踏入LIGO办公楼半步，也不准打扰LIGO的研究者。不过，为了自己心爱的LIGO，德雷弗当然不会就此罢休，那年9月，德雷弗就向NSF的学术自由委员会提交了投诉函，并于一个月后拿到了委员会的调查报告。

该报告称德雷弗的学术自由确实遭到了侵犯，LIGO团队开除德雷弗确实是不合理的，却只字不提恢复德雷弗LIGO职位的事情。面对这样尴尬的情况，为了结束这场纷争，加州理工学院终于出面调停，补偿给德雷弗一个为期2年、经费100万美元的独立引力波研究项目。只不过，德雷弗拒绝了，LIGO作为他毕生的心血，他只希望LIGO能成功，除此之外，别无他求。

就这样，德雷弗被迫离开了自己一手创建的LIGO。不过沃格特也好景不长。1994年，表现不佳的沃格特被迫辞职。加州理工学院教授巴里·巴里什（Barry Barish）成了LIGO项目的新负责人，他提出要建臂长4千米的激光干涉仪。这个新方案终于得到了NSF的批准，以3.95亿

芥子须弥：大科学家的小故事

美元成为历史上 NSF 投资最大的项目，成就了我们今天看到的 LIGO。

早早就离开了 LIGO 的德雷弗，一生都没停止过对引力波探测的探索，当年他留在格拉斯哥大学的团队，在他学生霍夫的领导下，一直专注引力波的探测，并为 LIGO 提供技术上的支持。他给 LIGO 留下了许多基础性的设计，也在持续发挥着作用，包括把干涉仪的每条臂做成法布里 - 珀罗谐振腔。

而对德雷弗，昔日队友韦斯如此评价："他的思维是图像化的，很多让 LIGO 变得足够敏感到能探测到引力波的设计，就来自于他脑子的那些构想。"索恩也说道："他是我见过的最天才的物理学家之一。有些东西我要花好几个小时通过数学计算来理解，他通过直觉很快就能想明白。"

2016 年 2 月 11 日，LIGO 团队宣布成功探测到了引力波，来自 13 亿年前的双黑洞并合产生的引力波信号终于被 LIGO 探测到，爱因斯坦广义相对论缺失的"最后一张拼图"，终于被填补。此后，LIGO 的 3 位创始人德雷弗、索恩、韦斯拿遍了除诺贝尔奖以外的近乎所有重量级大奖，所有人都在说，引力波就差一个诺贝尔奖了。

LIGO 团队代表出席接受科学突破奖特别奖
从左至右为：索恩、韦斯、德雷弗的家人

然而，正在人们讨论到底对引力波探测做出巨大贡献的 4 位人物（索恩、韦斯、德雷弗、巴里什），到底哪 3 位会夺得 2017 年诺贝尔物理学奖时，深患老年痴呆症的德雷弗，终于熬不下去而安详地离开了人世。

此前，退休后的德雷弗一直住在爱丁堡的一间疗养院。在 2016 年 9 月，刚刚参加完卡弗里天体物理学奖颁奖典礼的索恩，疗养院探望了昔日好友德雷弗，与他分享了 LIGO 成功的喜悦。值得庆幸的是，德雷弗虽然已经老年痴呆晚期，但仍然记得自己当年在 LIGO 工作的时光，并为 LIGO 成功探测到引力波而高兴。后来，德雷弗的家人告诉索恩：德雷弗很满足。

索恩到来的那天，是他们见到的德雷弗生前最好的模样。德雷弗在意的是 LIGO 的成功，而不是自己荣耀。

踏入微观高速的新时代（1918—）

> 我手中的扫把，我将一直握下去，因为它能够让我清醒、执着地去做自己的事情，这是我清扫心灵的扫把，谁也不能从我手里拿走！
>
> ——格劳伯

罗伊·格劳伯：搞笑诺贝尔奖扫地神僧，曼哈顿计划最年轻成员，却专注扫地二十年，年过八旬终获早该属于自己的真正的诺贝尔奖

有这样一位老头，表示只有拿起扫把，才能使自己清醒、平静。他就是量子光学之父罗伊·格劳伯（Roy Glauber）。

抓着扫把的格劳伯

1925年，格劳伯出生于美国纽约，从小他就不喜欢足球、棒球这些小朋友该喜欢的东西，他最喜欢的是自然科学，并且在物理方面的天赋极高。12岁就已经自己动手制作了一个跟房子差不多高的望远镜，14岁时还"发明"了分光镜。

1941年，16岁的格劳伯顺利考入哈佛大学。受"二战"影响，学校的很多教授都要参与到与战争相关的秘密项目中，因此在开学之初，格劳伯凭着自己的天赋以及勤奋，很快就修完了所有著名教授的高级物理课程。第二年，格劳伯被选中进入美国原子弹理论研究中心，成为曼哈顿计

芥子须弥： 大科学家的小故事

划中年纪最小的一名成员，参与原子弹的研制。

曼哈顿计划（Manhattan Project）：美国陆军部于1942年6月开始实施利用核裂变反应来研制原子弹的计划，该工程集中了当时西方国家（除纳粹德国外）最优秀的核科学家，动员了10多万人参加这一工程，历时3年，耗资20亿美元，于1945年7月16日成功地进行了世界上第一次核爆炸试验，并按计划制造出两颗实用的原子弹。

曼哈顿计划结束后，格劳伯得以重返校园，进行纯粹的学术研究。由于在曼哈顿计划中，他进行了长达3年的原子弹相关理论的数学计算研究，格劳伯表示自己对核裂变链式反应已经厌恶至极。于是重新选择了一个研究方向，就是自己从小就很感兴趣的光学。

1949年，24岁的格劳伯获得哈佛大学博士学位，并选择留在母校继续进行科学研究。曾有同学问格劳伯："这算不算少年得志？"他连连摇头说："不，有人比我还早，当时还有教授说我算笨的。"

从20世纪60年代开始，激光技术飞速发展，然而科学家们对光本身特性的描述却颇具争议。格劳伯认为量子化的电磁场并不能解释光的一切性质，大量光子的集体行为跟普通光子存在很大的区别，为了更好地发展量子理论、探寻光的本质，格劳伯开始了艰辛的科研之旅。终于在1963年取得突破性进展，并将研究成果论文首次发表在《物理评论通信》上，随后的几篇相关论文也在《物理评论》等杂志上发表。格劳伯创造性地运用量子本性来解释光的宏观现象并提出了"光子的相干性量子理论"，瞬间引发科学界的大讨论。

这一理论解决了大量基础性问题（成功描述了光量子的运动规律，揭示了光量子的特性以及大量光量子如何互相影响它们之间的运行方式产生"干涉"现象等）奠定了量子光学的基础，开创了量子光学这门全新的学科——后来格劳伯被称为"量子光学之父"。毫无疑问，这是一个诺贝尔奖级别的研究成果，格劳伯也一直期盼着自己能因此获得诺贝尔物理学奖。然而，几十年过去了，庄严的领奖台上始终没有格劳伯的身影。他看着每一年的诺贝尔奖颁奖典礼、看着一批又一批的杰出科学家领奖，而自

踏入微观高速的新时代（1918— ）

己逐渐白发苍苍，心里隐隐作痛。

终于在1995年，70岁的格劳伯终于等到了诺贝尔奖提名，不过很可惜最后诺贝尔奖还是没有落到格劳伯头上。这个时候，格劳伯开始怀疑自己了，怀疑自己对量子光学的研究是不是毫无意义，怀疑自己是不是不能拿诺贝尔奖了。而他对拿诺贝尔奖的

搞笑诺贝尔奖现场

执念开始影响到他工作，他研究的时候甚至已经无法全神贯注了，他还一直问助手："我是不是真的老了？"这时，"伊格诺贝尔奖"（即搞笑诺贝尔奖），邀请格劳伯作为嘉宾参加。

也许那个时候，格劳伯会觉得这是天大的讽刺。但他还是参加了，并在颁奖会上与其他科学家相谈甚欢。不过，当颁奖结束之后，所有人都一窝蜂地离开了会场，唯独格劳伯静静地坐在那里，还在想着自己有生之年是否可以拿到诺贝尔奖的事情，甚是烦躁。看着台上遍地的纸飞机和纸屑，格劳伯不由得拿起扫把，开始清理起来。

这时，神奇的事情发生了，抓着扫把的格劳伯一遍一遍地扫着，竟然发现自己忘掉了诺贝尔奖，忘掉了烦恼，一下子平静了起来。他觉得自己之前对诺贝尔奖的在意简直是可笑至极。

"科学家要解决的问题是'为什么'，而不是'为了拿什么奖'。"

"科学研究在于你的坚持和专心。"

就这样，格劳伯开始了他的"扫地僧"之路，一年又一年，每年的搞笑诺贝尔奖都会有格劳伯的身影。后来，格劳伯甚至已经等不及他们颁奖结束，早早地就开始清扫。

终于在格劳伯成为搞笑诺贝尔奖官方"扫帚保管员"的第11年，2005年的某天半夜，格劳伯突然接到诺贝尔奖评委会的电话，通知他去领诺贝尔物理学奖。刚开始，格劳伯还以为是自己的某位朋友作弄他。虽然格劳伯对诺贝尔奖早已释怀，但当得知自己由于42年前对量子光学的

芥子须弥： 大科学家的小故事

格劳伯站在真正的诺贝尔奖颁奖台上

开创性研究成果获得诺贝尔奖的时候，还是有种苦尽甘来之感。

这一年，格劳伯刚好 80 岁，已经满头白发。他终于站上了这庄严的领奖台，终于获得早该属于自己的真正的诺贝尔奖。

"他获得诺贝尔奖，是学术界许多人都期待已久的事情。"

而在这一年的搞笑诺贝尔奖颁奖典礼上，虽然格劳伯缺席了，但是"贴心"的主办方为了感谢老先生多年来的基础物理工作的贡献，"偷工减料"地多加了一页 PPT。

本以为已经获得真诺贝尔奖的格劳伯，不会再来到搞笑诺贝尔奖，更不会来扫地。然而在第二年，格劳伯如期拿着扫把出现在搞笑诺贝尔奖台上，继续自己的清扫工作。而这次，格劳伯的一位学生表示受不了了。老师已经不是之前那位可以任人取笑的人了。于是，这位学生上台想要拿走老师手中的扫把。结果，格劳伯却拒绝了，并语重心长地说：

"你以为诺贝尔奖的真正获得者就不是常人，他们心灵就没有污垢？我手中的扫把，我将一直握下去，因为它能够让我清醒、执着地去做自己的事情，这是我清扫心灵的扫把，谁也不能从我手里拿走！"

爱德华·威滕：史上最厉害的文科生，学历史成为物理学家，却获得了数学界的最高荣誉，出了350部书，外号"火星人"

1951年，爱德华·威滕（Edward Witten）出生在美国马里兰州的一个犹太家庭，父亲是一名研究广义相对论的理论物理学家。

爱德华·威滕

不过，虽然父亲是一位理科学霸，但威滕却表示对物理没有感觉，他偏爱文学，从小最喜欢的就是历史和政治。父亲经常在家里与好友讨论物理问题，威滕就在这样的气氛下，沉迷于历史。并且，威滕立志长大后要当一名政治家或者新闻记者。父亲也是十分开明，并没有强迫儿子学习物理。

高中毕业后，威滕考上了约翰·霍普金斯大学，后来转学到布兰代斯大学。在大学本科的时候，威滕是个十足的文科生，主修历史学，辅修语言学，并于1971年顺利拿下文学学士学位。毕业后的威滕一心想要投身到国家的政治事业中，而且那个时候恰逢1972年美国总统大选，威滕就加入了民主党候选人乔治·麦戈文的竞选团队。

乔治·麦戈文

然而，在为麦戈文竞选工作的几个月时间里，威滕近距离地接触到了政治界以及新闻界。他发现，这里并不是他之前想象的那样，而是到处充满着尔虞我诈，如果自己继续投身于政界的话，很容易就会迷失自我。后来，麦戈文败给了

芥子须弥：大科学家的小故事

理查德·尼克松，而威滕也决定回到学校，继续深造。于是，威滕去了威斯康星大学麦迪逊分校学习经济学。不过，读了一个学期，他就退学了。

因为，他在学习经济的过程中，发现自己喜欢的是数学！于是，威滕去了普林斯顿大学应用数学学院，然而，他还是不能"安心"，在学习数学的一年时间里，威滕终于找到了自己的最爱——物理，便转到了物理系，主修粒子物理学。

大卫·格罗斯

所以，威滕绕了一大圈，还是走上了跟父亲一样的道路。弃文从理的威滕，由于自己本身过人的天赋，并没有费很大力气就获得了硕士学位，而且还选择继续攻读博士，并于1976年获得博士学位。威滕的导师也是一位牛人，2004年诺贝尔物理学奖获得者——大卫·格罗斯（David Gross）。

博士毕业后，威滕到哈佛大学担任初级研究员，主攻量子场论。量子场论是量子力学和经典场论相结合的物理理论，已被广泛地应用于粒子物理学和凝聚态物理学中。29岁时，威滕就成为了普林斯顿大学的教授，把主要精力放在研究弦论上。凭着惊人的物理直觉和超凡的数学能力，威滕很快就在弦论领域站稳脚跟，并于1984年在普林斯顿大学就弦论做了报告，是关于卡拉比-丘流形紧化的论文，立即在物理界掀起了一场超弦风暴。

后来，人们为了纪念这段短暂的弦论红火的时期，称之为"第一次超弦革命"。

20世纪的物理学有两次大革命：①狭义相对论和广义相对论（它几乎是爱因斯坦一人完成的）；②量子理论的建立。

而经过物理学家的努力，量子理论与狭义相对论成功地结合成了量子场论，被认为是迄今为止最成功的理论。不过，广义相对论尽管在太阳系乃至整个宇宙范围里，都能很好地与实验观测符合，但在某些极端的条件下，会引出时空奇异，因此，它自身是不够完善的。就我们现在的认识水平，量子场论和广义相对论是相互不自洽的，因此量子场论和广义相对论应该在一个更大的理论框架里统一起来。

超弦理论是弦论的一种,可以说是狭义的弦论,是物理学家追求量子场论和广义相对论的统一理论的最自然的结果。爱因斯坦花费了后半生将近40年的主要精力去寻求和建立这个统一理论,却没有成功。在超弦理论里,粒子是不存在的,存在的只是弦线在空间运动。这种极小的弦线做各种各样的振动,像小提琴这样的弦乐器,仅靠不多的几根弦线做各种各样的振动就能够产生无数种音色。

弦的运动是非常复杂的,而就从1984年起,人们认定能让弦运动得"最舒适"的就是10维空间。而在10维空间中,有5种自洽的超弦理论。广义相对论没有对时空维数规定上限,在任何维黎曼流形上都能建立引力理论。超引力理论却对时空维数规定了一个上限——11维。于是,无数位物理学家们开始探讨11维的超引力理论,却毫无进展,连"夸克之父"盖尔曼都失望地表示:"让11维见鬼去吧!"

盖尔曼

至此,弦理论的研究又回到了本来的低迷状态。(这是个无底洞,很多物理学家们只好放弃。)不过,威滕还是持续地研究超弦理论,并且在研究物理的时候,不断推导出深刻的数学定理,比如,他用琼斯多项式来解释了陈省身-西门斯理论,这对于低维拓扑结构有深远影响,并推导出了量子不变量。因此,在1990年,威滕被授予数学界的最高荣誉——菲尔兹奖,成为第一位也是迄今为止唯一一位获得该奖的物理学家。

在当年的菲尔兹奖颁奖大会上,著名英国数学家迈克尔·阿蒂亚(Michael Atiyah)受邀来介绍爱德华·威滕的工作,他因事未能出席大会,但是在书面发言中对威滕给予了极高的评价:"虽然他绝对是一位物理学家,但他对数学的驾驭能力,足以与数学家媲美……他一次又一次超越了数学界,以巧妙的物理直觉导出新颖深刻的数学定理……他对现代数学影响巨大……凭着他,物理再次成为数学的丰富灵感和直觉的源头。"

芥子须弥：大科学家的小故事

1995年，威滕在南加州大学召开的超弦会议上做了报告，提出了M理论，将弦的10维空间拓展到了11维，对当前所有的5种类型的弦理论进行了统一，证明了这5种弦理论实质上是等价的。M理论认为，存在无数平行的是膜，膜相互作用碰撞，导致产生四种基本粒子，然后产生电磁波和物种，这就是宇宙大爆炸的原因。威滕的这次发言，同样震惊四座，直接引发了弦论的第二次革命，一扫弦论持续了十多年的阴霾。如今，M理论被认为是描述宇宙最基本的理论，英国物理学家霍金也曾在他的著作《伟大设计》中指出M理论可能是宇宙的终极理论。

威滕无疑是弦论的开创者，除此之外，他还是拓扑学、几何领域的顶尖专家。因此，这位具有超强数学能力的物理学家，算是横扫了物理界和数学界的各个大奖。麦克阿瑟基金、狄拉克奖、菲尔兹奖、庞加莱奖，爱因斯坦科学奖、牛顿奖章、洛伦兹奖、克拉福德数学奖、美国国家科学奖章。威滕还有各种的头衔，他是当代最聪明的理论物理学家；他被美国《生活》周刊评为第二次世界大战后第六位最有影响的人物；2004年，他被选入《时代杂志》影响最大的100位人士。

威滕的创造力惊人，迄今为止已经出版了350部论文和著作，先后被引用5万多次，物理界排名第一。（霍金论文被引用1万多次，排名第24。）据说每当一位牛人提出一个重大科学发现时，最好祈祷不要让威滕看上，因为他会很轻易地写个几百页的论文彻底将这个课题结束，导致别人无课题可做。所以，在当代物理学家中，威滕是H指数最高的一位。H指数（Hindex）是一个混合量化指标，可用于评估研究人员的学术产出数量与学术产出水平。一名科学家的H指数是指其发表的N篇论文中有H篇每篇至少被引用H次、而其余$N-H$篇论文每篇被引均小于或等于H次。威滕确实是除了牛顿、庞加莱等几位屈指可数的在数学物理跨界大科学家之外，当今少有的能在数学和物理两大领域都作出一流成果的全能型科学家！

众多同行认为威滕极有可能成为爱因斯坦的后继者，还有人说他是"当代的牛顿"。不过，对于这些说法，威滕十分谦虚地表示："我绝对不是当代牛顿，这种评价实在太高了，我只是一位普通的科学家。"

安德烈·海姆：从"磁悬浮青蛙"到"手撕石墨烯"，可能是最欢乐和最幸运的诺贝尔奖得主了

有个人经过搞笑诺贝尔奖的"洗礼"，最终走上了真正的诺贝尔奖领奖台。他就是安德烈·海姆（Andre Geim），世界上首位诺贝尔奖＋搞笑诺贝尔奖双料得主，他可是手执两个诺贝尔物理学奖的男人啊！

安德烈·海姆

话说，相对于前文的那些"大神"，海姆的前半生实在是太不显眼了，以至于笔者找不到任何一张他还没"红"时的照片。

1958年，海姆出生在俄罗斯索契市的一个犹太家庭。1987年，在俄罗斯科学院固态物理研究所以很正常的速度获得博士学位后，海姆在科学院下属的微电子技术研究所找了一份临时工的工作，成为一名普通的研究员。在读博期间，海姆（跟着导师）进行的研究都是那些"弱到爆"的课题，比如他的博士论文《通过螺旋共振法研究金属中运输松弛的机制》，这些在他开始博士生涯的十几年前就已经没落了。

但是，经历了这些（痛苦）之后，海姆也学到受益终身的东西，就是"以后我的学生，我打死都不会让他们去研究那些已经死了很久的课题！"在科学院的那份临时工，海姆也是异常艰辛，用了整整一年的时间，才与

芥子须弥： 大科学家的小故事

导师彻底脱离了学术上的关系。后来他便开始了"各地流浪"的生活。海姆辗转在英国诺丁汉大学、巴斯大学以及丹麦哥本哈根大学之间，主要的研究方向是介观物理，包括二维电子气体、量子点接触、共振隧穿和量子霍尔效应等。如此频繁换工作的海姆，除了是想尝试更多新的研究领域，还有一个很重要的原因，就是：赚的钱太少了，生活艰难，大写的穷啊！

在 1994 年，此时已经发表了足够多的优质论文，以及参与了很多学术会议的海姆，终于找到了一份正式工作：荷兰奈梅亨大学副教授，而且还拿到了研究经费，海姆表示：终于可以愉快地做研究了！

很快，海姆就陷入磁悬浮的魔力当中。在奈梅亨大学的实验室里，有个强大的超导磁铁，能够产生 20 特斯拉的磁场，然而，当时海姆所进行的研究介观超导只需要极其微弱的磁场（小于 0.01 特斯拉），根本用不上如此高大上的仪器，实验室里负责这些仪器的研究人员就更加用不上了。

研究人员估计在想：有这么好的仪器跟这么优秀的我们，你竟然不用！久而久之，海姆看着这些研究员，莫名感到有些愧疚，觉得应该将这些强大的电磁铁用起来。而这仪器有一个很明显的优势：它可以在常温下工作，不需要像其他超导磁铁那样需要冷却到液氦的温度。只是这个在一般人看来，根本不算优势！因为大部分的凝聚态实验都是需要在极低温的环境下进行的。

正当同事们都在苦恼的时候，海姆偶然间灵光一现，想起许多年前一直以失败告终的"磁化水"实验，想着："如果磁化水效应真的存在，那么 20 特斯拉的强磁场应该可以产生比 0.1 特斯拉的普通永久磁铁明显得多的效应。"

于是，在某个星期五的晚上，海姆终于忍不住向实验室泼水了！只见他将水倒进了实验室正在产生巨大磁场的仪器里。结果，在场的所有人都震惊了，包括那些一辈子都跟磁场打交道的研究人员，还以为这是在搞什么恶作剧！因为，倒进仪器里的水，竟然没有流出来，而是悬在磁铁的中心！

悬浮水滴背后的物理原理：水存在微弱的逆磁效应，如果在外加磁场强度为 B 的时候，水就能产生 $0.00001B$ 的磁场来抵抗它。研究员们之所以震惊，是因为水的磁性要比磁铁的磁性弱 10 亿倍，水的磁力竟然也抵消掉了水的重力。

海姆还用木棍去搅动这些水，有时又改变一下磁场的强度，看着这些水在磁场里抖来抖去，觉得有趣极了，他就这样玩了一个多小时。

在接下来的几个月里，海姆像上瘾了似的，无论是谁出现在实验室，他都要亲自展现一遍"磁悬浮水滴"。再后来，海姆直接将一只青蛙丢了进去……然后，青蛙身不由己地"飞了起来"。

因为这只青蛙，海姆一炮而红，于 2000 年，获得了"搞笑诺贝尔物理学奖"，并且在颁奖那天，海姆非常兴奋地去领奖了！

在颁奖现场，海姆一如既往地忍不住演示了一遍青蛙如何飞行起来，结束后青蛙还若无其事地回到田间吃蚊子。

这个实验被评为 18 年来"搞笑诺贝尔奖"最受欢迎的十大成果之一，现在，这一原理也被收录进国外一些大学的物理课本中。有了第一次，就会有第 N 次，海姆继续向其他动物"下手"，他看着壁虎能够飞檐走壁，便模仿壁虎爪子的结构，研究出了一种有着极小绒毛的材料，这种材料仅 1 平方厘米就能支撑 1 千克的重量。后来，科学家们在海姆的基础上，研制出了名副其实的"壁虎手套"，成功实现飞檐走壁。

被导师虐了好久的海姆，如今为人师，一不小心也走上了虐学生的道路。自"磁悬浮水滴"之后，在每个星期五的晚上，海姆都莫名想要做一些不符合常规的实验。正值海姆在研究石墨经过深入的文献调研后，海姆想要看看倘若制成了仅有一层的石墨薄膜，会不会又出现石墨奇迹呢？

石墨的晶体结构：层与层间相邻碳原子之间以范德华力（分子间作用力）相连，因此石墨片层之间容易滑动，石墨晶体容易裂成鳞状薄片。

于是，他就把一块厚度约几毫米、直径 3 厘米的人造石墨和一台高级抛光机，扔给了学生姜达，让他去把这块石墨磨到最薄。经过几个月的打磨，姜达终于将石墨磨到了自己的极限，心满意足地将成果交给导师海姆。然而，海姆拿着显微镜看完之后，非常不满意："这也太厚了吧，足足有 10 微米！"这时，一位同事刚好在摆弄已经扔到垃圾桶的胶带，海姆

芥子领弥： 大科学家的小故事

又是灵光一现，立马捡起一片胶带，用显微镜观察，发现胶带上的石墨竟然比姜达用抛光机磨了几个月的都薄！

石墨是一种常用的STM（扫描隧道显微镜）基准样品。而人们制作STM的样品时，都是用胶带把石墨表层撕掉，从而露出一个干净新鲜的表面来供STM扫描。然而，用完的胶带都直接扔垃圾桶了，从来没有人观察过胶带上的石墨。既然这样，实验室的抛光机就等于报废了，海姆便开始每天拿着石墨、玩胶带：粘了又撕，撕了又粘。然后，只有一个原子厚度的石墨烯就出来了！

石墨烯（Graphene），又名"黑金"，既是最薄的材料，也是最强韧的材料，断裂强度比最好的钢材还要高200倍。同时它又有很好的弹性，拉伸幅度能达到自身尺寸的20%。它是目前自然界厚度最薄、强度最高的材料，如果用一块面积为1平方米的石墨烯做成吊床，本身重量不足1毫克便可以承受一只1千克的猫。石墨烯目前最有潜力的应用是成为硅的替代品，制造超微型晶体管，用来生产未来的超级计算机。就这样，海姆成为世界上第一个得到石墨烯的人。

海姆领取诺贝尔奖

其他一众科学家，看着海姆用胶带撕出来的石墨烯，再看看自己实验室那些精密的仪器，内心还真是无比复杂啊。而这项研究成果，也直接让海姆走上了真正的诺贝尔领奖台。在2010年，由于率先做出石墨烯，并测试了其物理性能，海姆被授予诺贝尔物理学奖。

尽管这几年来，很多人都在讨论说石墨烯的研究很可能是诺贝尔奖的大热门，但海姆还是从来都没想过自己会得奖。就算诺贝尔奖公布的前一天，他也毫不在意，继续工作到深夜，安心睡觉。第二天起床后，压根儿没想过自己会拿奖的海姆就一脸懵地接受了诺贝尔奖的采访。

不过，海姆还是很淡定的，他说："其实，获奖并没有什么，我还是会继续努力工作，继续平常生活，继续用玩游戏的心态做研究……"

参考文献

[1] 蔡天新.数学简史[M].北京：中信出版社，2018.

[2] 莫里斯·克莱因.古今数学思想[M].张理京，张锦炎，江泽涵，等译.上海：上海科学技术出版社，1988.

[3] 莫里斯·克莱因.西方文化中的数学[M].张祖贵，译.上海：复旦大学出版社，2004.

[4] 莫里斯·克莱因.数学：确定性的丧失[M].李宏魁，译.长沙：湖南科学技术出版社，2007.

[5] 皮尔丹 W C.科学史及其与哲学和宗教的关系[M].李珩，译.北京：商务印书馆，1989.

[6] 怀特梅 A N.科学与近代世界[M].何钦，译.北京：商务印书馆，1989.

[7] 贝尔 E T.数学大师：从芝诺到庞加莱[M].徐源，译.上海：上海科技教育出版社，2004.

[8] 伊夫斯 H.数学史概论[M].欧阳绛，译.太原：山西人民出版社，1986.

[9] 伊夫斯 H.数学史上的里程碑[M].欧阳绛，戴中器，赵卫江，等译.北京：北京科学技术出版社，1993.

[10] 吴文俊.世界著名数学家[M].北京：科学出版社，1995.

[11] 李文林.数学史概论[M].北京：高等教育出版社，2000.

[12] 胡作玄，邓明立.大有可为的数学[M].石家庄：河北教育出版社，2006.

[13] 曲安京.中国立法与数学[M].北京：科学出版社，2005.

[14] 李约瑟，柯林·罗南.中华科学文明史[M].上海：上海人民出版社，2001.

[15] 赫伯特·乔治·韦尔斯.世界史纲：生物与人类的简明史[M].吴文藻，谢冰心，费孝通，等译.北京：人民出版社，1982.

[16] 约翰·塔巴克.概率论和统计学[M].杨静，译.北京：商务印书馆，2007.

[17] 雅克·马利坦.科学与智慧[M].尹今黎，王平，译.上海：上海社会科学院出版社，1992.

[18] 西蒙·辛格.费尔马大定理[M].薛密，译.上海：上海译文出版社，1998.

[19] 康斯坦丝·瑞德.希尔伯特[M].袁向东，李文林，译.上海：上海科学技术出版社，2001.

[20] 阿瑟·I. 米勒. 爱因斯坦·毕加索 [M]. 方在庆，伍梅红，译. 上海：上海科技教育出版社，2003.

[21] 尤瓦尔·赫拉利. 人类简史：从动物到上帝 [M]. 林俊宏，译. 北京：中信出版社，2014.

[22] 达纳·麦肯齐. 无言的宇宙 [M]. 李永学，译. 北京：北京联合出版公司，2015.

[23] 陶哲轩. 陶哲轩教你学数学 [M]. 李馨，译. 北京：人民邮电出版社，2017.

[24] 蔡天新. 数学传奇 [M]. 北京：商务印书馆，2016.

[25] 小多（北京）文化传媒有限公司. 数学在西方 [M]. 成都：天地出版社，2017.

图片版权声明

本书所有图片均为作者本人提供；其中部分图片源自网络。在出版过程中，为保证图片准确地反映作者所描述的内容，部分插图做了少量改动和修饰。

因为时间和精力有限，本书作者和出版方无法核实全部网页图片内容的真实性，也无法逐一联系图片的著作权人或代理人。如有对这些图片主张版权者，请持所据，联系清华大学出版社版权部或本书的责任编辑，我们将按惯例给付图片使用稿酬。

联系电话：010-62770175 转 4138，刘杨，邮箱 liuyang03@tup.tsinghua.edu.cn。

因为网络图片质量差别极大，为保证能准确地反映所描述的内容，出版方对部分图片做了必要的技术处理，特此一并说明并致谢。

清华大学出版社
2019 年 1 月